国家社科基金青年项目成果
项目名称：法治文化与西藏长治久安战略研究
项目批准号：12CFX003
成果名称：法治文化与西藏长治久安战略研究

法治文化与西藏长治久安战略研究

何剑锋 ◎ 著

中国社会科学出版社

图书在版编目(CIP)数据

法治文化与西藏长治久安战略研究 / 何剑锋著. —北京：中国社会科学出版社，2021.3
ISBN 978-7-5203-8122-2

Ⅰ.①法… Ⅱ.①何… Ⅲ.①社会主义法治—建设—研究—西藏 Ⅳ.①D927.75

中国版本图书馆 CIP 数据核字 (2021) 第 058731 号

出 版 人	赵剑英
责任编辑	任　明　周怡冰
责任校对	李　莉
责任印制	郝美娜

出　　版	中国社会科学出版社
社　　址	北京鼓楼西大街甲 158 号
邮　　编	100720
网　　址	http://www.csspw.cn
发 行 部	010-84083685
门 市 部	010-84029450
经　　销	新华书店及其他书店
印刷装订	北京君升印刷有限公司
版　　次	2021 年 3 月第 1 版
印　　次	2021 年 3 月第 1 次印刷
开　　本	710×1000　1/16
印　　张	13.5
插　　页	2
字　　数	221 千字
定　　价	98.00 元

凡购买中国社会科学出版社图书，如有质量问题请与本社营销中心联系调换
电话：010-84083683
版权所有　侵权必究

序　言

在悠久绵长的历史长河中，灿烂深厚的中华文明在各族儿女共同奋斗下历经千年的锤炼与积淀，海纳百川、兼容并包，独树于世界文明舞台之中。在中华文明的滋养下，中国以自信开放的心态、矫健而又沉稳的步伐踏上富强、民主、文明、和谐、法治的强国之路，倡导自由、平等、公正、爱国、敬业、诚信、友善的社会主义价值，以实现中华民族伟大复兴的中国梦。

历史证明：稳定与发展，和谐与繁荣，长治久安是任何一个国家和社会最大的福祉；分裂与动乱是任何一个国家和社会落后的根源，是必须革除的毒瘤。西藏自古以来都是中国领土不可分割的一部分。在中华文明史上，藏族儿女创造了灿烂悠久的文化，与其他各族儿女创造的文化交相呼应，对中华文明作出了不可磨灭的贡献。一个统一、稳定、繁荣、民族和谐、强大的中国是历史发展的必然趋势。回望历史，放眼世界，把握世界各国法治化前进的脉搏，国家长治久安之根本在于法治。正如习总书记所言："法律是治国之重器，法治是国家治理体系和治理能力的重要依托。"目前，我国正走在法治的道路上。西藏自治区要实现长治久安下的社会进步、繁荣稳定、跨越式发展，就离不开法治西藏。这也意味着法治文化的根本性、基础性的作用不容忽视。究其原因，主要有以下方面的考量。

其一，当今世界正进入一个文化冲突和对抗时期，文化指引着未来，尤为关键。钱穆先生说过"无论中国乃及世界问题，都使我们着眼到文化问题上去。一切问题，由文化问题产生。一切问题，由文化问题解决"。[①] 文化关乎国家的安全与稳定发展。而前提必须是拥有正确、先进科学的文化。因此，中国共产党十七届六中全会高瞻远瞩地提出了发展社会主义先进文化，建设社会主义文化强国的目标。在十九届四中全会旗帜

---

① 钱穆：《文化学大义（新校本）》，九州出版社2012年版，第2页。

鲜明的提出：发展社会主义先进文化、广泛凝聚人民精神力量，是国家治理体系和治理能力现代化的深厚支撑。藏族人民曾经创造出灿烂的文化，为中华文明做出不可磨灭的贡献。但是由于西藏地理环境和宗教文化等特殊性因素影响，西藏步入现代文明时间较晚，始于1949年中华人民共和国的建立。在历经和平解放、民主改革、自治区成立、改革开放等重要历史发展阶段后，西藏终于走上了与全国一道快速发展的轨道。当且仅当一个民族的传统文化与国家主体文化的本质和发展方向相一致时，此传统文化才能成为这个时代社会文化的有机组成部分。在西藏传统文化与现代文化的融合与发展过程中，必须由现代社会主义法治文化指引。这对西藏稳定和长治久安具有重要的意义。

其二，法治作为人类社会治理的一种理想，已经成为当今世界最突出的治理模式。在世界各国发展的潮流中，追求法治成为当今的主流。古今中外概莫例外，各国都在孜孜探寻法治之路。中国从古代的管子"法者，所以兴功俱暴也；律者，所以定纷止争""威不两错，政不二门，以法治国，则举错而已"，到近代梁启超的"夫以一国处万国竞争之涡中，而长保其位置，毋俾陨越，则舍法治奚以哉"，无数仁人志士不懈地进行法治探索；西方从古希腊亚里士多德的"法治应该包含两重含义：已经制定的法律获得普遍服从，而大家所服从的法律又应该本身是制定得良好的法律"，到现代法学家富勒提出的法律制度具备法治品德的八大要素的总结等等，都在寻求法治的真谛。"但是，各类文明传统、各个民族国家都在不同程度上具备法治的历史文化基础。也因此，一种文化、一个国家总归顺着自己的脉络、使用自己的语言、根据自己的实际、通过自己的创造，来养成一种可以称作'法治'的道理"。① 因而中共十五大提出法治是治国的基本方略，中共十六大提出依法执政是执政的基本方式，中共十七大提出全面落实依法治国基本方略、加快建设社会主义法治国家，中共十八大首次提出法治是治国理政的基本方式，十八届四中全会通过《中共中央关于全面推进依法治国若干重大问题的决定》并指出：依法治国，事关我们党执政兴国，事关人民幸福安康，事关党和国家长治久安，十九大指出全面依法治国是中国特色社会主义的本质要求和重要保障。直至十九

---

① 夏勇：《文明的治理——法治与中国政治文化变迁》，社会科学文献出版社2012年版，第52页。

届四中全会,进一步明确:坚持和完善中国特色社会主义法治体系,提高党依法治国、依法执政能力。总而言之,法治是政治生活和国家生活的基本方式,要更加重视法治在国家治理和社会管理中的作用。"法治的特定价值基础和价值目标是达到某种法律秩序,即在社会生活的各个方面均法律化、制度化,法律主体的权利义务明确化,其行为运行秩序化",① 实现权力制约和人权保障。全面推进依法治国,离不开法治文化的弘扬。著名法学家博登海默说法律是一个民族文化的重要部分,② 而且"任何社会的法治内涵都是和社会的文化样态相联系的,同时也是社会文化的有机组成部分"。③ 对我国法治文化的弘扬,必然体现社会主义制度下的自由、平等、公正、民主、爱国,坚持以社会主义核心价值观引领文化建设。

其三,西藏稳定和长治久安牵扯到整个中华儿女的福祉,法治文化引导和保障西藏的未来。一个社会稳定、运行有序,各民族和谐相处,才能保障国家各项基本制度有效运作,实现人民安居乐业的生活福祉。西藏自古以来就是中国领土不可分割的一部分。20 世纪 50 年代之前,西藏处于政教合一的封建农奴制统治之下,神权至上,官家、贵族、寺院三位一体,牢牢控制着西藏的资源和财富,人民灾难深重,毫无自由可言。那时的西藏社会如同中世纪欧洲一样黑暗、落后。经过半个多世纪的发展,今天的西藏与 20 世纪 50 年代以前相比有着天壤之别。西藏人民获得了自由、平等和尊严,充分享受着现代文明成果,正为建设团结、民主、富裕、文明、和谐的社会主义新西藏而团结奋斗。④ 法治西藏是保障西藏的发展与进步,实现西藏各族人民的共同愿望和追求正义与幸福生活的历史必然。用法治文化引导西藏未来继续发展,保障西藏人民享有既有的文明成果,依法维护稳定,依法治藏;用法治文化廓清达赖集团分裂本质,坚决维护祖国统一、民族团结和西藏的和谐稳定;用法治文化增加政治认同和文化认同,用法来治理西藏。

其四,欲求西藏安全与稳定,必须制定正确的战略。战略无知必为致命的错误。西藏稳定战略的理想是长治久安。西藏的长治久安,离不开法

---

① 苏晓宏等:《法治的向度与文化视域》,法律出版社 2013 年版,导论第 1 页。
② [美] E. 博登海默:《法理学——法律哲学与法律方法》,邓正来译,中国政法大学出版社 2004 年版,中文版前言第 5 页。
③ 苏晓宏等:《法治的向度与文化视域》,法律出版社 2013 年版,导论第 2 页。
④ 国务院新闻办公室:《西藏的发展与进步》,《人民日报》2013 年 10 月 23 日第 14 版。

治文化的培养、引导和推进。罗尔斯认为一个社会要想获得稳定性，必须具备以下三个条件：第一，在该社会中，所有人都接受相同的正义原则；第二，人们相信，这个社会的基本政治制度、经济制度和社会制度满足了这些正义原则；第三，这个社会的全体公民具有正义感，认为该社会的基本制度是正义的，并能够按照其基本制度行事。① 历史证明：西藏的发展与进步，是人类社会追求正义与幸福的进取精神和创造能力的胜利，是历史的必然。1959年之前，西藏的社会形态是典型的政教合一的封建农奴制度，西藏的发展进步正是在封建农奴制的废墟上发端的。反观达赖集团及其他反华势力，混淆视听，制造了西藏和平解放以来的历次骚乱和2008年拉萨的"3·14"打砸抢烧严重暴力犯罪事件，与西藏人民追求正义与幸福的道路相背而驰。由此可见，社会的稳定性依赖于全体公民思想上的统一，依赖于在社会基本制度问题上取得共识。没有思想上的统一和共识，稳定性是难以实现的。② 一个民主社会要想保持长治久安，必须获得该社会绝大多数公民的实质性支持。③ 在全面推进依法治国的背景下，依法治藏，当务之急在于制定正确的法治文化战略，从基础上和根源上解决西藏民众思想共识问题。

在党的领导下西藏社会稳步发展、长足进步，但同时存在达赖集团的分裂活动与不稳定的因素。由于西藏特殊的地理位置和旧西藏政教合一制度的遗留影响以及西藏几乎全民信教的客观事实，西藏的长治久安面临着严峻的考验。藏族传统法律文化难以担当西藏长治久安和实现法治西藏的重任。现代的、先进的、符合中国国情的社会主义法治文化无疑从政治信仰和法律的信仰方面肩负起这个历史重担。通过法治文化的认同，构建西藏社会稳步发展的秩序；通过法治文化的自觉，维护人民当家作主的权利，维护党的领导，维护国家利益，不但要实现西藏的长治久安，而且要全面建成小康社会、实现中华民族伟大复兴的中国梦。

---

① John Rawls, *Political Liberalism*, New york: Columbia University Press, 1996, p. 35.
② 姚大志：《打开"无知之幕"——正义原则与稳定》，《哲学文化》2001年第3期。
③ John Rawls, *Political Liberalism*, New york: Columbia University Press, 1996, p. 38.

目　　录

第一章　导论 …………………………………………………………（1）
　一　研究的意义和目的 ………………………………………………（1）
　二　国内外研究的述评 ………………………………………………（3）
　三　研究的主要问题 …………………………………………………（5）
　四　研究的主要方法 …………………………………………………（7）
第二章　法治文化与西藏长治久安战略概论 ………………………（9）
　第一节　文化与法治概述 …………………………………………（10）
　　一　文化涵义的探寻 ………………………………………………（10）
　　二　法治概述 ………………………………………………………（13）
　第二节　法治文化与长治久安战略概述 …………………………（18）
　　一　法治文化的内涵 ………………………………………………（18）
　　二　长治久安的内涵与战略意义 …………………………………（22）
　　三　法治文化与长治久安战略关系研究 …………………………（26）
　第三节　法治文化建设对西藏长治久安战略的必要性分析 ……（31）
　　一　西藏藏传佛教文化和西藏稳定的概况 ………………………（31）
　　二　法治文化建设对西藏长治久安战略的必要性分析 …………（40）
　第四节　法治文化建设在西藏的可行性分析 ……………………（52）
　　一　西藏民主建设的成就为法治文化建设奠定了民主
　　　　政治的基础 ……………………………………………………（52）
　　二　西藏经济发展为法治文化建设创造了雄厚的物质基础 ……（54）
　　三　西藏文化保护与宗教信仰自由为法治文化建设铺就了
　　　　文化和谐的因素 ………………………………………………（56）
　　四　西藏法制建设为法治文化建设提供了制度与理性意识 ……（57）
　　五　西藏优秀的传统法律文化为法治文化建设提供了
　　　　本土资源 ………………………………………………………（59）

六　法治文化的先进性和价值性为西藏法治文化建设
　　　　　提供了导航和价值指引 …………………………………（60）
第三章　当前西藏法治文化建设概况与藏族传统法律文化的
　　　　关系 ………………………………………………………（62）
　第一节　西藏民主法治建设概况 ……………………………（63）
　第二节　当前西藏法治文化建设概况 ………………………（64）
　　　一　西藏自治区显性的制度性法治文化概况 ……………（65）
　　　二　西藏自治区隐性的精神性法治文化概况 ……………（72）
　　　三　西藏自治区执法、司法、守法用法的法律行为的
　　　　　法治文化概况 ……………………………………………（75）
　第三节　西藏传统法律文化与西藏法治文化建设的关系 …（85）
　　　一　西藏传统法律文化的概况 ……………………………（85）
　　　二　藏族习惯法与西藏法治文化建设的关系 ……………（91）
第四章　西藏法治文化建设的困境以及对长治久安的影响 …（113）
　第一节　西藏法治文化建设的困境 …………………………（114）
　　　一　缺乏全区、系统性的法治文化建设战略规划 ………（115）
　　　二　传统的宗教文化与现代社会主义法治文化调适效果
　　　　　欠佳 ………………………………………………………（119）
　　　三　以藏族习惯法为载体的藏族传统法律文化与现代
　　　　　法治文化融合不畅 ………………………………………（122）
　　　四　农牧区法治文化建设薄弱 ……………………………（125）
　　　五　法治文化建设方式有待进一步创新 …………………（132）
　　　六　法治文化建设重点不突出 ……………………………（136）
　　　七　西藏地方法制建设需要进一步完善，并要防止狭隘的
　　　　　民族观 ……………………………………………………（138）
　第二节　西藏法治文化建设的困境对西藏长治久安的影响 ……（140）
　　　一　影响西藏的稳定与和谐 ………………………………（140）
　　　二　迟滞西藏法治化进程 …………………………………（144）
　　　三　阻碍西藏跨越式发展 …………………………………（148）
第五章　长治久安战略视角下西藏法治文化建设的完善思路与
　　　　具体对策 …………………………………………………（152）
　第一节　长治久安战略下西藏法治文化建设的完善思路 …（152）

一　西藏法治文化建设的总思路 …………………………………（153）
　　二　西藏法治文化建设的完善具体思路之一：重新认识和
　　　　定位西藏法治文化建设战略工程 ………………………………（154）
　　三　西藏法治文化建设的完善具体思路之二：制定西藏
　　　　法治文化建设战略纲领 …………………………………………（156）
第二节　长治久安战略下西藏法治文化建设的路径分析 ………（158）
　　一　引导宗教文化与法治文化相适应——在主流法治文化的
　　　　指引下发挥宗教文化的积极作用 ………………………………（159）
　　二　整合藏族传统法律文化优秀资源，融合到现代法治
　　　　文化建设之中——消除藏族传统法律文化与现代
　　　　法治文化的隔阂与冲突 …………………………………………（163）
　　三　提高群众参与法治文化建设的主动性、积极性，
　　　　形成法治建设共识 ………………………………………………（165）
　　四　在法治文化建设中，尤为关键的是引导和塑造好正确的
　　　　法律意识形态，树立社会主义法治理念 ………………………（168）
　　五　强化西藏自治区立法机关、执法机关、司法机关法治
　　　　文化的建设 ………………………………………………………（169）
　　六　完善民族区域自治地方法制 ……………………………………（171）
第三节　长治久安战略下西藏法治文化建设的具体对策 ………（172）
　　一　从法治文化的角度出发，建设西藏法治文化 …………………（173）
　　二　从西藏地方性因素出发，建设西藏法治文化 …………………（184）
结语 ……………………………………………………………………（191）
附录 ……………………………………………………………………（194）
　　附录一　法律意识调查问卷 …………………………………………（194）
　　附录二　访谈提纲 ……………………………………………………（196）
参考文献 ………………………………………………………………（198）
后记 ……………………………………………………………………（207）

第一章　导论

一　研究的意义和目的

西藏自古是中国的一部分，藏族是中华民族命运共同体的一员。西藏的命运始终与伟大祖国和中华民族的命运紧密相连。在党的领导下，经过半个多世纪的发展，西藏人民获得了自由、平等和尊严，充分享受着现代文明成果。但达赖集团出于"西藏独立"的政治目的和对旧西藏政教合一的封建农奴制的眷恋，大肆鼓吹"中间道路"，背离了西藏人民追求正义与幸福的宗旨，制造分裂。① 西藏的宗教问题具有长期性、特殊性和复杂性。世界宗教发展和演变的历史反复证明，当一种宗教被某一个或某几个民族全民信仰时，会出现特殊的两重作用：一方面强化民族的凝聚力，成为民族的神圣旗帜；另一方面强化狭隘民族主义和排他性，容易被黑暗势力所利用。而一旦狭隘的民族主义与宗教的极端主义相结合，对"神"的崇拜与对"代表神"的人的崇拜相结合，就有可能在思想上产生极端、行为上走向暴力，从而被黑暗势力所利用。我们与达赖分裂集团的斗争，其实质是维护祖国统一，还是分裂祖国，稳定西藏，还是捣乱西藏。② 现代边疆的治理离不开法治，离不开法治文化的指引。

放眼全球，当今世界正进入一个文化冲突和对抗时期，"在这个新的世界里，最普遍的、重要的和危险的冲突不是社会阶级之间、富人和穷人之间，或其他以经济来划分的集团之间的冲突，而是属于不同文化实体的

---

① 国务院新闻办公室：《西藏发展道路的历史选择》，《人民日报》2015年4月16日第14版。

② 叶小文：《中国破解宗教问题的理论创新和实践探索》，中共中央党校出版社2014年版，第145—153页。

人民之间的冲突。部落战争和种族冲突将发生在文明之内"①。文化成为关系国家安全的战略性问题。因为文化引导未来,"在所有的社会理论和实践中,只有文化提供了这个灯塔。一方面,它照亮了一条清晰可行的通往未来的道路——一条基于文化的最崇高、最智慧和最杰出的原则和理想之路:对秩序、团结、稳定和多样性的需要;必要的关心、分享和合作;卓越创造和平等的重要性;对知识、智慧、美和真理的热爱;对别人的需求和权利的尊重以及对高尚的追求。另一方面,它警告即将到来的危险——来自恐惧、猜疑,互不信任以及无法理解他人的标识、符号、世界观、价值标准和生活方式。这使得文化成为一个真正的未来灯塔,它能给人以警示和信息,同时也给人以生机和激励"②。法治作为人类社会治理的一种理想,已经成为当今世界最突出的治理模式。一个国家的长治久安的根本在于法治。而社会主义法治文化的培育对国家的经济发展、政治进步、法治昌明、文化繁荣、社会和谐具有基础性和根本性作用,是全面贯彻落实依法治国方略的当务之急。③

习近平总书记在中央第六次西藏工作座谈会上强调,必须坚持治国必治边、治边先稳藏的战略思想,坚持依法治藏、富民兴藏、长期建藏、凝聚人心、夯实基础的重要原则。④ 法律的权威源自人民的内心拥护和真诚信仰。因此,我们必须弘扬社会主义法治精神,建设社会主义法治文化。⑤ 因此,通过法治文化的引导,使得西藏百姓能清楚认识到:我们建设新西藏的事业、国家各项基本制度和党的领导都是为了实现西藏人民的正义与幸福。同时,通过法治文化的自觉,形成法律信仰即"公民大众对于民族国家及其文明价值的忠诚和倚重",那么"民族国家通过维护国家利益和公民权益对此做出回应和回报,便是确立自己的合法性,从而发

---

① [美]塞缪尔·亨廷顿:《文明的冲突与世界秩序的重建(修订本)》,周琪等译,新华出版社2010年版,第6页。

② [加]保罗·谢弗:《文化引导未来》,许春山等译,社会科学文献出版社2008年版,"前言"第1—2页。

③ 黄进:《培育社会主义法治文化是法大的历史使命》,《中国政法大学学报》2012年第1期。

④ 《习近平在中央第六次西藏工作座谈会上强调依法治藏富民兴藏长期建藏,加快西藏全面建成小康社会步伐》,《人民日报》2015年8月26日第1版。

⑤ 《中共中央关于全面推进依法治国若干重大问题的决定》,《人民日报》2014年10月29日第1版。

动信仰机制的前提;也只有当民族国家及其法律对于国家利益和公民权益保持清醒的自觉状态,并且具有保护这一利益的能力之时,人们才会心向往之,从而认同乃至护持这种合法性。这样的民族国家及其法律,才会对于自己的公民形成足够的精神感召力和价值凝聚力,从而形成民族国家经由法律纽带,将全体国族成员联为一体、上下呼应、同仇敌忾的集团局面。实际上,这也就是所谓的民族精神所在,而构成'综合国力'的重要指标"①。

达赖集团的分裂活动是影响西藏稳定、繁荣发展和长治久安最根本的因素和最大的障碍。达赖集团宣称"中间道路"是在中华人民共和国宪法框架内,实现"大藏区"的"高度自治"。这貌似尊重中国国家主权和领土完整,但实质上完全违反了中国宪法和法律,与中国国情相背离,极具欺骗性和迷惑性。这也违背了藏传佛教的根本利益。而在法治之下,通过法律锻造中华文明的法治秩序、统合各民族于共同的国民身份中,同时承认各民族文化多元下的私性表达,是法律在统一的多民族国家建设中的应有之义。② 因此,用法治文化来引导西藏未来继续发展,保障西藏人民享有既有的文明成果,依法治藏;用法治文化,廓清达赖集团分裂本质,坚决维护祖国统一、民族团结和西藏的和谐稳定;用法治文化增加政治认同和文化认同,用法治来治理西藏社会。总之,现代的、先进的、符合中国国情的法治文化无疑从政治信仰和法律的信仰方面扛起了这个历史重担。笔者试图从文化与国家安全的战略角度出发,运用法治文化的理论,通过审视宗教文化与藏族传统法律文化对西藏现代社会的影响,积极探索培育西藏社会主义法治文化的路径,从理论与实践上为西藏的长治久安提供强大的文化动力和法治保障,进而形成西藏全区的法治精神乃至法治信仰。

二 国内外研究的述评

目前,国内外均无法治文化与西藏长治久安战略方面直接的、具体的研究。正是基于这一研究的空白,课题才对此展开研究。

在国内:涉及法治文化与西藏长治久安方面的研究,主要集中在以

---

① 高鸿钧等:《法治:理念与制度》,中国政法大学出版社 2002 年版,第 134—135 页。
② 张建江:《身份认同中的法律与政策研究——以新疆为视角》,中国政法大学出版社 2014 年版,第 5 页。

下几个方面：一是民族政策法规方面的资料汇编。比如，《新时期民族工作文献选编》，汇编了从十一届三中全会到1990年中共中央、全国人大常委会、国务院和各部委关于民族工作的重要文件，党和国家领导人有关的重要讲话等。又如，《民族问题文献汇编》，内容囊括了整个新民主主义革命阶段中国共产党及其领导下的革命根据地政府和军队，有关民族问题的纲领、宣言、决议、指示，以及有代表性的负责同志的文章和其他重要的文献资料。这些资料虽然具有一定的参考价值，但尚不能覆盖法治文化与西藏长治久安战略方面的研究。二是少数民族文化方面的研究。例如，李资源教授等著的《中国共产党少数民族文化建设研究》，主要研究了关于中国共产党少数民族文化政策的形成和发展，关于中国共产党与民族公共文化基础设施建设、中国共产党与少数民族新闻出版和广播影视事业、中国共产党与群众性民族文化活动、中国共产党与少数民族传统文化保护和发展、中国共产党少数民族文化产业发展、中国共产党与边疆民族地区文化建设、中国共产党与少数民族文化体制改革、中国共产党与少数民族文化人才队伍建设等专题，以及中国共产党少数民族文化建设的基本经验、存在的困难和问题及对策。这具有重要的借鉴与参考价值。三是藏族习惯法、藏族传统的法律文化的研究。例如，隆英强著的《社会主义法治建设与藏族法律文化的关系研究》，侧重于对社会主法治建设与当今社会影响较大的藏族习惯法律文化之内在关系研究；杨士宏所著《藏族传统法律文化研究》，较为全面地阐述了藏族的传统法律文化；吕志祥著的《藏族习惯法：传统与转型》，专注于藏族习惯法的研究。这些成果有利于研究藏族传统法律文化与法治西藏两者之间的关系。四是地方区域法治文化研究。例如，龚廷泰等编著的《法治文化建设与区域法治——以法治江苏建设为例》，从江苏省的法治建设出发，系统论证未来江苏省法治建设的规划；此外，有的学者从宏观方面研究法治、法治文化。例如，王立民著的《法文化与构建社会主义和谐社会》一书，从法文化的基本范畴入手，进行法文化与构建社会主义和谐社会的研究；夏勇著的《文明的治理——法治与中国政治文化变迁》，梳理东西方法治学术渊源，在中国历史文化和社会政治背景下，解说和评论法治思想、原理和制度演化，等等；李林、冯军著的《中国法治论坛：依法治国与法治文化建设》和刘斌主编的《法治文化论集》，主要是从法治中国的背景下提出法治文化建设。王运声等主编的《中国法治文化概论》，主要研究了法治文化基础理论、法治组织文化、法治文化载体等方面。这些研究成果，奠定了法治文化的基础理论。总之，国内学者要么注重民族政策法规方面的研究，要么侧重于少数民族文化研究，要么立足于法治文化一般理论研究，甚至是区域的法治文化建设。虽然这些丰硕的成果为法治文化的研究与传播、建设少数民族文化和区域法治提供了重要的参考，但是学者们还是较少关注法治文化与西藏长治久安之间的研究。

国外：目前国外无西藏法治文化的研究，也无法治文化与西藏长治久安战略方面的研究。美国学者塞缪尔·亨廷顿著的《文明的冲突与世界秩序的重建》，从宏观的角度指出文化对在塑造全球政治的影响；加拿大学者 D. 保罗·谢弗著的《文化引导未来》，指出文化是未来的灯塔；有的学者从中外法治文化和法律文化的宏观方面进行研究，例如：德国学者何意志（Heuser, R.）著的《法治的东方经验——中国法律文化导论》，以一种历史和区域的视角，展示了形成中国法律文化的各种要素及其相互关联；美国著名法学家劳伦斯·M. 弗里德曼著的《选择的共和国：法律、权威与文化》，从法律社会学的视角对当代美国的法律文化进行了系统和深度描述，论述了当代西方法律文化中存在的各种问题。这些成果仅从一般理论的角度，提供有关文化的价值与影响、法律文化等方面的启发。而对我国社会主义法治文化的弘扬必然立足于我国国情。

综上所述，我们仅有的是一般性法治和法治文化理论的研究，缺少专门研究法治文化与西藏稳定和长治久安的理论，这对西藏的发展和进步有一定的影响。

因此，我们立足于西藏传统法律文化和社会主义法治文化研究的基础上，结合我国的国情和西藏发展的内在要求，着力研究西藏社会主义法治文化与西藏长治久安的战略，以期能为西藏的长治久安、发展和进步作出贡献。

三 研究的主要问题

西藏稳定和长治久安关系到整个中华儿女的福祉。西藏在党的领导下，取得了举世瞩目的成就，西藏人民得以安享自由、平等、民主的现代文明成果。但是达赖集团和反华势力混淆视听，进行分裂活动。这是影响西藏稳定、繁荣发展和长治久安最根本的因素和最大的障碍。纵观历史，展望世界，当法治成为世界追求治理的模式，文化引领未来的时代，西藏的发展、繁荣与长治久安离不开法治文化的指引。未来的关键是文化。针对蓄意破坏西藏的稳定、发展、进步、影响西藏人民安享现代文明成果的分裂活动，我们通过法治得以治理，依法治藏，依法维护稳定；通过法治文化的熏陶，得以廓清达赖集团及反华势力的本质，形成法治文化的认同和自觉，方能保障西藏的长治久安，保障西藏人民享受现代文明成果、安居乐业。本研究始终坚持开放的心态，尊重社会事实，把握我国国情和西藏区情的本质，吸收先进理论成果，融合研究西藏有益的成果，从传统与现代、国内与国外、文化与安全、法治与分裂等不同角度凝练主题，形成以下研究的内容：

第一，法治文化与西藏长治久安战略概论。何谓人类孜孜以求治理模式的法治？何谓承载法治梦想的法治文化？这亟待从理论上首先予以阐明。通过文化理论、法治理论和战略理论的框架，勾勒出法治文化与长治久安战略基本理论、法治文化建设对西藏长治久安战略的必要性分析、法治文化建设对西藏长治久安战略的可行性分析等方面的内容，从而寻找出法治文化与西藏长治久安的内在的关系。

第二，当前西藏法治文化建设概况与藏族传统法律文化的关系。西藏的社会稳定与西藏法治、法治文化建设息息相关。要研究西藏，必须立足于西藏的法治建设和文化建设的现状，但也必须结合西藏传统法律文化。藏族是一个几乎全民信教的民族，且已经形成的以藏族习惯法为代表的传统法律文化根深蒂固，影响深远。在研究中，我们既要瞻前又要顾后：因为我们既不能失去具有先进性的法治文化，又不能忽视传统法律文化的正反两面的作用。当且仅当一个民族的传统文化与现实主体文化的本质和发展方向相一致时，此传统文化才能成为这个时代社会文化的有机组成部分。这需要我们从社会、文化和法律等多角度进行综合考量。

第三，西藏法治文化建设的困境以及对长久治安的影响。一个民主社会要想保持长治久安，必须获得该社会绝大多数公民的实质性支持。这有赖于全体公民思想上的统一和共识。由于西藏特殊的地理位置和旧西藏政教合一制度的文化残留影响以及西藏几乎全民信教的事实，西藏法治文化建设面临着困境：缺乏全区、系统性的法治文化建设战略规划；传统的宗教文化与现代社会主义法治文化调适效果欠佳；以藏族习惯法为载体的藏族传统法律文化与现代法治文化融合不畅；农牧区法治文化建设薄弱；效果有限；法治文化建设重点不突出；西藏地方法制建设需要进一步完善，但要防止狭隘的民族观。法治文化建设的困境影响西藏的稳定与和谐，迟滞西藏法治化进程和阻碍西藏跨越式发展。

第四，长治久安战略视角下西藏法治文化建设的完善思路与具体对策。法治西藏的追求，法治文化的建设，对西藏的长治久安产生深远影响。也只有实现了长治久安，才能实现团结、民主、富裕、文明、和谐的社会主义新西藏。笔者从长治久安的战略视角，结合法治建设、文化培养等方面试图提出法治文化建设的完善思路、建设路径和具体对策，以期对西藏的长治久安和法治建设做出有益的探索。

四 研究的主要方法

每一种学问都运用一定的方法或者遵循特定的方式来答复自己提出的问题。法学是指以特定法秩序为基础及界限，借以探求法律问题之答案的学问。① 社会学是研究社会的一门科学，以寻求或改善社会福利为目标。社会研究主要有定性研究和定量研究两大类。它会用各种方法搜集经验实证，包括问卷、面谈、参与者观察及统计研究。本课题涉及法学、文化学、社会学等多学科相关内容。因此，本课题采用跨学科的研究方法，综合运用多种学科的理论进行研究。"进行跨学科的交叉研究所能获取的具体利益，不仅在于每个学科能够建设性地借用另一个学科现有并得到广泛使用的概念，也在于每个学科可以有效地运用另一学科的研究手段或分析方法，乃至每个学科的既有研究成果可以为另一学科的研究提供丰富的论证材料。"②

由于西藏特殊的地理环境和文化特点，本课题的研究充分利用课题研究者的西藏高校教师和西藏实务工作身份，借此顺利进入西藏研究现场，综合使用的实地调查、观察与访问和文献查阅等方法收集文字和图像资料。本课题研究着眼于西藏宏观的社会文化发展与进步概况，以定性的实

---

① ［德］卡尔·拉伦茨：《法学方法论》，陈爱娥译，商务印书馆2003年版，第19页。
② 刘志云：《国际关系与国际法跨学科研究之路径》，《世界经济与政治》2010年第2期。

地研究、观察访问、个案深度访谈、文献查阅和问卷的定量研究等方法获取第一手资料。同时采取比较分析方法、归纳方法、演绎方法、历史研究方法、规范分析法、案例分析法等多种研究方法，综合运用多学科的理论知识，借鉴中外最新研究成果。

第二章　法治文化与西藏长治久安战略概论

当今，世界各国都非常重视提高本国的文化软实力，将其看成综合国力的重要组成部分。国家的繁荣昌盛，民族的独立振兴，人民的尊严幸福，无不与此紧密相连。有了强大的文化支撑，一个国家才能迸发出创造活力和能量，奋发图强、蓬勃发展。文化发展战略成为时代新的要求。党的十七大明确提出推动社会主义文化大发展大繁荣，指出："当今时代，文化越来越成为民族凝聚力和创造力的重要源泉、越来越成为综合国力竞争的重要因素。"①党的十七届六中全会高瞻远瞩地提出了发展、繁荣社会主义文化，建设社会主义文化强国的目标。党的十九届四中全会进一步申明：坚持和完善繁荣发展社会主义先进文化的制度，巩固全体人民团结奋斗的共同思想基础。

法治作为人类社会治理的一种理想，已经成为当今世界最突出的治理模式，世界各国纷纷从中寻找法治的力量。法治也是中国近百年来许多仁人志士不断追寻的梦想。从中共十五大提出法治是治国的基本方略，到中共十八届四中全会制定全面推进依法治国的决议，要更加重视法治在国家治理和社会管理中的作用。直至十九届四中全会进一步阐明：建设中国特色社会主义法治体系、建设社会主义法治国家是坚持和发展中国特色社会主义的内在要求。当今，中国"依法治国"的方略已经正式载入宪法，正以自信的姿态迈向法治之路。

法治文化承载着法治的梦想和精神。当我们面对西藏的长治久安、发展和反分裂等重大问题之时，我们禁不住陷入了深深的思考之中。何谓文化？何谓法治？何谓法治文化？法治文化能否有助于西藏的稳定与长治久

---

① 胡锦涛：《高举中国特色社会主义伟大旗帜，为夺取全面建设小康社会新胜利而奋斗——在中国共产党第十七次全国代表大会上的报告》，《人民日报》2007年10月15日第1版。

安问题？能否保障西藏人民在党的领导下为建设团结、民主、富裕、文明、和谐的社会主义新西藏团结奋斗？笔者认为，首先要从认识文化和法治最基本的概念内涵做起。因为"概念乃是解决法律问题所必需的和必不可少的工具。没有限定严格的专门概念，我们便不能清楚地和理性地思考法律问题"①。通过文化和法治的概念，才能把握法治文化和长治久安的内涵与本质，并分析二者的关系；进而阐述法治文化建设对西藏长治久安战略的必要性分析和法治文化建设对西藏长治久安战略的可行性分析。从理论的基础上，廓清认识，才能探寻法治文化与西藏长治久安的本质之所在。

第一节　文化与法治概述

谈"法治文化"，必须首先谈"文化"，离开"文化"谈"法治文化"就不能抓住它的要义。② 法治是人类文明进步的重要标志。法治承袭和记载着特定社会制度文明的文化内涵。法治是中国在全球化的背景下中国共产党人和中国人民的主体觉醒和理性的选择。法治，必须铭刻在人们的心中——这就是历史的正确的结论。③ 我们要认识法治文化，既要探寻文化的涵义，也要知道承载着人类合法化的政治理想的法治是什么，这是法治文化的基础。

一　文化涵义的探寻

什么是文化？这个看似简单的问题却难以作答，亦非想象中的那么容易。究其原因，一方面，人们时刻都浸淫在文化之中，以至于无法透过具体的方式将其描述出来；另一方面，文化无所不包，一切问题都是由文化产生的。笔者在此处仅从文化的词源和典型的中外文化的概念进行简单的梳理，以求窥一斑而见全豹。

---

① ［美］E. 博登海默：《法理学——法律哲学与法律方法》，邓正来译，中国政法大学出版社 2004 年版，第 504 页。

② 刘作翔：《法治文化的几个理论问题》，载《法学论坛》2012 年第 1 期。

③ 龚廷泰等：《法治文化建设与区域法治——以法治江苏建设为例》，法律出版社 2011 年版，第 10 页。

（一）文化的概念

1. 西方文化的概念界定

文化（Culture）的原意之一是"农事"（Husbandry）或对自然生长的照料。文化的拉丁字根是 colere，泛指耕耘、栖居到崇拜和保护的一切事物。① 在西方，几个经典型的文化概念，首推英国文化人类学家爱德华·泰勒对文化所下的定义：所谓的文化或文明，乃是包括知识、信仰、艺术、道德、法律、习惯以及其他人类作为社会成员而获得的种种能力、习性在内的一种复合整体。② 由于泰勒的文化定义缺少"物质文化"的内容，后来美国一些社会学家、文化人类学家对泰勒的定义进行了修正，补充了"实物"的文化现象。泰勒的定义是描述性的，但第一次给文化一个整体性的概念。③ 英国文化人类学家马林诺夫斯基认为"文化是指一种传统的器物，货品，技术，思想，习惯价值而言的，这个概念包含着及调节着一切社会科学"。他认为文化包括：物质设备、精神方面的文化、语言和社会组织。以社会制度为文化真正的要素。④ 美国文化人类学家克鲁克洪在《文化概念：一个重要概念的回顾》一文中，对161种文化的定义进行归纳总结，认为这些概念基本上都接近，所不同的就是方法而已。他认为："文化存在于思想、感情和起反应的各种业已模式化了的方式当中，通过各种符号可以获得并传播它，另外，文化构成了人类群体各有的特色，这些成就包括他们制造物的各种具体形式；文化基本核心由二部分组成，一是传统（从历史上得到并选择）的思想，一是与他们有关的价值"⑤。美国当代著名国际政治理论家塞缪尔·亨廷顿在《文化的作用》一文中指出：我们关心的文化如何影响社会发展。文化若是无所不包，就什么也说明不了。因此，我们是从纯主观的角度界定文化的含义，指一个社会中的价值观、态度、信念、取向以及人们普遍持有的见解。⑥

---

① ［英］泰伊·伊格顿：《文化的理念》，林志忠译，巨流图书公司2002年版，第1—2页。
② ［美］爱德华·泰勒：《原始文化》，连树声译，上海文艺出版社1992年版，第1页。
③ 马云杰：《文化社会学》，转引自刘作翔《法律文化理论》，商务印书馆1999年版，第14页。
④ ［英］马林诺夫斯基：《文化论》，费孝通等译，中国民间文艺出版社1987年版，第2、4—10、18页。
⑤ ［美］克鲁克洪等：《文化与个人》，高佳等译，浙江人民出版社1986年版，第5页。
⑥ ［美］塞缪尔·亨廷顿、劳伦斯·哈里森：《文化的重要作用——价值观如何影响人类进步》，程克雄译，新华出版社2010年版，第9页。

2. 中国文化的概念的界定

根据有关学者的研究，我国使用的"文化"一词是舶来品，是19世纪末通过日文转译从西方引进来的。① 梁漱溟先生认为"所谓一家文化所不过是一个民族生活的种种方面。总的来说，包括精神生活方面、社会生活方面、物质文化方面"②。费孝通先生认为"凡是被社会不成问题地加以接受的规范，是文化性的"③。庞朴先生这样来定义文化："文化是人的本质的展现和成因，就是说它是人的本质的展开的表现和人的本质的形成的原因。具体说，人通过劳动使自己主体的意识客体化为一些对象，也是通过劳动使客观的物质符合自己的主观要求。这样，创造出一些东西来，创造出一些方式来，来满足自己的需要；在这样创造过程中，也就把人自己塑造成一个文化的人。"他把物质划分为物质的层次，心理的层次和心物结合的层次。④ 刘作翔先生认为文化可以分为人类创造一切的广义文化观、包括社会意识形态及与之相适应的制度和组织机构的中义文化观、社会意识形态或社会的观念的狭义文化观。⑤

文化概念无定论，综合各种文化定义，我们可以从一般意义上来理解，文化是指人类社会物质和精神两方面的总和。物质方面包括社会制度、组织机构、行为规范等一切物化形态的内容，精神方面包括社会意识形态、观念形态等精神内容。当我们在界定"文化"的同时，也意味着定义了我们所崇尚的价值和精神追求及自我。

（二）文化的特性与功能

世界正进入一个文化冲突与对抗的时代，文化在未来的世界中将起重大的作用。因为人们正是根据文化来界定自己的认同，文化提供指引未来的灯塔。了解文化的特性，对文化的现实问题研究具有很重要的作用。加拿大著名文化学者 D. 保罗·谢弗认为文化有十个特性：文化的整体性、因果性、价值性、认同性、冲突性、批判性、观察性、创造

---

① 李林：《社会主义法治文化建设的几个问题》，《中国党政干部论坛》2012 年第 6 期。

② 梁漱溟：《东西文化及其哲学》，商务印书馆 1999 年版，第 19 页。

③ 费孝通：《乡土中国》，人民出版社 2012 年版，第 82 页。

④ 庞朴：《文化的民族性与时代性》，中国和平出版社 1988 年版，第 69—74 页。

⑤ 刘作翔：《法律文化理论》，商务印书馆 1999 年版，第 21—26 页。

性、权力性。①

文化在社会上发挥着重大的作用。文化的功能有：一是，文化是社会或民族分野的标志。地域、疆界只能划出两个国家、民族形式上的区别，只有文化才能表现出其内在本质上的区别；二是，文化使社会有了系统的行为规范。文化使一个社会的规范、观念更为系统化，文化集合、解释着一个社会的全部的价值观和规范体系；三是，文化使社会团结有了重要的基础。即文化的整合功能，文化使社会形成一个整体；四是，文化塑造了社会的人。②

二 法治概述

美国法学家托马斯·卡罗瑟斯在《法治的复兴》一文中，总结了20世纪末世界各地出现的法治运动，即他所提出来的"迈向法治运动"（the movement toward rule of law）。③ 美国法学家布雷恩·塔玛纳哈也认为：由于法治益于所有人，因此法治迅速成为一种全球理想。④ 综观世界各洲、各地区在20世纪中叶即第二次世界大战结束以来的法治发展进程，乃至国际社会在法治问题上的种种努力，证实了卡罗瑟斯和塔玛纳哈认定出现全球性的"法治化运动"⑤。法治作为人类社会治理的一种理想，是大多数现代文明国家的共同选择和追求。法治已经成为当今世界最突出的治理模式，是现代社会最重要的制度。

法治虽然起源于西方，但是随着社会的发展与各个国家的具体情况不同，其内涵和意义一直在不断地发展与变化。西方法治模式在人类发展的历史上具有重大的影响和深远的意义，其体现的民主、自由、平等、人权是人类孜孜以求的永恒的价值目标。但是不能把西方法治模式等同于现代法治，不能把西方法治当成世界法治标准的范式去衡量、评价其他国家的法治状况，更不能把西方法治教条奉为绝对的圭臬。我们认识法治，既要

---

① ［加］保罗·谢弗：《文化引导未来》，许春山等译，社会科学文献出版社2008年版，第58—80页。
② 郑杭生：《社会学概论新修》，中国人民大学出版社2003年第三版，第74—76页。
③ Thomas Carothers. The Rule of Law Revival. In Foreign Affairs, Vol. 77, No. 2, 1998.
④ ［美］布雷恩·Z. 塔玛纳哈：《论法治——历史、政治和理论》，李桂林译，武汉大学出版社2010年版，第1—4页。
⑤ 程燎原：《全球性的法治化运动与民主化浪潮》，《法学论坛》2016年第5期。

借鉴吸收西方法治反映人类社会的共同文明成果,又要体现我国社会主义法治。因为"一个民族以国家制度必须体现这一民族对自己权利和地位的感情。否则国家制度只能外部存在着,而没有任何意义和价值"①。

(一) 法治内涵

回溯西方法治过程,有助于我们认识法治的概念。追寻法治源头,应该是亚里士多德提出的:法治应包含两重含义:已成立的法律获得普遍的服从,而大家所服从的法律又应该本身是制定得良好的法律。② 亚里士多德的定义粗略地勾勒出了法治的形式要件即两个最基本的标准,奠定了法治理论的基础。法治内涵的形成在西方经历了漫长的过程。在这个过程里,罗马人和诺曼人的法律传统和自由主义的思想起到了决定性的作用。作为一项历史成就,西方的法治概念是以罗马法和诺曼法的历史文本为基础的。概而言之,滥觞于近代革命以前的法治观念至少有三:其一,法律至上;其二,权力分立与制衡;其三,法律来源于某种超越于现实政治权力结构的实在,因而,法律被视为普遍、客观而公正的。③ 近代西方法治理论的奠基人英国法学家戴雪阐述了法治的概念。它包含三个部分:第一,法律具有超越包括政府的广泛裁量权在内的任何专制权力的至高无上的权威;第二,任何公民都必须服从在一般法院里实施的国家一般法律;第三,权力不是建立在抽象的宪法性文件上,而是建立在法院的实际判决上。④ 尽管今天人们对法治的看法已经有了一些变化,但是戴雪所确定的法治价值仍然构成了法治的核心内容。第二次世界大战以后,人们在法治的含义、内容和道德意义等方面提出了新的认识。美国现代著名的法哲学家朗·L.富勒认为法治是法律内在德性的一部分,提出了法治构成的八个要素:一般性(普遍性)、法律的公布、法律不能溯及既往、明确性、一致性、可遵循性、稳定性、同一性。⑤ 针对富勒的观点,著名学者莱兹

---

① [德] 黑格尔:《法哲学原理》,范扬、张企泰译,商务印书馆1961年版,第291—292页。
② [古希腊] 亚里士多德:《政治学》,吴寿彭译,商务印书馆1965年版,第199页。
③ 夏勇:《文明的治理——法治与中国政治文化变迁》,社会科学文献出版社2012年版,第5、9、10页。
④ [英] 罗杰·科特威尔:《法律社会学导论》,潘大松等译,华夏出版社1989年版,第184页。
⑤ [美] 朗·L.富勒:《法律的道德性》,郑戈译,商务印书馆2005年版,第40—106页。

和菲尼斯在侧重和表述的不同基础上也提出了法治的八个要素，但是他们都把法治作为法律制度的一种品德。其实，众多的研究者对法治的把握在很大程度上是趋于一致的。随着时代的进步，法治在实践中不断地发展，其内涵也随之被丰富。

何谓法治？从中国古代的管子"法者，所以兴功俱暴也；律者，所以定纷止争""威不两错，政不二门，以法治国，则举错而已"，到商鞅主张的"法令者，民之命也，为治之本也，所以备民也"、韩非子提出的"明言之道，一法而不求智"、孟子主张的"徒善不足以为政，徒法不能以自行"，再到王安石主张的"盖君子之为政，立善法于天下，则天下治；立善法于一国，则一国治"，直至近代梁启超的"夫以一国处万国竞争之涡中，而长保其位置，毋俾陨越，则舍法治奚以哉"，无数仁人志士不懈地进行法治探索。概括而言，先秦法家假定人性非善，主张以法律制度防范恶意的产生和发展。因此，法家思想都属于工具合理性的范畴，具有轻视道德现象的偏颇，势必造成监管成本的上升和信服度的下降。法家在认识论上的这个盲点由儒家弥补。在"德主刑辅"理念下，儒家式的诉讼观特别强调人格评价，几乎要把所有的诉讼都变成人格的诉讼。如此一来，法律不被认为是给人赋予主体性的权威，而是要发挥抑制欲求的作用，具有刑事制裁本位的特征。一切权威均来自道德。个人也对国家缺乏归属感。因而，在儒家思想体系里，主体性与道德人格乃至情理世界联系在一起，但与国家秩序是脱节的，甚至是对抗的。① 尽管中国的传统法律文化无法孕育出现代意义的法治，但毋庸置疑的是传统文化蕴含着优秀的法治文化因素。

当下，我国一些学者通过研究归纳法治的基本要素。比如，有的结合西方法律传统和总的思想倾向列出十条法治的要素：有普遍的法律、法律为公众知晓、法律可预期、法律明确、法律无内在的矛盾、法律可循、法律稳定、法律高于政府、司法权威、司法公正。② 又如，有的学者认为：一般而言，法治是指依照法律治理社会和国家。它具有以下特征：①法律被封为治理社会的主要机制，凡事"皆有法式"；②法律成为判断行为的

---

① 季卫东：《通往法治的道路：社会的多元化与权威体系》，法律出版社 2014 年版，第 12—13 页。

② 夏勇：《文明的治理——法治与中国政治文化变迁》，社会科学文献出版社 2012 年版，第 20—30 页。

基本准则，凡事"一断与法"；③原则上，所有人均受法律约束；④法律通常具有公开性、确定性和一般性；⑤设有专门负责司法的机构。① 本文采用的法治，是在商品经济中产生，以自由、平等、公正、权利等观念为基础，以宪法和民主政治制度所体现的权利制约权力为核心内容，并以人权保护为目的的一种关于治理国家的思想、原则和制度，也是一种理想的国家治理状态。法律的至上性是法治的前提，法律的良善与正义品质是法治的重要条件，权利本位观念是法治的价值取向，限制政府权利滥用与司法独立是法治的有效保障。②

（二）法治在当代中国的涵义

必须承认，现代法治及其理念主要是一种源自西方的事物，这使得我们一方面不应简单照搬、照抄别国的经验；另一方面也必须提防因对地方性经验或特色的强调而忽视甚至颠覆既有的为人们所广泛接受的法治精神、法治逻辑、法治构成等。③ 法治国家是世界各国追求的最终目标，其核心在于对私权的尊重和保护，对公权力的制约。"走向法治，不能只求'毕一役之功'。在1949年成立中华人民共和国以后，中国的法治建设经历了如下四个阶段：共和国初期的法律实用主义、'文化大革命'时期的法律虚无主义、改革年代的法律经验主义，以及目前我们要奋斗的法律理念主义。所谓的法律理念主义，就是把法律从工具、从制度变成治国理念。"④ 尤其是改革开放以来，在党的领导下，我国已经走在了法治化的大道上。依法治国已经入宪，依法治国、执法为民、公平正义、服务大局、党的领导的社会主义法治理念不断深入、深化，包含法治的社会主义核心价值观不断地践行。

"法治是一定时代的产物，它是由社会塑造的。"⑤在当代中国，大多数情形中"法治"一词可能具有如下几个层面的含义：第一，指一种治

---

① 高鸿钧等：《法治：理念与制度》，中国政法大学出版社2002年版，第97页。
② 柯卫、朱海波：《社会主义法治意识与人的现代化研究》，法律出版社2010年版，第62页。
③ 周赟：《法理学》，清华大学出版社2013年版，第164页。
④ 季卫东：《通往法治的道路：社会的多元化与权威体系》，法律出版社2014年版，第3页。
⑤ ［美］劳伦斯·M.弗里德曼：《法治、现代化和司法制度》，载宋冰《程序、正义与现代化》，中国政法大学出版社1998年版，第96页。

国方略或社会控制方式,即根据法律而非道德、长官意志或其他什么来治理、协调社会;第二,法治意指一种依法办事的原则,其精髓是公民权利受到法律的最大限度的保护,政府依法行政;第三,意指良好的法律秩序,譬如"构建社会主义法治社会"讲的就是这个意义上的"法治";第四,法治意指具有某种价值规定性的社会生活方式;第五,一种良善的价值标准即依法办事及该所依之法是良善的。① 如果要给当代中国法治下定义,那么"中国特色社会主义法治,是当代中国依据自身的社会条件和现实处境(客观依据),立基于社会发展的要求和国家的历史命运,从有效实现国家或社会治理(现实目标)的要求出发,而对法治这一人类文明的现象及现代国家治理方式(基本参照)的独特理解和认知、独特探索与实践"②。

作为一种治理模式或者最突出的治理理想,法治几乎为当前世界各国所认可、接受。习近平总书记指出:"法治和人治问题是人类政治文明史上的一个基本问题,也是各国在实现现代化过程中必须面对和解决的一个重大问题。纵观世界近现代史,凡是顺利实现现代化的国家,没有一个不是较好解决了法治和人治问题的。"③ 法治是国家治理体系和治理能力的重要依托。因为法治是公开透明的规则之治和程序之治。它具有可预期性、可操作性、可救济性,因而能够使人民群众对自己的经济、政治、社会、文化、生产、工作有合理预期,拥有生存、生活、权利、自由、公平的安全感,确保了国家治理的公信力和社会生活的稳定性。④ "作为'中国梦'的制度载体,除了法治与民主,我们别无选择。"⑤归根结底,法治是保障我国社会稳定与长治久安的根本,也是促进社会进步、保障人民福祉、发展经济的关键因素。

---

① 周赟:《法理学》,清华大学出版社 2013 年版,第 164—165 页。
② 顾培东:《当代中国法治共识的形成及法治再启蒙》,《法学研究》2017 年第 1 期。
③ 习近平:《在中共十八届四中全会第二次全体会议上的讲话》,载《习近平关于全面依法治国论述摘编》,中央文献出版社 2015 年版,第 12 页。
④ 张文显:《习近平法治思想研究(上)——习近平法治思想的鲜明特征》,《法制与社会发展》2016 年第 2 期。
⑤ 季卫东:《通往法治的道路:社会的多元化与权威体系》,法律出版社 2014 年版,第 10 页。

第二节　法治文化与长治久安战略概述

张文显教授认为完整意义的法治包括三个方面，即法律制度、法治体制、法治文化。① 廓清对文化和法治的认识，我们就不难认识承载着法治理想的法治文化和寄托着我们建设美好家园梦想的长治久安这二者的内涵以及关系。于是，当我们说"文化包括法律"或"文化中有法律"时，我们等于说出了一个新的文化概念，这个新的文化概念是这样演化而来的：①"文化包括法律"→②"文化中有法律"→③"文化中的法律"→④"法律是一种文化"→⑤"法律文化"②→⑥法治文化。

一　法治文化的内涵

就西方文本而言，法治文化的命题出现于20世纪70年代，那些新文化干预者是美国激进的批判法学者和受到西方教育的非西方学者。他们认为，没有文化的先决条件，没有大批的人们相信法律的价值，法律就不能够发挥作用。③ 中国的法律文化和法治文化研究开始于20世纪80年代中后期，因为自20世纪70年代末，我国进入法治建设时期。尤其在中共十七届六中全会提出发展社会主义先进文化、建设社会主义文化强国之后，法治文化研究随着我国的法治事业的发展迸发出活力。法治、法治文化都是特定时代的产物。它是由特定社会塑造的，与特定的民族、国家息息相关。

（一）法治文化的界定

我国学者对法治文化的界定梳理主要有以下几类：

一是有的学者从哲学的意义上，认为法治文化是以市场经济为基础、以法治为核心、以民主为实质的社会文化体系。作为一个文化体系，法治文化有一个一以贯之的精神实质，即"法治精神"或"法治理念"，集中表现为：对民主程序化、规范化的规则体系的高度重视、充分尊重、不懈

---

① 张文显：《法治的文化内涵——法治中国的文化建构》，《吉林大学社会科学学报》2015年第4期。

② 刘作翔：《法律文化理论》，商务印书馆1999年版，第31页。

③ 徐爱国：《从法律文化到法治文化的荆棘之路》，《人民法院报》2012年2月17日第5版。

追求、科学构建、自觉恪守、坚定维护。人们依此而行的普遍的生活样式及其社会成果，便打造或展示为现实的法治文化体系。①

二是有的学者从文化观的角度分析，按照文化的广义观、中义观、狭义观三种划分的形式，把法治文化取中义观，认为法治文化应该包括法律制度结构和法律观念结构，离开这样一个法律制度结构和法律观念结构来谈法治文化是有缺漏的。②

三是参考克鲁克洪对文化的显性文化与隐性文化的划分，有的学者把法治文化结构划分为：表层结构包括法律规范、法律制度、法律组织机构、法律设施；深层结构包括法律心理、法律意识、法律思想体系。③ 有的学者把法治文化划分为显性法治文化和隐性法治文化。包括法律制度、法律组织、法律设施和法律行为的是显性法治文化。而隐性法治文化是指融注在人们内心和行为方式中的法治意识、法治观念、法治精神、法律原则及其价值追求，是一个国家的法律制度、法律机构、法律设施体现出来的文化内涵，是公民日常生活、工作中所表现出来的涉及法治的行为方式。④

四是有的学者基于文化和法治的一般理解，把法治文化分为广义和狭义。广义的法治文化是一个国家中由法治价值、法治精神、法治理念、法治思想、法治理论、法治意识等精神文明成果，法律制度、法律规范、法治机制等制度文明成果，以及自觉执法守法用法等行为方式共同构成的一种文化现象和法治状态；狭义地讲，法治文化是关于法治精神文明成果和法治行为方式相统一的文化现象和法治状态。⑤ 有的学者采用广义说，但强调法治文化的核心集中在精神文化方面，即法治文化是指人们在认识和实践中形成和积累的对法治理念和法治实践的群体性观念和行为模式，以及与之相应的体现民主和法治精神的法律规范、制度、组织机构、设施等构成的法律文化整体。⑥

五是从法治与人治的角度分析，有的学者认为法治文化是指与法治紧

---

① 李德顺：《法治文化论纲》，《中国政法大学大学学报》2007年第1期。
② 刘作翔：《法治文化的几个理论问题》，《法学论坛》2012年第1期。
③ 刘作翔：《法治文化的几个理论问题》，《法学论坛》2012年第1期。
④ 刘斌：《当代法治文化的理论构想》，《中国政法大学大学学报》2007年第1期。
⑤ 李林：《中国语境下的文化与法治文化概念》，《新视野》2012年第3期。
⑥ 姚峥嵘：《法治文化研究》，博士学位论文，南京师范大学，2010年。

密关联,体现着法治的精神与理念、原则和制度、运作实践和生活方式,与人治文化相对立而存在的进步文化形态,其实质和核心是一种现代人的法文化共识、价值取向和行为方式。① 有的学者认为法治文化是以追求民主、自由和权利保障为目标,在一定的治国理念和与此相适应的政体和制度模式确立过程中形成的一种社会文化形态和社会生活方式。简而言之,法治文化就是建立在法治社会的过程中形成的一种文化形态和社会生活方式,是一种与人治文化相对立的先进法律文化类型,其核心是法治理念和法治思维模式的确立,以及在此理念支配下相应制度和组织机构的建立与运行。②

此外,有的学者认为法治文化不仅是一种规则文化、治理文化和生活文化,更是一种文化自觉,由此形成的法治不再是国家强制力推动下的治理,而是人们自身、自制、自发形成的规则自治或者法律自律,国家强制力仅仅是最后的保障手段。③ 有的学者认为法治文化是指历史进程中积累下来并不断创新的有关法治的群体性认知、评价、心态和行为模式的总汇,包括法治概念、法治观念、法治思维、法治价值、法治理论、法治习惯等。④ 有的学者认为法治文化包括法治意识、法治思想、法治信仰等法治精神,宪法和法律制度的建立和配套,法治组织的架构和运作,法治行为方式的法治化渐进,法治实施和载体象征性标识化建设,以及法律实施的效果追求。⑤

综上所述,虽然学者对法治文化的界定角度有所不同,但反映法治文化的实质内容却是一致的。笔者认为,法治文化是指在一个国家中,在以追求民主、公平、正义、自由、权利为目标的法治过程中,形成的有别于人治文化和德治文化,包括显性的制度性法治文化和隐性的精神性法治文化及执法守法用法的法律行为在内的一种文化现象和法治状态。显性的制

---

① 孙育玮:《"和谐社会法治文化"命题的理论与实践》,《法学》2006 年第 6 期。

② 蒋传光:《中国特色先进法律文化创建及其路径》,载李林、冯军《依法治国与法治文化建设》,社会科学文献出版社 2013 年版,第 25—26 页。

③ 梁平、陈涛:《语义与实践:中国特色法治文化及其建设进路探究》,载李林、冯军《依法治国与法治文化建设》,社会科学文献出版社 2013 年版,第 230 页。

④ 张文显:《法治的文化内涵——法治中国的文化建构》,《吉林大学社会科学学报》2015 年第 4 期。

⑤ 王运声、易孟林主编:《中国法治文化概论》,群众出版社 2015 年版,第 4 页。

度性法治文化包括法律制度、法律组织机构、法律设施；隐性的精神性法治文化包括法律心理、法律意识、法律思想体系，主要体现的是融注在人们内心和行为方式中的观念结构的法治文化。

（二）法治文化与法律文化的区别

法律是文化的一个重要的组成部分，因为人类的所有冲突包括在经济、政治、宗教和道德上的冲突，最终都必须通过法律的机制来解决。法律文化是文化的一个重要组成部分，作为人类在实践活动中的一种文化现象。法律文化是指一个国家或民族在一定社会物质条件下，在长期的生活实践中所创造的与法和法现象有关的法律规范、法律制度、法律观念形态、习惯传统等的总称。法律文化是属于文化中的观念形态和制度形态的那部分。不同的民族有不同的法律文化。法治文化是一种先进的法律文化。法治文化是法律文化的一个亚类别。

法治文化和法律文化的区别主要有：

其一，二者的价值属性不同。法律文化在价值属性上是中性的，不具有优劣好坏的比较评价。法律文化既可以是体现正价值的文化类型，也可以是表现负价值的文化类型。法律文化可以用来描述任何一种法律文化类型，而不管其他。法治文化具有明显的价值属性，它是一种先进的法律文化。法治文化必须是体现和包含民主、公平、正义、自由、权利保障、平等价值在内的优秀法律文化。法治文化是法治的文化载体，必须彰显法治，它强调的是法律文化中现代法治的成分。

其二，二者的位阶不同。通过概念文化的演化图：①"文化包括法律"→②"文化中有法律"→③"文化中的法律"→④"法律是一种文化"→⑤"法律文化"[①]→⑥法治文化，我们不难看出法律文化是文化的一个重要组成部分，而法治文化则是法律文化的一个组成部分，是法律文化的一个亚类。不同的民族有不同的法律文化。而法治文化则强调法律文化中现代法治的成分。法治文化从属于法律文化，法律文化的外延大于法治文化。

此外，二者产生的背景不同。法律文化是人类在长期实践中发展、积累、沉淀形成的。只要有人类社会和国家，就会有法律文化现象。法治文化却要随着法治的发展而承载法治价值。法治理论主要是近现代资产阶级

---

① 刘作翔：《法律文化理论》，商务印书馆1999年版，第31页。

革命的产物。但是体现人类共同的法治文明价值的法治文化也是社会主义国家建设所必需的。另外，法治文化在法治国家的实践中是一种构建，法律文化仅仅是一种描述。

（三）我国的法治文化——社会主义法治文化

法治对一个国家的重要意义不言而喻，而要有效发挥法治的价值和规范的功能，则需通过法治文化来实现。法治文化是法治的基础和根本，也是法治建设的先导和精神灵魂。不同的民族有不同的法律文化。我国的法治文化必须结合我国的国情来建构。我国法治文化是具有中国特色的社会主义法治文化，即具有中华民族文化特征和中国本土法律制度特征。[①] 我国法治文化也要体现人类社会法治文明共通的智慧结晶。正如习近平总书记所言："法治是人类文明的重要成果之一，法治的精髓和要旨对于各国国家治理和社会治理具有普遍意义，我们要学习借鉴世界上优秀的法治文明成果。"[②]

社会主义法治文化是由显性的制度性法治文化和隐性的精神性法治文化及执法守法用法的法律行为共同构成的一种文化现象和法治状态。隐性的精神性法治文化由体现社会主义先进文化内在要求的法治价值、法治精神、法治意识、法治理念、法治思想、法治理论构成；显性的制度性法治文化由体现我国社会主义民主本质特征的法律制度、法律规范、法治机制等构成。法治理念是法治文化重要的组成部分，反映法治的本质、基本内容、内在要求、主要任务的思想理论观念。不同的国情不同的制度，法治文化的表现有其特殊性。法治是由普遍性和特殊性所包容建构的。我国社会主义法治文化的核心内容是社会主义法治理念。社会主义法治理念包含着依法治国、执法为民、公平正义、服务大局、党的领导。依法治国是社会主义法治理念的核心内容，执法为民是社会主义法治理念的内在要求，公平正义是社会主义法治理念的价值追求，服务大局社会主义法治理念的重要使命，党的领导是社会主义法治理念的根本保证。这五个方面相辅相成，从整体上体现了党的领导、人民当家作主和依法治国的统一。

二 长治久安的内涵与战略意义

如何实现国家长治久安，这是古今中外历代统治者及其执政者苦苦思

[①] 王运声、易孟林主编：《中国法治文化概论》，群众出版社2015年版，第5页。

[②] 习近平：《加快建设社会主义法治国家》，《求是》2015年第1期。

索的重大问题。这也是在历史上饱受动荡之苦的中国人民热切想实现的夙愿。历史的改变是从 1949 年新中国成立以后，尤其是改革开放以来，在党的领导下，我们走上了实行依法治国的法治化道路，我们正逐步实现梦寐以求的富强、民主、文明、法治的中国梦，实现中华民族的伟大复兴。

（一）长治久安的内涵

回溯历史，我们寻找和思考长治久安的内涵所在。如果不懂得中国传统社会的治乱历史本质，我们就无法理解新中国的治乱经历，无法正确而顺利地迈向长治久安。根据我国台湾地区经济学家翁之镛的研究，他把从秦始皇统一中国，到 1951 年西藏和平解放，整个中国大陆实现统一这之间的 2171 年时间，以盛世、治世、小休、衰微、乱世五个类别作了分类统计，所得结果是：盛世有 2 次，共历时 150 年，占总年数的 6.9%；治世 5 次，共历时 286 年，占总年数的 13.2%；小休有 4 次，共历时 234 年，占总年数的 10.8%；衰微有 6 次，共历时 466 年，占总年数的 21.5%；乱世有 10 次，共历时 1035 年，占总年数的 47.7%。其中盛世最短，与治世加在一起，也只有总年数的五分之一多一点。乱世的时间却长得惊人，将近占了总年数的一半。① 为什么中国历史上会出现周期性的乱与治的循环，而且长治久安少，动荡乱世居多？究其原因有以下几个方面：一是，以人治、礼治、德治所交织构成的儒家主流文化的治理之道成为历代王朝实现长治久安的基础和精神支柱；二是，传统社会的稳定和长治久安建立在封闭的、农业社会的经济基础之上，却要生硬地通过上层建筑主导强力控制社会、封闭社会，而不管上层建筑是否适合经济基础发展的要求，遏制社会迸发的内生活力。

何谓长治久安？长治久安一般形容国家、社会长期安定、太平。长治久安语出《汉书·贾谊传》"建久安之势，成长治之业"，谓国家、社会长期太平，永久安宁。宋·苏舜钦《石曼卿诗集序》："由是弛张其务，以足其所思，故能长治久安，弊乱无由而生。"《明史·谢铎传》："愿陛下以古证今，兢兢业业，然后可长治久安，而载籍不为无用矣。"鲁迅《致章廷谦》："因为目击流离，渐失长治久安之念。"② 在当代中国的语境下，所谓的长治久安就是指：在党的领导、人民当家作主和依法治国相

---

① 陆震：《长治久安：当代中国面对的艰难课题》，《现代国际关系》2004 年第 3 期。
② 王涛等：《中国成语大辞典》，上海辞书出版社 2007 年版，第 130 页。

统一的前提条件下，国家富强、民主、文明，各民族团结和睦，社会稳定和谐，实现自由、平等、正义的价值追求的政通人和、百业兴旺、安定太平的国家治理的理想状态。长治久安的前提是：党的领导、人民当家作主、依法治国，即党的领导、民主、法治。长治久安的基础是：社会稳定。长治久安的终极目标是：国家的富强、民主、文明、和谐，社会安定太平，人民生活幸福安康。实现的途径是：在党的领导下实行法治，依法治国。

所谓西藏长治久安是指：在党的领导下，实行依法治藏，依法维护稳定、反对分裂；保障西藏各族人民自由、平等和尊严，经济发展，政治进步，文化繁荣，社会和谐，生态良好，人民生活幸福安康，实现团结、民主、富裕、文明、和谐的社会主义新西藏的治理状态。西藏长治久安的前提是：党的领导；西藏长治久安的实现途径是：依法治理西藏，依法维护西藏稳定即法治西藏；西藏长治久安的基础是：西藏社会稳定。西藏长治久安的终极目标是：团结、民主、富裕、文明、和谐的社会主义新西藏，即经济发展、政治进步、文化繁荣、社会和谐、生态良好、人民生活幸福安康、秩序良好的法治社会。

（二）长治久安战略意义

国家的长治久安、社会的稳定与发展，这是古今中外的执政者梦寐以求的理想。英国军事思想家李德哈特的名言说：欲求安全必须研究战略。战略，简而言之，就是指导、决定全局工作的方针、原则和计划，即目的与手段、实力与意愿、目标与资源相结合的过程。① 国家的兴衰，战略是关键。新中国成立后，在党的领导下，尤其是在改革开放以后，我们走上了依法治国的法治化道路。为了实现中华民族的伟大复兴，实现富强、民主、文明、法治的梦想，我们必须研究、寻求、制定国家长治久安战略。

长治久安事关国家的安全和民族生死存亡。回顾历史，中国传统社会动荡的乱世居多，人民流离失所、家破人亡，中华民族饱受动荡之苦。直至近代，国力衰败，人民灾难深重，饱受列强侵凌，中华民族处于生死存亡的紧要关头。历史昭示，长治久安事关国家的安全和中华民族的生死存亡。新中国成立之后，我们摆脱了列强的压迫，开始走上寻求稳定与发展

---

① John Lewis Gaddis, *Strategies of Containment*, New York: Oxford University Press, 1982, p. viii.

的长治久安之路。但由于文革的错误,我们又重陷动荡的泥淖。直到1978年党的十一届三中全会,我们拨乱反正,走上了改革开放的长治久安之路。在党的领导下,经过三十多年的改革与发展,我们国力昌盛、人民生活富裕,社会安定,取得举世瞩目的成就。当我们沿着依法治国的法治化道路前进时,我们已经清晰地找到了社会稳定、国家长治久安的命脉所在。

长治久安是国家的大战略。法国的战略家薄富尔警告说过:战略无知即为送命的错误!① 一个国家如果没有正确的长治久安的战略,那么这个国家必将是动荡不安、危机四伏、生存难以保障、更不可能持续发展甚至强大的国家,必将是亡国亡种的国家。大战略,顾名思义,是国家政府的这样一种操作方式或者操作规则:它自觉地本着全局观念,开发、动员、协调、使用和指导国家的所有政治、军事、经济、技术、外交、思想文化和精神等各类资源,争取实现国家的根本目标。② 长治久安的大战略事关国家命运。

长治久安是社会稳定和发展的福祉。"国家稳定、长治久安,是人民最高的利益。"③ 动乱是祸,稳定是福。西藏作为中国的一个自治区,更是我国发展的一个缩影最典型的例证。西藏人民在黑暗的政教合一的封建农奴制统治之下灾难深重,无自由和财富可言。随着1949年中华人民共和国的建立,西藏历经和平解放、民主改革、自治区成立、改革开放等重要历史发展阶段,今天的西藏与20世纪50年代以前相比有着天壤之别。西藏不仅建立起全新的社会制度,而且实现了经济社会发展的历史性跨越,走上了中国特色社会主义道路。但是,长期流亡海外、代表封建农奴主阶级残余势力的十四世达赖集团,出于"西藏独立"的政治目的和对旧西藏政教合一的封建农奴制的眷恋,在长期推行暴力"藏独"路线遭受失败后,这些年又大肆鼓吹"中间道路"④。这完全违反中国宪法和法律,制造祸乱,破坏了西藏的社会稳定和长治久安,严重影响西藏人民安享稳定之福和现代文明成果。西藏的稳定与发展证明了长治久安是社会稳

---

① 钮先钟:《西方战略思想史》,广西师范大学出版社2003年版,第443页。
② 时殷弘:《国家大战略理论与中国的大战略实践》,《现代国际关系》2004年第3期。
③ 王家福、李步云、刘海年、刘瀚、梁慧星、肖贤富:《论依法治国》,《法学研究》1996年第2期。
④ 国务院新闻办公室:《西藏的发展与进步》,《人民日报》2013年10月23日第14版。

定和发展的福祉。西藏的长治久安更是西藏人民安享现代文明成果,取得自由、平等和尊严的保障。

三 法治文化与长治久安战略关系研究

一个国家的长治久安,一个社会的稳定,都是事关全局的大战略问题。长治久安战略关系着国家的安全和民族的生死存亡,是社会稳定和发展的福祉所在。历史和实践证明,法治是寻求人类解决自身问题的一种理想制度、理念和社会模式。法治是维护社会稳定、实现国家长治久安的重要保障。法治文化是法治的基础和根本,是法治建设的灵魂、核心和重要的软实力。①

(一)从文化与国家安全战略的角度来看:法治文化保障国家安全,构筑国家长治久安的支柱

文化是一个民族的血脉,是一个国家公民的精神家园。当今世界,正进入一个文明冲突与世界秩序的重建时期,文化与经济和政治相互交融,在综合国力竞争中的地位和作用越来越突出。美国哈佛大学教授约瑟夫·奈尔提出"软实力"的概念,他认为硬实力是一国利用其军事力量和经济实力强迫或收买其他国家的能力,软实力则是"一国透过吸引和说服别国服从你的目标从而使你得到自己想要的东西的能力"。约瑟夫·奈教授认为一个国家的软实力主要存在于三种资源中:"文化(在能对他国产生吸引力的地方起作用)、政治价值观(当这个国家在国内外努力实践这些价值观时)及外交政策(当政策需被认为合法且具有道德威信时)。"② 不难看出,在当今这个非常重视通过提高本国软实力来增强综合国力的新时代,文化要素居于一个重要的地位。当今世界人们根据文化来重新界定自己的认同。在一个多极和多文明的世界中,文化认同对于一个国家、社会和本国公民来说是最有本质意义的东西。文化既是分裂的力量,又是统一的力量。文化作为一面旗帜,指引未来,关系着国家的安全。

党的十七届六中全会审时度势作出了深化文化体制改革推动社会主义文化大发展大繁荣若干重大问题的决定。报告指出当今世界正处在大发展

---

① 王运声、易孟林主编:《中国法治文化概论》,群众出版社2015年版,第5页。
② 维基百科:《软实力》(http://zh.wikipedia.org/wiki/%E8%BD%AF%E5%AE%9E%E5%8A%9B)。

大变革大调整时期，世界多极化、经济全球化深入发展，科学技术日新月异，各种思想文化交流交融交锋更加频繁，文化在综合国力竞争中的地位和作用更加凸显，维护国家文化安全任务更加艰巨，增强国家文化软实力、中华文化国际影响力的要求更加紧迫。报告指出文化越来越成为民族凝聚力和创造力的重要源泉、越来越成为综合国力竞争的重要因素、越来越成为经济社会发展的重要支撑，丰富精神文化生活越来越成为我国人民的热切愿望。没有社会主义文化繁荣发展，就没有社会主义现代化。党的十九届四中全会再次明确：坚持和完善繁荣发展社会主义先进文化的制度，巩固全体人民团结奋斗的共同思想基础。发展社会主义先进文化，广泛凝聚人民精神力量，是国家治理体系和治理能力现代化的深厚支撑。必须坚定文化自信，牢牢把握社会主义先进文化前进方向，围绕举旗帜、聚民心、育新人、兴文化、展形象的使命任务，坚持为人民服务、为社会主义服务，坚持百花齐放、百家争鸣，坚持创造性转化、创新性发展，激发全民族文化创造活力，更好构筑中国精神、中国价值、中国力量。

　　文化不仅积淀着一个民族和国家的悠久传统的文化创造和文明成果，还孕育着引导一个民族和国家走向未来可持续发展的文化基因。法治兴，则国家兴。文化兴，则国家强。法治文化作为承载着法治梦想，实现依法治国，建设富强、文明、民主的社会主义现代国家的中坚力量，具有不可估量的作用。法律与任何制度性的东西一样，只有经过与之相适应的、反映社会发展要求的文化的解读，才能为人们所理解，成为人们的行为准则，才能在社会生活中发挥作用。法治文化体现个人对法治精神的理解和实践。①

　　法治文化是社会主义法治国家建设的重要软实力，是社会主义先进文化的重要组成部分。法治文化为我国的长治久安提供坚强的思想保证和强大的精神动力。我国法治文化是具有中国特色的社会主义法治文化，既体现人类社会法治文明共通的智慧结晶，又体现社会主义中国法治特色文化。社会主义法治文化对国家的民主政治发展、经济繁荣、法治运行、社会稳定、文化的发展、维护国家的统一具有基础性和根本性的作用，是全面贯彻落实依法治国方略的当务之急。因为我国法治文化就是坚持党的领导、人民当家作主和依法治国有机统一的法治文化。它指引我国社会主义

---

① 李志强、何忠国：《以法治文化引领法治建设》，《红旗文稿》2013年第7期。

法治发展的方向，决定我国法治建设的性质和特征，作用于我国法治的质量、速度与程度。只有我国社会主义法治文化的培育与发展，才能宣扬我国特色的社会主义法治价值，推行法治建设，长治久安才具有实现的可能。总之，我国的法治文化以明确的导向性、内容的法治性、文化的背景性、价值的实用性等，形成中华民族的凝聚力和社会的稳定性，是实现我国长治久安的支柱，保障国家安全。

（二）从法治文化承载着法治价值与长治久安战略的角度来看：法治文化塑造内生型的、法治型的稳定社会，奠定长治久安的基础

对长治久安来说，必须把握社会稳定的内涵，在此基础上寻找一个最本质的社会稳定类型，才能跳出历史治乱之道的怪圈，方能把握长治久安的规律所在。

何谓社会稳定？在哲学上，社会稳定是与社会的矛盾、变化和发展相联系的。因而社会稳定被理解为社会各种矛盾相互协调适应，保持质的规定性，量变保持在度的范围内，发展是渐进式的一种状态。它侧重于整体社会的协调与稳定，以社会基本矛盾的性质及其状况作为衡量社会稳定与否的根本判据。在政治学上，社会稳定是与动乱相对立的。主要是指政治体系对于社会稳定的变化具有较强的调适功能，能够及时化解社会张力，有效控制社会不稳定因素，使社会不出现政治动乱，呈现出经济协调发展，社会稳步前进的有序稳定状态。这里，社会稳定具有较强的价值选择性。在社会学上，社会稳定是指一种社会良性运行与协调发展状态。即社会结构诸要素之间都要按照一定的顺序，构成相对稳定的网络体系，它往往是与社会结构、社会秩序、社会规范、社会平衡、社会整合、社会控制等概念相联系的。依此来看，社会稳定具备有序性、可控性、协调性、适应性。倘用一句话来表述社会稳定的内涵，那么其根本之点就是指一个社会具有可以把握住的确定性。它包括社会规范的确定性，人的社会行为尤其是社会管理系统行为的确定性，人的社会心态的确定性，以及预见的未来趋向的确定性。有了这种确定性，就有了社会稳定。[①] 而从社会控制看，社会稳定可分为内生型稳定与外控型稳定，法治型稳定与人治型稳定。所谓内生型稳定，是指社会运作过程中有一种内在的平衡稳定机制，就像太阳系中九大行星与太阳之间的稳定关系，内生于它们向心力与离心

[①] 邓伟志：《变革社会中的政治稳定》，上海人民出版社1997年版，第20—23页。

力的平衡，这可以说是一种千秋万代的长治久安。外控型稳定是指一种靠外部强暴力量的机械约束来维持的稳定状态，它酷似靠了铁箍的圈缚而成形的木桶，一旦铁箍崩断，木桶就立即成为一堆碎片。①

无疑，法治型稳定是一种内生型的稳定。"法治的特定价值基础和价值目标是达到某种法律秩序，即在社会生活的各个方面均法律化、制度化，法律主体的权利义务明确化，其行为运行秩序化"②，实现权力制约和人权保障。法治之下的法律作为一种规则体系，旨在将人世生活中历经检验、屡试不爽的生活经验与生存智慧记录下来，辗转而为生活的法度，行为的最低标准。人世生活由此而得维持与延续，求存求荣的生命冲动由此而得导入理性的堤坝；法治之下的法律作为意义体系，旨在满足人类对于公平正义、仁爱诚信的永恒价值的追求，将安全、自由、平等、人权和民主与宽容等等世道人心的常识、常理与常情，熔铸为规则之身。由此，法律不仅是现实生活中日常洒扫应对的凭藉，展示预期前景的生活之道，人们据此可得安身；而且，法律成为人类情感寄托与信仰膜拜的对象，社会正义最后的屏障，人们据此可得立命。③ 内生型、法治型的社会稳定得以建立。

相对于人治和神治，法治最能实现实质的公平。作为一种秩序的民主型法治，成为现代法治的基本范式。法治具有无可比拟的优势：其一，法治能够保持执政党的执政理念、执政路线、执政方针和国家基本制度的连续性、稳定性、权威性，不因领导人的因素而改变，保证国家和社会长治久安。其二，在经济市场化、政治民主化、社会信息化、全球一体化时代背景下，唯有依靠法治，才能在多样化复杂化中凝聚共识和力量，保证中国社会可持续的发展与稳定。其三，法治是公开透明的规则之治和程序之治，具有可预期性、可操作性、可救济性，因而能够使人民群众对自己的经济、政治、社会、文化、生产、工作有合理预期，拥有生存、生活、权利、自由、公平的安全感，确保了国家治理的公信力和社会生活的稳定性。其四，宪法和法律是由国家制定的，并依靠国家强制力作为后盾保证实施，它能够克服政策、道德、习惯、软法等规范体系的局限性，确保制

---

① 陆震：《长治久安：当代中国面对的艰难课题》，《现代国际关系》2004 年第 3 期。
② 苏晓宏等：《法治的向度与文化视域》，法律出版社 2013 年版，"导论"第 1 页。
③ 高鸿钧等：《法治：理念与制度》，中国政法大学出版社 2002 年版，第 134 页。

度体系运行的效能。① 法治无疑是一种保持社会稳定、实现长治久安的理想之治。法治是维护社会稳定、实现国家长治久安的重要保障。因而,党的十九届四中全会再次指出:建设中国特色社会主义法治体系、建设社会主义法治国家是坚持和发展中国特色社会主义的内在要求。

法治记载着、承袭着、传播着一定社会制度文明的文化内涵。法治建设离不开法治文化的弘扬与发展。"如果一个国家的人民缺乏一种能赋予这些制度以真实生命力的广泛的现代心理基础,如果执行和运用着这些现代制度的人,自身还没有从心理、思想、态度和行为方式上都经历一个向现代化的转变,失败和畸形发展的悲剧结局是不可避免的。再完美的现代制度和管理方式,再先进的技术工艺,也会在一群传统人的手中变成废纸一堆。"② 因此,只有当法律逐步内化为我们的生活方式,不再仅仅是作为外在的一种规范强制,而是要成为一种公民普遍的自觉的文化,法治才能得以坚守和实现,即法律信仰的形成,是一种作为文化自觉的法律信仰。法治文化建设与塑造的实质就是以法治精神和法治理念塑造人、以法治信仰和法治价值指引人、以法治文化熏陶人,最终形成文化自觉的法律信仰,实现法治理想。

我国法治文化塑造内生型的、法治型的稳定社会,奠定长治久安的基础。法治文化作为传递时代主流价值追求的声音,它蕴含着追求公平、正义、自由、民主的法治价值,弘扬着依法治国的法治精神,宣扬着保障公民的权利和规范公权力的法治思想,彰显着社会主义法治理念,传播着先进的社会主义法治文化种子,孕育着社会稳定和谐、国家长治久安的文化基因。法治文化是社会主义先进文化的重要组成部分,它所承载的法治是对整个文化从法治精神和法治理念方面的塑造。而包括法治文化在内的整个文化起着对法治的支撑作用。

此外,长治久安可以促进法治文化的发展。一个长治久安的国家,一个稳定发展的社会,势必能为法治和法治文化的发展提供安定良好的社会秩序,创造经济的繁荣,提供坚实的物质基础,营造有利的文化发展条件,建立完善的法治制度,实现法治文化的发展与传播,最终实现法治的

---

① 张文显:《习近平法治思想研究(上)——习近平法治思想的鲜明特征》,《法制与社会发展》2016年第2期。

② [美]阿历克斯·英格尔斯:《人的现代化》,殷陆君编译,四川人民出版社1988年版,第4页。

终极目标。

综上所述，法治文化与长治久安两者相辅相成，法治文化是国家长治久安的支柱，长治久安的实现离不开法治文化的支撑。法治文化是长治久安的文化基础和精神动力保障。一个稳定、长治久安的社会、国家，反过来可以促进法治文化的发展，进而实现法治的梦想。

第三节　法治文化建设对西藏长治久安战略的必要性分析

西藏的长治久安战略关系着西藏的稳定、发展与未来。法治文化以其社会主义先进文化特性，结晶人类法治文化共同的智慧。它在依法治藏与实现西藏长治久安过程中具有不可替代的作用。立足于西藏藏传佛教文化和西藏稳定的基础之上，本节着重分析法治文化建设对西藏长治久安战略的必要性。

一　西藏藏传佛教文化和西藏稳定的概况

（一）西藏概况及藏传佛教文化概述

1. 西藏概况

西藏自古以来就是中国不可分割的一部分，是重要的国家安全屏障、重要的高原特色农产品基地、重要的中华民族特色文化保护基地、重要的世界旅游目的地。西藏地处祖国的西南边疆，位于青藏高原南半部，是西藏高原的主体部分。西藏全区面积122.84万平方公里，约占全国总面积的1/8。西藏自治区现设6市1地①，即拉萨市、日喀则市、山南市、林芝市、昌都市、那曲市、阿里地区。西藏平均海拔在4000米以上，素有"世界屋脊"之称。地形地貌主要由藏北高原、藏南谷地、藏东高山峡谷、喜马拉雅山地构成。西藏的气候独特而复杂多样，总体上具有西北严寒、东南温暖湿润的特点。西藏气候总的特点是：日照时间长，辐射强烈；气温较低，温差大；干湿分明，多夜雨；冬春干燥，多大风；气压低，氧气含

---

① 2014年7月，西藏自治区撤销日喀则地区，设立地级市日喀则市。2014年10月，西藏自治区撤销昌都地区，设立地级市昌都市。2015年4月，西藏自治区撤销林芝地区，设立地级市林芝市。2016年2月，西藏自治区撤销山南地区，设立地级市山南市。2018年5月，西藏自治区撤销那曲地区，设立那曲市。

量少。截至 2014 年底，全区常住人口为 317.55 万人，同比增加 5.51 万人。西藏是以藏族为主体的少数民族自治区，全区有汉族、门巴族、珞巴族、回族、纳西族等 45 个民族及未识别民族成分的僜人、夏尔巴人，其中藏族和其他少数民族人口占 95.74%。① 藏族同胞是西藏的主要居民。语言属汉藏语系藏缅语族藏语支，分为卫藏、康、安多三个方言区。②藏族群众中的大多数和门巴族、珞巴族、纳西族群众信仰藏传佛教，约有十万藏族群众信奉西藏的原始宗教——苯教，另外还有约三千余人信奉伊斯兰教，七百余人信奉天主教。③ 西藏大多数群众信奉藏传佛教。信教群众的家中几乎都设有小经堂或佛龛。资料显示，目前西藏全区共有大小寺庙和宗教活动场所 1700 多处，僧尼 46000 多人。④ 2015 年，西藏全区生产总值达到 1026.39 亿元、增长 11%，经济增速位居全国前列。⑤

2. 藏传佛教文化概述

文化是维系一个民族生存和发展的精神支柱。藏族儿女作为中华民族的一分子，创造了灿烂悠久的文化，与其他各族儿女创造的文化交相呼应，对中华民族和中华文明作出了不可磨灭的贡献。特殊的地理环境，造就了西藏独具一格的文化。西藏既是藏族的发祥地，又是藏传佛教的策源地。西藏的文化深受藏传佛教的影响。藏传佛教对藏族社会的政治、经济、文化等方面产生了巨大的影响。

藏传佛教，是指以藏语文为主要施教、学修工具，具有浓厚藏族文化特色的大乘显密佛教。藏传佛教在藏族社会文化生活中占有十分特殊的地位。然而，在西藏以及更为广阔的藏族地区，藏传佛教经过艰难曲折的里程，最终走上了兴旺发展的道路。在公元 7 世纪前，多神崇拜的、土生土长的苯教在西藏社会中占统治地位，渗透到整个社会的各个方面，造就了藏族悠久的宗教习惯和浓烈的宗教情感，并转化为人们的行为准则和价值

---

① 《西藏年鉴 2015》，西藏人民出版社 2015 年版，第 28—34 页。

② 西藏自治区政府：《西藏自治区常住人口超过 300 万》（http：//www.xizang.gov.cn/rk-mz/51886.jhtml）。

③ 中国新闻网：《背景资料：西藏的宗教信仰自由情况》（http：//www.chinanews.com/gn/news/2008/04-11/1218777.shtml）。

④ 黎华玲：《西藏百姓宗教信仰现状：家家供佛僧尼近五万》（http：//www.mzb.com.cn/html/Home/report/14039806-1.htm）。

⑤ 洛桑江村：《政府工作报告——2016 年 1 月 27 日在西藏自治区第十届人民代表大会第四次会议上》，《西藏日报》2016 年 2 月 6 日第 1 版。

标准，成为强大的传统力量。印度佛教、中国汉区佛教传入西藏后，经历了与笨教的竞争融合，最终完全融入藏区社会，才形成了独具特色的藏传佛教。佛教在西藏的发展分为佛教前弘期、佛教后弘期、以格鲁派为主体的各派并存时期。前弘期始于7世纪前期吐蕃赞普松赞干布时期。佛教传入后吐蕃王室、贵族中部分人仍崇奉土著苯教，极力排斥佛教。至9世纪中期，达磨赞普继位后在吐蕃全境禁止佛教流传，此后佛教在西藏终止流传达一百余年。后弘期始于10世纪后期，正值藏族社会向封建农奴制度过渡的时期。它在发展过程中出现了许多教派和教派支系，并与当地封建政治势力紧密结合，形成政教合一的封建农奴制的统治结构。后弘期各教派在形成和发展过程中，开始具备了藏传佛教的基本特征。后来有影响的教派主要是四大教派：宁玛派（又称红教）、噶举派（又称白教）、萨迦派（又称花教）、格鲁派（又称黄教）。① 格鲁派虽然形成时间最晚，但是势力最大。它是在15世纪初由藏族高僧宗喀巴在噶当派的基础上整合、改革宗教而创立的。宗喀巴创建的教派得到明朝永乐皇帝的确认和支持，后来便迅速发展起来，先后建立了一批有影响的大寺庙，如甘丹寺、哲蚌寺、色拉寺、扎什伦布寺，称为藏传佛教四大寺院。16世纪中叶以后，在与其他教派斗争的过程中，其势力更加扩展，形成了政治、经济实力远远超过其他教派的格鲁派寺庙集团。格鲁派的发展，更加强了僧俗联合的政教合一制度。格鲁派禁止喇嘛娶妻，其宗教首领采取噶举派首创的活佛转世的承袭办法。格鲁派的形成标志着藏传佛教发展的高峰。清朝建国，独崇格鲁派，顺治十年（1653）清廷正式册封达赖喇嘛，康熙五十二年（1713）正式册封班禅额尔德尼。从此历辈达赖、班禅的转世与坐床，都经中央政府明令授封，以确定其职权名位，成为定制，形成了格鲁派的达赖和班禅两大活佛转世系统，分别治理以拉萨为中心的前藏和以日喀则为中心的后藏。② 与其他佛教教派相比，藏传佛教有着三大突出的特点：1. 藏传佛教虽属大乘佛教，但它并不轻视和排斥小乘佛教，且完整地接受了佛陀的教义。2. 藏传佛教出色地吸收了佛陀教义的两大精华，即密法和性空正见。藏传佛教认为，密法是佛教的精华，是解脱成佛的最高法门。性空正见是佛教的灵魂，但它并非世俗感知经验的范围，是一种符号语

---

① 史金波：《西藏宗教信仰和西藏人权问题》，《民族研究》1997年第4期。
② 王森：《西藏佛教发展史略》，中国社会科学出版社1987年版，第165—207页。

言，抽象概念性思维，一般在理解上有相当大的难度。藏传佛教内部在性空正见的理解上有着不同的派别，如分别派、经论派、唯识派和中观派等。3. 藏传佛教确立的活佛转世制度。这种宗教领袖的继承方式，不仅在佛教其他教派中，即便是在世界各类宗教中也是绝无仅有的。也许正是由于藏传佛教更多地保持了佛教的原貌和佛教的特有精神，才使得修习藏传佛教的密宗修行者产生了虹化现象。作为藏族文化的重要组成部分，藏传佛教对藏民族文化的影响是深远而持久的。藏传佛教文化不仅影响到了阿里、卫藏、多康三藏大地，还远播到了蒙古高原、祖国南疆以及国外不少地方。藏传佛教不仅继承了印度佛教的基本教义，而且结合藏地的实际，吸收当地文化，进行大胆创新，使之成为一种富有新意的、藏化了的佛教。藏传佛教极力倡导慈悲为怀、尊重生命、崇尚和平和反对战争等，传统的信仰习俗也被赋予了具体的内容，如提倡仁爱、宽厚，以诚待人，以理服人等观念。这些正是芸芸众生所希望的，且由于过去实行政教合一制度，臣民即是教民，形成了几乎全民信教的特殊状况。藏传佛教文化是一个兼容并蓄的文化体系。① 从历史上看，藏传佛教在藏族地区的社会中所产生的影响或所发挥的作用，归纳起来具有双重性：既有积极作用又有负面作用。其积极作用在于它为保障人们的道德伦理，以及对社会公共秩序和个人内心平和等方面，提供一些有益的宗教文化涵养；其负面作用在于它的出世性，由于藏传佛教的主要兴趣在于人类的精神方面或"生死"问题，尤其关心人类与来世的关系以及对此所持的宗教信仰倾向，即佛教注重来世，信徒们把来世寄托在宗教上。② 藏传佛教和汉传佛教相比，具有明显的特点：藏传佛教源于印度的密宗与西藏本地原始宗教的结合，具有浓厚的神秘主义色彩，注重师承，崇拜"上师"。佛教要求信徒"三皈依"，而藏传佛教却要求信徒"四皈依"，即在皈依佛、法、僧的同时，首先要皈依"上师"，把皈依"上师"列在皈依佛、法、僧之前，这样从教义教规上就使得活佛等"上师"具有了"半人半神"的威力。藏传佛教创建的独特的活佛转世制度，使得前世活佛的宗教权

---

① 江祖：《西藏未解之谜———一部关于西藏的大百科全书》，中国广播电视出版社 2009 年版，第 37—39 页。

② 尕藏加：《藏区宗教文化生态》，社会科学文献出版社 2010 年版，第 2 页。

威、世俗权力和物质财富得以传承,其神行不断得到放大、强化。① 因而在西藏民主改革前,西藏一直由西藏地方封建政府、贵族、寺院三大领主统治。达赖、班禅在宗教上和政治上都是最高领袖。地方政府的决议,不经过寺院代表的同意,是难以生效的。在旧西藏,不仅各级政府设堂办案,大的寺院也设有法官,审理僧人中的案件。大寺院也可以设关押所,拘留和毒打群众。法律也掌握在寺庙和上层喇嘛手中,宗教戒律和寺庙法规都有法律上的效力。寺庙和上层喇嘛可以对下层贫苦喇嘛、寺庙领地的农奴进行体罚甚至施以酷刑,严重地侵犯了西藏人民的自由权、人身权。②

任何一种文化都不可能具有永恒的健全性,在历史发展中其不断适应时代发展或圆满解决当下人类问题而主动、积极和宽容地吸纳其他不同文化的元素或成分,从而构建新的人类文明与和谐社会。③ 当且仅当一个民族的传统文化与现实的文化的本质和发展方向相一致时,此传统文化才能成为这个时代社会文化的有机组成部分。现如今世界处于科学技术飞速发展、政治格局多元化、文化交流日益增进、寻求法治的时代,世界各个宗教也发生着重大的变化:宗教神圣化作用衰退;在许多方面,科学逐渐代替宗教;宗教对人的约束力减弱;宗教的礼仪与教规已逐渐丧失了约束力,人民的生活行为准则是多元化的,而判断其对错主要靠的是理性和法律。这是世界宗教的共同现实发展趋势,藏传佛教也不例外。④ 在我国社会现代化的过程中,所有的宗教都要面临着自身的更新问题。为了更好地发展和弘扬藏传佛教的精神,必须引导藏传佛教与社会主义社会相适应相协调,改革不适应社会主义的宗教制度和宗教教义;引导藏传佛教的世俗化;引导藏传佛教信众理性信教,树立社会主义法治理念,培养社会主义法治文化,处理好信教行为、日常生活行为与法律的关系。

(二) 西藏稳定概况及存在的问题

西藏的稳定,关系着西藏长治久安、新西藏的未来和人民的福祉。当

---

① 叶小文:《中国破解宗教问题的理论创新和实践探索》,中共中央党校出版社2014年版,第149页。
② 史金波:《西藏宗教信仰和西藏人权问题》,《民族研究》1997年第4期。
③ 尕藏加:《藏区宗教文化生态》,社会科学文献出版社2010年版,第3页。
④ 多尔吉、刘勇、王川:《藏传佛教的文化功能与社会作用》,中国藏学出版社2011年版,第192页。

代西藏的发展与进步，符合西藏各族人民的利益，符合人类社会发展进步的规律。回顾西藏的历史，我们从中寻找西藏稳定发展的内在的社会历史逻辑，我们从中分析影响西藏不稳定的根本因素之所在。

回顾历史：1949年中华人民共和国成立了，西藏随着新中国的诞生开始步入现代文明。20世纪50年代之前，西藏处于政教合一的封建农奴制统治之下，神权至上，官家、贵族、寺院三位一体，牢牢控制着西藏的资源和财富，人民灾难深重，毫无自由可言。那时的西藏社会如同欧洲中世纪一样黑暗、落后。历经1951年和平解放（1951年5月23日签订《中央政府和西藏地方政府关于和平解放西藏办法的协议》，简称"十七条协议"）、1959年民主改革、1965年自治区成立、1978年以后改革开放等重要历史发展阶段，西藏走上了与世界现代文明发展相适应的发展道路，与全国人民一起实现快速发展。西藏人民获得了自由、平等和尊严，安享着现代文明成果。西藏由传统的农牧业经济到现代市场经济，由政教合一到政教分离，由专制到民主，由迷信到科学，由封闭到开放，这是符合人类社会普遍的发展规律。

西藏历次动乱事件的概况：1959年的叛乱是达赖集团主动发动的，其目的就是要阻止改革，维护政教合一的农奴制度和自身集团的利益，赶走解放军，摆脱中国的主权，实现"西藏的独立"。在1959年叛乱失败之后，达赖集团苦心经营"藏独"活动，破坏西藏和其他藏区的社会稳定，制造了1987年、1988年、1989年拉萨骚乱和2008年"3·14"打砸烧暴力事件。这些事件既违背了藏传佛教的宗旨，又违背了历史发展的规律和西藏人民的根本利益，更违反了我国的法律法规，破坏了西藏社会正常的秩序。

参加拉萨骚乱的人中，有些人是在分裂主义分子的煽动挑拨之下，被民族、宗教情绪所驱使；有的是对现实生活中的一些问题不尽满意；有的则是盲从。达赖集团策划组织"3·14"打砸烧抢暴力事件：2008年3月14日，一群不法分子在西藏自治区首府拉萨市区的主要路段打砸抢烧，焚烧过往车辆，追打过路群众，冲击商场、电信营业网点和政府机关，给当地人民群众生命财产造成重大损失，使当地的社会秩序受到了严重的破坏。事后查明，这天，不法分子纵火300余处，拉萨908户商铺、7所学校、120间民房、5座医院受损，10个金融网点被砸毁，至少20处建筑物被烧成废墟，84辆汽车被毁。有18名无辜群众被烧死或砍死，受伤群众达 382 人，其中 58 人重伤。拉萨市直接财产损失达 24468.789 万元。这是一场反分裂，维护祖国统一和民族团结的斗争。为了尽快恢复正常的社会秩序，西藏自治区党委、政府组织公安、武警，对在拉萨街头十分猖狂地进行打砸抢烧的不法分子依法打击，迅速平息了事态，维护了社会稳定，维护了国家法制，维护了西藏各族群众的根本利益。① 事实表明，这一系列的打、砸、抢、烧暴力事件就是达赖集团及其"藏独势力"有组织、有预谋地精心策划和煽动的。

用法治视角分析西藏历次动乱事件背后的本质：以 1960 年联合国国际公法和国际公认的原则为准则，主权国家不容分裂，主权国家内政不容干涉。西藏自古就是中国不可分割的一部分，中国 1951 年和平解放西藏（1951 年 5 月 23 日签订《中央政府和西藏地方政府关于和平解放西藏办法的协议》，简称"十七条协议"），进军西藏本身是中国内政。西藏 1959 年的叛乱，就是分裂主权国家的叛乱。这就跟美国总统林肯平息美国南方叛乱是一样的，是维护国家的统一和领土完整的合法（国际法）举动。达赖集团所谓的和平示威，都是不和平的，暴力、违法且违背藏传佛教的根本精神。西藏作为中国的一个自治区，即使需要游行，那也必须遵守我国的宪法和相关法律的规定，按程序申请。即使在美国，美国法律规定，任何人要享受和平的游行示威的人权必须事先向警方申请，在警方批准后在警方规定的时间、按警方规定的路线示威游行。如果事先不申请，或者申请了不被批准，或者被批准了不按规定的时间、路线游行示威，警方有权取缔。游行示威时不得破坏任何私人或公共财物，不得破坏环境卫生，当然更不得使用任何形式的暴力。对于违反法律、抗拒警方执行公务的，警方有权使用强制手段。西藏喇嘛在游行示威前从未向警方提出申请，即使按照美国的法律，警察也有权扣留他们。藏人向警察扔石头、焚烧汽车与派出所、打砸抢烧商店和机关，更是不折不扣的暴乱，警察完全有权开枪镇压。我国政府对严重危及人民生命、财产的暴乱依法进行平息，是维护西藏社会稳定、西藏各族人民根本利益所在。②

分析西藏历次动乱的主要因素：第一，十四世达赖利用藏传佛教的影

---

① 中国藏学研究中心：《50 年真相：西藏民主改革与达赖的流亡生涯》，人民出版社 2009 年版，第 191—192、194 页。

② 徐明旭：《雪山下的丑行：西藏暴乱的来龙去脉》，四川出版集团、四川教育出版社 2010 年版，第 203—204 页。

响，混淆视听。藏传佛教把本土的苯教的灵魂不死、灵魂转移的观念同佛教的因果报应、生死轮回、超度来世的观念结合在一起，形成了藏族的文化心理结构或集体无意识。概括地说，就是"信仰高于理性，来世重于现世"。现实生活越是艰难的藏人，对宗教的信仰越是狂热，对来世的渴望越是迫切，对喇嘛越是尊敬，对寺庙越是慷慨。尽管他们中绝大多数一字不识，看不懂佛经，只会口诵"六字真言"、手持转经筒、五体投地磕长头、向寺庙献上尽可能多的钱物、祈求来世投个好胎交上好运，但他们是世界上最虔诚的佛教徒。这是一般意义上的、群众性的、通俗化的、以超度来世为目的的宗教，又称显宗或显教。达赖利用自身特殊的身份，利用西藏几乎全民信教而又缺乏政教分离观念（中世纪的政教合一在西藏有根深蒂固的传统）的特点，故意违背政教分离的原则（所有西方民主国家的立国原则），把佛教里根本没有的"西藏的独立"说成是佛的旨意，混淆视听从而使许多藏人不假思索地支持西藏独立。[①] 这样的人心和民意根本不可能作为改变国际公认的西藏主权归属的依据。第二，藏族民众藏传佛教的信仰的局限性（思维、理念、政治观念）由于特殊地理位置和环境，再加之藏传佛教的影响，藏族人天性外向、直露、坦率。但是，藏族人有创造神话传说的天赋，并把神话传说当作事实来接受、传播并深信不疑的天然倾向。借用文化人类学的术语，这是一种不同于理性思维的神话思维。所以他们能记得住叙述性的神话故事和具体的神话形象，记不住抽象的教义。在旧西藏的宗教是一种要求人民盲目服从的、非理性的意识形态。第三，国家的认同、法治观念欠缺。在旧西藏当宗教和权力强迫人们无条件服从的专制政治结合在一起，变成政教合一的精神——世俗力量时，便拥有了不容怀疑、不容挑战的绝对权威。事实上，历史上的绝大多数藏人只有宗教意识，没有政治意识。由于政教合一的黑暗制度，占人口绝大多数的农奴被剥夺了基本人权，灾难深重，毫无自由可言。自然也没有过问政治的权力与政治及国家意识。[②] 历次骚乱暴乱事件，都是以少数不法僧尼为主，目无国法。在宗教意识影响下，普通的信众尚未完全建立起法治意识，故难以有法治规则意识和理性思维。法治国家之

[①] 徐明旭：《雪山下的丑行：西藏暴乱的来龙去脉》，四川出版集团、四川教育出版社2010年版，第3、12、53、54页。

[②] 徐明旭：《雪山下的丑行：西藏暴乱的来龙去脉》，四川出版集团、四川教育出版社2010年版，第55页。

治下，国家保护正常的宗教活动。作为世俗生活中的公民，其行为规则要受到法律规则理性的指引，保护公民包括宗教信仰在内的合法权益。现如今世界处于科学技术飞速发展、政治格局多元化、文化交流日益增进、寻求法治的时代，世界各个宗教也发生着重大的变化：宗教神圣化作用衰退；在许多方面，科学逐渐代替宗教；宗教对人的约束力减弱；宗教的礼仪与教规已逐渐丧失了约束力，人民的生活行为准则是多元化的，而判断其对错主要靠的是理性和法律。这是世界宗教的共同现实发展趋势，藏传佛教也不例外。① 第四，达赖提出的所谓的"大藏区"，违背我国的宪法，其实质就是把西藏从祖国怀抱中分裂出去。所谓"大藏区"，就是将西藏、青海、甘肃、四川、云南等藏族居住区合并在一起，建立历史上从未有过的"大藏族自治区"，总面积约占全国领土的1/4，并要求将居住在这些区域的其他民族统统迁出。而且实行所谓的"高度自治"包括要求中央政府不能在西藏驻军，西藏可与其他国家或国际组织保持外交关系。这与我国宪法与民族区域自治法完全相悖，我国宪法第3条明确规定，"中央和地方的国家机构职权的划分，遵循在中央的统一领导下，充分发挥地方的主动性、积极性的原则。"民族区域自治法第15条规定："各民族自治地方的人民政府都是国务院统一领导下的国家行政机关，都服从国务院。"根本不存在达赖集团提出的中央和地方对等"谈判"、征得相互"同意"、建立"合作解决的途径"的问题。民族区域自治是我国解决民族问题的基本政策，是我国的一项基本政治制度，民族区域自治地方的各项自治权，宪法和民族区域自治法中都有明确的规定，而且已经得到各族人民的衷心拥护。达赖集团混淆视听，违背我国的宪法和法律的规定，违背了中国各族人民利益。但对一些不明白问题所在的信众来说，这也是影响西藏稳定和长治久安的因素之一。

西藏社会稳定情况：在党的领导下，西藏经过半个多世纪的发展，与20世纪50年代以前相比有着天壤之别。西藏各族人民当家作主，成为国家、社会和自己命运的主人；西藏实现了由贫穷落后向富裕文明的跨越，以崭新姿态呈现在世人面前；西藏各族人民与全国人民和睦相处、和衷共

---

① 多尔吉、刘勇、王川：《藏传佛教的文化功能与社会作用》，中国藏学出版社2011年版，第192页。

济，共同创造幸福美好新生活；西藏以开放的姿态面向世界，积极吸纳人类文明优秀成果。① 现如今，西藏经济健康快速发展，社会事业全面进步，人民生活显著改善，生态环境保持良好，社会大局持续稳定，综治考评首次进入全国优秀行列，各族群众的安全感位居全国前列。全面完成了"十二五"目标任务。② 总的来说，如今西藏社会稳定。但要实现西藏的跨越式发展和取得长治久安的团结、民主、富裕、文明、和谐的新西藏，反分裂斗争形势依然严峻，维护稳定的任务艰巨繁重。

二 法治文化建设对西藏长治久安战略的必要性分析

社会稳定、国家长治久安是全国各族人民的根本利益，也是最高利益。要实现社会稳定、国家长治久安，最理想的治理模式就是实行法治。

（一）我国践行法治的历程

洛克曾指出："法律的目的不是废除或限制自由，而是保护和扩大自由。这是因为在一切能够接受法律支配的人类的状态中，哪里没有法律，哪里就没有自由。这是因为自由意味着不受他人的束缚和强暴，而哪里没有法律，哪里就不能有这种自由"。③ 洛克认为自然状态必然会被政治社会状态所代替，代替的桥梁是运用法治，因为自然状态存在的致命缺陷就是没有法律的约束。在洛克看来，通过契约订立的政府就是一个法治的政府。尽管洛克并没有使用"法治政府"这一概念，但他却比较完整地论述了"法治政府"的内在含义：第一，政府的一切行为必须具有合法性，即依法办事；第二，法律必须是普遍的和已知的，提出一个针对任何个人或一部分人的法律是不合法的；第三，法律必须是平等的，即法律规则必须平等地适用于所有的人，包括法律的制定者和执行者。④ 洛克的政府理论是围绕着人民主权的思想建立的，他认为维护了人民主权的就是一个好政府，反之就是需要重新塑造的政府。

---

① 国务院新闻办公室：《西藏发展道路的历史选择》，《人民日报》2015年4月16日第14版。

② 洛桑江村：《政府工作报告——2016年1月27日在西藏自治区第十届人民代表大会第四次会议上》，《西藏日报》2016年2月6日第1版。

③ ［英］哈耶克：《自由宪章》，杨玉生等译，社会科学文献出版社1999年版，第231页。

④ 辛向阳：《政府理论第一篇：解读洛克〈政府论（下篇）〉》，山东人民出版社2003年版，第114页。

中国共产党顺应历史潮流，坚持人民当家作主，为人民谋幸福，建立了社会主义的新中国。新中国成立后，根据社会发展水平和实际国情，我国历代领导人对法治的建设与推行都有本质性、根本性的认识，指引着我国建设社会主义法治国家。党的领导人毛泽东有关法治的思想是人民民主的思想。在西藏和平解放过程中，毛泽东提出把旧西藏改造为"人民民主的西藏"的法制思想；1978年12月邓小平在党的十一届三中全会的主题报告中指出："为了保障人民民主，必须加强法制。必须使民主制度化、法律化，使这种制度和法律不因领导人的改变而改变，不因领导人的看法和注意力的改变而改变。"① 1979年9月，中共中央在《关于坚决保证刑法、刑事诉讼法切实实施的指示》中指出，法律"能否严格执行，是衡量我国是否实行社会主义法治的重要标志"。这是邓小平领导的中共中央在十一届三中全会以后，中国共产党党内文件首次提到"社会主义法治"，将毛泽东的人民民主"法制"思想变更为社会主义"法治"思想，明确表明法律对于国家来说不仅仅是一项具体制度，更重要的是运用这项制度进行实际管理；1985年中共中央和国务院转发关于"一五"普法规划的通知中，将"以法治国"上升为"依法治国"，虽是一字之差，却意味着从此不仅要用"法"来治理国家，法律不仅是治国的措施、手段，更是治国的基本依据、基本方略，一切皆须以法律为准绳，在所有治国措施中法律至上，强调严格依法办事，依法行使民主权利；1992年，邓小平南巡，发表"南方讲话"，进一步指出国家社会生活的主要方面都要依靠法律来调整，建设社会主义法治国家，不仅要有系统完善立法，"制定一系列的法律"，而且要有公正有力的司法，加强法治的根本问题还是教育人，只有使人人都懂得法律，都能够自觉遵守法律，不仅不犯法，而且能积极维护法律，我们的国家才能真正成为法制完备的法治国家。② 江泽民在1996年2月8日的"中共中央法制讲座"上更是明确提出"依法治国"。他指出：坚持依法治国，保障国家的长治久安，就是使国家各项工作逐步走上法制化和规范化；就是广大人民群众在党的领导下，依照宪法和法律的规定，通过各种途径和形式参与管理国家、管理经

---

① 邓小平：《解放思想、实事求是，团结一致向前看》，载中共中央文献编辑委员会《邓小平文选》（第二卷），人民出版社1993年版，第146页。

② 胡卫萍：《从"法制"到"法治"——毛泽东、邓小平法律思想比较分析》，《江西社会科学》2003年第10期。

济文化事业、管理社会事务；就是逐步实现社会主义民主的法制化、法律化。① 这标志着新中国法治建设开始步入系统化的新阶段。到了 1999 年 3 月，全国人民代表大会通过《宪法修正案》第 13 条"中华人民共和国实行依法治国，建设社会主义法治国家"，依法治国正式入宪，获得至高无上的地位；2002 年 12 月 4 日，胡锦涛在首都各界纪念《中华人民共和国宪法》公布施行 20 周年大会上明确强调："发展社会主义民主政治，最根本的是要把坚持党的领导、人民当家作主和依法治国有机统一起来。党的领导是人民当家作主和依法治国的根本保证，人民当家作主是社会主义民主政治的本质要求，依法治国是党领导人民治理国家的基本方略。"② 随着法治化进程，2004 年 3 月 14 日十届全国人大二次会议上通过了《中华人民共和国宪法修正案》，修正案第 24 条规定："国家尊重和保障人权"。这不但极大提升了中国整个法律体系的现代化程度，而且成为了中国社会进入现代法治文明社会的一个基本标志。在 2007 年 6 月 25 日，胡锦涛在中央党校省部级干部进修班毕业典礼上发表重要讲话，指出要"全面落实依法治国基本方略，弘扬法治精神，维护社会公平正义"。胡锦涛在 2012 年 11 月 8 日十八大报告提出法治是治国理政的基本方式，强调提高领导干部运用法治思维和法治方式深化改革、推动发展、化解矛盾、维护稳定能力。③ 这是执政党第一次把法治思维和法治方式写入行动指南，无疑具有划时代的意义，对于保持国家长治久安和繁荣稳定意义重大。习近平总书记在 2012 年 12 月 4 日《在首都各界纪念现行宪法公布施行 30 周年大会上的讲话》中指出："各级领导干部要提高运用法治思维和法治方式深化改革、推动发展、化解矛盾、维护稳定能力，努力推动形成办事依法、遇事找法、解决问题用法、化解矛盾靠法的良好法治环境，在法治轨道上推动各项工作。"④ 习近平总书记的这一讲话，将"法治思维"和"法治方式"推广到更加广阔的管理领域。十八届三中全会通过

---

① 《江泽民文选》第 1 卷，中央文献出版社 2006 年版，第 511—513 页。

② 胡锦涛：《在首都各界纪念中华人民共和国宪法公布施行二十周年大会上的讲话》，《人民日报》2002 年 12 月 25 日第 1 版。

③ 胡锦涛：《坚定不移沿着中国特色社会主义道路前进为全面建成小康社会而奋斗》，《人民日报》2012 年 11 月 8 日第 1 版。

④ 习近平：《在首都各界纪念现行宪法公布施行 30 周年大会上的讲话》，《人民日报》2012 年 12 月 5 日第 1 版。

的《中共中央关于全面深化改革若干重大问题的决定》将"推进法治中国建设"确立为我国新时期法治建设的新目标和全面深化改革的重大内容,再次强调法治思维:"坚持依法治理,加强法治保障,运用法治思维和法治方式化解社会矛盾"。① 十八届四中全会通过《中共中央关于全面推进依法治国若干重大问题的决定》,提出全面推进依法治国的总目标。自党的十八大以来,习近平总书记关于"法治中国"最为核心思想的是:提出了法治中国建设的新目标,即新时期集法治国家、法治政府和法治社会为一体的法治建设新目标;法治中国建设的新路径,即坚持依法治国、依法执政、依法行政共同推进,坚持法治国家、法治政府、法治社会一体建设;法治中国建设的新方针,即科学立法、严格执法、公正司法、全民守法;法治中国建设的新方法,即法治思维和法治方式。总之,习近平法治思想是马克思主义法学中国化的重大理论成果,是中国特色社会主义法治理论的最新成果,是全面依法治国、建设法治中国、推进法治强国的理论基础和指导思想。② 党的十九大以来,在坚持习近平新时代中国特色社会主义思想指引下,十九届四中全会再次明确:必须坚定不移走中国特色社会主义法治道路,全面推进依法治国,坚持依法治国、依法执政、依法行政共同推进,坚持法治国家、法治政府、法治社会一体建设,加快形成完备的法律规范体系、高效的法治实施体系、严密的法治监督体系、有力的法治保障体系,加快形成完善的党内法规体系,全面推进科学立法、严格执法、公正司法、全民守法,推进法治中国建设。

(二)法治文化建设对西藏长治久安战略的必要性分析

在过去的60多年时间里,西藏走完了人类社会需要几百年甚至上千年才能走完的历程,书写了人类历史上壮丽的篇章。今天的西藏,经济发展,政治进步,文化繁荣,社会和谐,生态良好,人民生活幸福安康,一个传统与现代交相辉映的新西藏正呈现在世人面前。③ 但长期流亡海外的十四世达赖集团,一直从事分裂祖国和破坏西藏发展稳定的活动。由于藏传佛教文化的影响,且缺少正确的社会主义法治文化引导,西藏信众容易

---

① 《中共中央关于全面深化改革若干重大问题的决定》,载《十八大以来重要文献选编》(上),中央文献出版社2014年版,第511—546页。

② 张文显:《习近平法治思想研究(上)——习近平法治思想的鲜明特征》,《法制与社会发展》2016年第2期。

③ 国务院新闻办公室:《西藏的发展与进步》,《人民日报》2013年10月23日第14版。

产生认识的偏差和误解，影响着西藏的社会稳定和长治久安。

法治——当今世界崇尚和追求人类社会治理的理想，已经成为世界大多数国家理想化的一种社会治理模式。法令行则国治国兴，法令弛则国乱国衰。我国正在党的领导下，坚持人民民主，实行依法治国。正如习近平总书记论述对加快社会主义法治国家和培育社会主义法治文化命题，所指出的："我们要在全社会加强宪法宣传教育，提高全体人民特别是各级领导干部和国家机关工作人员的宪法意识和法治观念，弘扬社会主义法治精神，努力培育社会主义法治文化，让宪法家喻户晓，在全社会形成学法、尊法、守法、用法的良好氛围。我们要通过不懈努力，在全社会牢固树立宪法和法律的权威，让广大人民群众充分相信法律、自觉运用法律，使广大人民群众认识到宪法不仅是全体公民必须遵循的行为规范，而且是保障公民权利的法律武器。我们要把宪法教育作为党员干部教育的重要内容，使各级领导干部和国家机关工作人员掌握宪法的基本知识，树立忠于宪法、遵守宪法、维护宪法的自觉意识。法律是成文的道德，道德是内心的法律。"① 在新西藏的建设过程中，法治西藏之下依法治藏、依法维稳是西藏历史发展所趋。法治文化承载着法治的价值与精神理念，是建设法治国家的最基本的要素，更是法治西藏必不可少的基础。以下文中如无特别指明，我国社会主义法治文化简称为法治文化。

1. 法治文化的先导性——保障新西藏建设的正确方向

法治文化是社会主义先进文化的重要的组成部分。法治文化是一面旗帜，引领未来的发展。法治文化是我国新时期融法治国家、法治政府、法治社会为一体的法治建设新目标必不可少的基本要素。法治文化内生于我国法治国家、法治政府、法治社会的新目标建设之中。法治文化区别于人治文化，是先进的法律文化。法治文化蕴含着追求公平、正义、自由、民主的法治价值，弘扬着依法治国的法治精神，宣扬着保障公民的权利和规范公权力法治思想，彰显着社会主义法治理念，传播着先进的社会主义法治文化种子，孕育着社会稳定和谐、国家长治久安的文化基因。我国的法治文化是具有中国特色的社会主义法治文化，既体现人类社会法治文明共通的智慧结晶，又体现社会主义中国法治特色文化。它既包含着体现社会

---

① 习近平：《在首都各界纪念现行宪法公布施行30周年大会上的讲话》，《人民日报》2012年12月5日第1版。

主义先进文化内在要求的法治价值、法治精神、法治意识、法治理念、法治思想、法治理论，又包含着体现我国社会主义民主本质特征的法律制度、法律规范、法治机制，还包含着执法守法用法的法律行为共同构成的一种文化现象和法治状态。内含着依法治国、执法为民、公平正义、服务大局、党的领导的社会主义法治理念是我国社会主义法治文化的核心内容。依法治国是社会主义法治理念的核心内容，执法为民是社会主义法治理念的内在要求，公平正义是社会主义法治理念的价值追求，服务大局是社会主义法治理念的重要使命，党的领导是社会主义法治理念的根本保证。这五个方面相辅相成，从整体上体现了党的领导、人民当家作主和依法治国的统一。内在的法治文化的特质，决定了法治文化的政治性、先进性、导向性、指引性，作为一面旗帜引领前进的方向。

西藏是我国不可分割的一部分。西藏的稳定与繁荣，不仅关系着西藏人民的根本利益，更关系着国家的安危与发展，影响着包括藏族在内的中华民族的伟大复兴。当今世界是一个多极和多文明的世界，一国的综合国力的强弱离不开文化的软实力的支撑。人民既被文化分裂，又被文化统一在一起。西藏在党的领导下，翻身农奴当家作主。在党的领导下经过60多年的发展，西藏人民废除了黑暗、落后的封建农奴制度，摆脱了官家、贵族、寺院三位一体神权至上的人治统治，西藏人民在社会主义法治的道路上，获得前所未有的自由、平等与尊严，充分享受着现代文明成果。成果来之不易，要珍惜和爱护，更要依靠法治来捍卫。如今，西藏正处在建设团结、民主、富裕、文明、和谐的社会主义新西藏的关键时期，面临着达赖集团利用违背藏传佛教根本精神的宗教幌子和"大藏区"的招牌混淆视听的问题。再加之，西藏传统的藏传佛教文化根深蒂固，西藏进步发展的历史相对较短。由于传统文化的惯性和长期的影响，在短时期内难以消除其消极的一面。西藏民众如何认清达赖集团分裂的本质，把握法治西藏对自身的意义和价值，离不开法治文化的指引与精神支撑。法治文化的作用影响着西藏的进步与发展。法治文化在西藏社会建设实践中，犹如一盏闪亮的灯塔，它照亮了西藏通向未来清晰的道路——通过法治，一方面实行人民民主、保障公民权利、社会稳定、民族团结、和谐繁荣、人们安居乐业、遵纪守法、秩序井然、维护统一；另一方面，通过法治，塑造既包括符合世界历史发展潮流共通的文明成果在内，又包括我国历史发展的必然趋势的社会主义文化在内的法治文化。进而通过法治文化，塑造真正符合西藏各族人民根本利益的世界观、价值观和行为方式，消除对西藏未来发展的恐惧、猜忌、疑虑和不信任，铲除妨碍西藏稳定、发展、繁荣、长治久安的因素，维护祖国的统一。如此，法治文化才能成为团结、民主、富裕、文明、和谐的社会主义新西藏建设的灯塔。因此，党的十八大和十八届二中、三中全会、四中全会的精神、中央第六次西藏工作座谈会精神、习近平总书记"治国必治边、治边先稳藏"的重要战略思想、俞正声主席"依法治藏、长期建藏"的指示，都共同地指向了法治西藏这个重大的战略命题。这一切离不开社会主义法治文化的建设与培养，西藏更是如此。

2. 法治文化追求的内在价值——保障西藏人民的根本权利，实现法治社会

文化的重要作用是通过其内在的价值来影响人类的进步。"价值之所以重要在于它为文化素材的组织方式提供要点。价值对我们理解文化赋予意义。事实上，价值为充分地理解文化提供唯一的基础，因为所有文化主要是根据它们的价值来组织的。"① 一个特定社会中文化的价值是最为重要的。价值能区别不同特定文化，价值的指导能使人们的行为、生活富有活力、生气、决定生活的质量。法治不仅仅是西方社会的治理模式，更是我国建设现代化过程中实现法治国家、法治政府和法治社会有机统一治理的必然选择。法治、法治文化都跟特定的国家、社会和文化相联系的。我国社会主义法治是在吸收人类合理的法治文明的成果基础之上，不盲从西方法治理论及模式，坚持中国特色和适应国情的法治。我国的法治包含着保障公民的权利和自由、实现社会公平正义、限制政府的权力滥用，体现了民主、平等、公平、正义、自由、人权、安全、秩序、和谐的价值追求，体现党的领导、人民当家作主和依法治国的有效统一的人民民主的价值。法治文化承载着、蕴含着和彰显着民主、平等、公平、正义、自由、人权、安全、秩序、和谐的价值。法治文化内在价值的追求，关系着西藏人民当家作主、西藏人民的根本权力和西藏社会的治理。因为要理解法治对一个国家、社会的重要意义，要实现法治的价值功能，最重要的还是要通过法治文化来实现。

---

① ［美］阿尔弗雷德·克罗伯、克莱德·克拉克洪：《文化：概念和定义的批判顾问》，转引自［加］保罗·谢弗《文化引导未来》，许春山等译，社会科学文献出版社 2008 年版，第 65 页。

在旧西藏时期，神权至上，人民灾难深重，毫无自由财产可言。这是典型的、黑暗的人治社会。经过社会主义民主改革，依法实行民族区域自治，西藏彻底废除了政教合一的封建农奴制度，建立起人民代表大会制度和民族区域自治制度。西藏各族人民才真正地成为国家的主人、社会的主人、自己命运的主人。随着我国法治进程的推进，随着我国社会主义民主政治的发展和完善，西藏的民主制度不断健全，民主形式日益丰富，有序政治参与渠道不断扩大。历史证明，法治有益于西藏人民。法治是西藏进入现代社会的必然选择，是解决社会矛盾、维护社会稳定和西藏长治久安的最有效的最合理的治理模式。

由于西藏的藏族群众几乎全民信教，藏传佛教文化成为其思想、行为的主导。而达赖集团利用藏传佛教文化的特性，误导信众，容易引起社会不稳定，影响西藏的长治久安和新西藏建设目标的实现。因此，法治文化建设刻不容缓。通过法治文化的建设与培养，传播法治价值，使得西藏人民明白法治能保障自身当家作主的权利，维护自己合法的权益；法治能使作为主人的西藏人民自由、有尊严、平等，在安全、良好的生活秩序下，实现公平正义、和睦相处、安居乐业、幸福和谐的生活。只有在党的领导下，坚持人民民主、推进法治西藏的建设，才能实现西藏法治社会，彻底消除黑暗的政教合一的封建农奴制度遗毒文化的影响。

3. 法治文化提供精神动力——促进西藏跨越式发展，实现长治久安

文化不仅代表着一个民族的过去，而且也构成了一个民族精神的核心，指引着未来发展的道路。法治文化堪称法治建设的灵魂，是法治建设的内在的驱动力。我国社会主义法治文化是我国建设法治国家、法治社会、法治政府的精神动力支撑，指引着我们的法治建设。法治文化以公平正义、民主法治、保障人权、自由平等的法治价值，以依法治国、执法为民、公平正义、服务大局、党的领导的法治理念，以人民当家作主、人民民主的法治根本精神，引领我国法治建设与发展的方向，提供强大的精神动力。我国的法治文化为法治建设，提供人民民主政治的精神支柱；为形成与法治建设相适应的公民意识、国家意识、法治意识提供文化源泉。

西藏正处于建设团结、民主、富裕、文明、和谐的社会主义新西藏的关键时期。如果没有法治文化提供精神动力，西藏的法治社会建设就面临着巨大的障碍。因为一个社会如果没有具备健全的公民意识、正确的国家意识和依法而治的法治意识的公民，一切建设无从谈起。由于在旧西藏的

宗教是一种要求人民盲目服从的、非理性的意识形态，因此在历史上绝大多数藏族人只有宗教意识，没有政治意识。而且人治的政教合一制度，剥夺了绝大多数的农奴的基本人权，自然也没有国家意识与民主政治意识。虽然在我国法治建设的推进下，随着我国民主政治的发展和完善，西藏的民主制度不断健全，民主形式日益丰富，有序政治参与渠道不断扩大，但是我们应清醒地看到：由于建设人民民主的西藏的时间较短（仅有半个多世纪），且藏族群众几乎是全民信教，还深受着传统的宗教思想的影响，所以西藏民众依然存在着缺少公民意识、国家意识和法治意识的问题。这也正是达赖集团利用宗教信仰进行分裂活动，影响西藏长治久安的障碍性因素。因此，通过法治文化建设，增强西藏民众的公民意识、政治意识和法治意识，为西藏实现跨越式发展提供精神动力。唯有此途径，西藏民众才能在党的领导下，真正地实现当家作主，享有公民的权利，享受现代文明成果。西藏民众才会迸发出主人翁的精神和力量，才会有政治参与热情，提高其法治素养，自觉地维护国家的统一，创造法治西藏的和谐秩序。

4. 法治文化的认同——凝聚西藏全体人民的共识和力量，反对分裂、维护国家的统一

毫无疑问，一个健康稳步发展的社会必定具有某种主导文化。法治建设所赖以运行的文化结构应该是一种既具有主导性文化，但同时允许其他文化存续发展的多元文化结构。法治文化在法治建设过程中，以其先进性、价值性和导向性，必将处于社会的主导地位。如果不解决法治文化认同的问题，法治文化就不可能延续，法治之路就不可能走得太远。对于文化认同，"因为认同对人的生存是必不可少的：没有认同人简直活不下去，无论是个人、社会团体、社区、地区，还是国家都是如此。认同深深扎根在人的心理和文化状态中"[①]。亨廷顿指出"文化有其考虑的价值，文化认同对于大多数人来说是最有意义的东西"，"在当代世界，文化认同与其他方面的认同相比，其重要性显著增强"。[②] 所谓的文化认同，就是指文化群体或文化成员承认群内新文化或群外异文化因素的价值效用符

---

① ［加］保罗·谢弗：《文化引导未来》，许春山等译，社会科学文献出版社2008年版，第68页。
② ［美］塞缪尔·亨廷顿：《文明的冲突与世界秩序的重建（修订本）》，周琪等译，新华出版社2010年版，第4、108页。

合传统文化价值标准的认可态度与方式。经过认同后的新文化或异文化因素将被接受、传播。① 文化认同是一种肯定性的具有价值性的判断。文化认同是国家认同、民族认同等其他认同最为深层的最为重要的认同。法治文化的认同就表现为公民大众对法治的认可、接受、实践，进而维护法治的社会治理秩序。也就是公民通过对法治推行的法律制度进行价值判断，认可法治是对民主、平等、公平、正义、自由、人权、安全、秩序、和谐的价值的维护与尊重，从而真正地接受法治理念，推崇法治精神，践行法治规则，维护法治秩序。惟有法治文化的认同，才能凝聚社会公众的共识和力量。进而在法治建设过程中形成良好的法治文化氛围，奠定法治建设的最深层次的文化根基和社会群众基础，获得牢固坚实的内生性源力。如此一来，法治国家、法治政府、法治社会追求的理想的治理模式才能实现，方能实现长治久安。

根据马克思主义法哲学的思想：社会存在决定人们的社会意识，因此社会主义国家的法治除了反映世界文明共同普世的法治价值、理念、精神和规律之外，社会存在决定了中国社会主义法治文化特有的价值、理念、精神和思想。我们推崇的法治文化是体现党的领导、人民民主、依法治国有机统一的社会主义法治理念为重要内容的法治文化。西藏步入现代化文明建设也仅有短短的60多年的时间。虽然在党的领导下取得了举世瞩目的成就，但是由于其传统的封建农奴制度的长期影响，藏传佛教文化的根深蒂固，这一惯性的文化力量仍然在发挥作用，影响着信众的思想与行为，这也是依法治藏、依法维稳面临的最大障碍。法治文化与藏传佛教文化并不是对立的，不是谁要取代谁。只不过在社会治理的过程中，两者发生作用的领域不一样，不能越俎代庖。在我国建设社会主义新西藏的过程中，社会存在决定了藏传佛教文化只能在宗教和信众的精神领域发挥它应有的作用。而社会治理、维护西藏社会的稳定与长治久安，则须依赖法治。法治文化是一个社会治理秩序的主流文化。按照哈贝马斯的观点：一个政治系统产出的危机有合理性危机和合法性危机。而合法性危机是一种直接认同的危机。② 西藏面临达赖集团的分裂不稳定因素，从长治久安的战略与西藏的治理来看，必须通过法治文化的建设与培育来实现法治文化

---

① 冯天瑜：《中华文化辞典》，武汉大学出版社2001年版，第20页。
② ［德］尤尔根·哈贝马斯：《合法化危机》，刘北成、曹卫东译，上海人民出版社2000年版，第65页。

的认同。通过法治文化的建设与培养,直至西藏人民大众形成法治文化的认同,才能真正认识和辨别清楚达赖集团的分裂本质,真正地懂得在党的领导下,推行依法治藏是谋求西藏人民当家作主的根本利益。西藏民众方能在现实的生活中崇尚法治,坚持党的领导、坚持民族区域自治制度、维护祖国统一,成为西藏社会稳定的内生性动力和稳固的力量。

5. 法治文化的自觉——形成法律信仰,依法治藏

"文化自觉"是费孝通先生于 1997 年在北大社会学人类学研究所开办的第二届社会文化人类学高级研讨班上首次提出。他认为文化自觉是指生活在一定文化中的人对其文化有"自知之明",明白它的来历,形成过程,所具的特色和它发展的趋向,不带任何"文化回归"的意思,不是要"复旧",同时也不主张"全盘西化"或"全盘他化"。自知之明是为了加强对文化转型的自主能力,取得决定适应新环境、新时代文化选择的自主地位。① 作为文化的一种,法治文化的自觉同样是遵循这样的道理。在立足于中国传统优秀的文化基础之上,我国法治文化借鉴吸收西方法治反映人类社会治理的共同的文明成果,着眼于我国社会主义法治建设的实践,形成我国独具特色的社会主义的法治文化。法治文化的自觉是指对人们在其生活的国家社会之内,对法治文化的自我认识、自我反省从而达到法律信仰,进而随着社会实践的发展知晓法治文化未来的发展趋向。通过法治文化的自觉形成的法律信仰,即"公民大众对于民族国家及其文明价值的忠诚和倚重,那么,民族国家通过维护国族利益和公民权益对此做出回应和回报,便是确立自己的合法性,从而发动信仰机制的前提;也只有当民族国家及其法律对于国族利益和公民权益保持清醒的自觉状态,并且具有保护这一利益的能力之时,人们才会心向往之,从而认同乃至护持这种合法性。这样的民族国家及其法律,才会对于自己的公民形成足够的精神感召力和价值凝聚力,而形成民族国家经由法律纽带,将全体国族成员联为一体、上下呼应、同仇敌忾的集团局面。实际上,这也就是所谓的民族精神所在,而构成'综合国力'的重要指标。……理想的人间秩序应是永久和平的大同世界,在此人世生活中,人人得各利其利,各爱其爱,各美其美。但是,实现这一美好理想的现实途径,可能恰恰正在于首先自民族国家范围内将此理想作地域性的落实,而积攒各民族国家逐步相

---

① 费孝通:《反思·对话·文化自觉》,《北京大学学报》1997 年第 3 期。

互靠拢,最终达致天下一家的可能性。在民族国家范围内依靠法律捍卫利益、体现价值、凝聚人心,也许,是一个虽然渐进而漫长,但却较为现实可行,从而'较不坏'的选择","也就是说,法律信仰体现了以民族国家为形式的政治忠诚,进而言之,最终体现了对于这一政治共同体的文化认同。正因为此,法律信仰因而成为一种'世俗的'公民信仰,而归根究底,乃是一种法律的文化认同,或者说,是文化认同的法律表现。从而,它是一种文化自觉,或者说,必将连带推导至文化自觉"。①

西藏民众大多都信仰藏传佛教。宗教是一种历史现象,有其产生、存在和发展的规律。宗教在社会主义社会中将长期存在,党和国家实行宗教信仰自由政策,国家依法保护正常的宗教活动。藏传佛教作为一种文化现象,在历史上有其积极的作用。但在西藏经过民主改革,消灭了封建农奴制度,建立了社会主义制度之后,藏传佛教文化也存在着和社会主义相适应的问题,有其消极的一面。而且随着世界科技文化的发展,世界各个宗教也发生着重大的变化:宗教神圣化作用衰退;在许多方面,科学逐渐代替宗教;宗教对人的约束力减弱;宗教的礼仪和教规已逐渐丧失了约束力,人们的生活行为准则是多元化的,而判断其对错主要靠的是理性和法律。这是世界宗教的共同现实发展趋势,藏传佛教也不例外。② 自20世纪80年代以来,在西藏等地出现了骚乱暴乱的事件。主要是违法的少数僧尼所为,但对信教的群众产生诸多的误导和认识偏差。尤其是2008年"3·14"事件,违法暴乱的僧尼违背了藏传佛教的根本精神,破坏了西藏社会的稳定,触犯了国家的法律。因此,有必要用科学的理性的社会主义法治文化引导藏传佛教文化的发展方向,使得信众能在国家宗教信仰自由的政策之下,合法地进行宗教活动。通过法治文化的建设与培育,使得西藏公众认同法治文化,在人们世俗的生活行为准则中依法而为;在此基础之上,使得西藏公众形成法治文化的自觉,在世俗的生活行为中依法而为,信仰法律。因而须引导藏传佛教与社会主义相适应。法治文化引导藏传佛教文化发展的方向,保障藏传佛教文化的方向性、合法性、适应性。这样在一个以法治文化为主导的社会中,藏传佛教文化可以发挥其积极一面的作用,与法治文化相得益彰,共同维护西藏社会的稳定与和谐,促进

---

① 高鸿钧等:《法治:理念与制度》,中国政法大学出版社2002年版,第133—135页。
② 多尔吉、刘勇、王川:《藏传佛教的文化功能与社会作用》,中国藏学出版社2011年版,第191页。

西藏的长治久安。法治文化的建设与培养,乃至形成法治文化的自觉,是必须的。虽然法治文化的自觉是一个艰巨的过程,但是法治文化的自觉一旦形成以后,达到法律信仰即对于民族国家的忠诚,也就是对于该民族国家的文明/文化的归依,对于它的价值和理念的一种理性姿态的神圣体验,一种神圣体验的理性姿态;从而,法律信仰所反映的实际上是信仰者对于"自己的"利益的忠诚和追求。① 通过法治文化的建设与培养,西藏民众一旦形成法治文化的自觉,达到法律信仰,实际上就是对我国社会主义法治国家和文明的归依,也是西藏民众对团结、民主、富裕、文明、和谐新西藏的根本利益的忠诚与追求。当达赖集团利用宗教的幌子再来危害西藏的稳定之时,西藏民众就能理性地区分辨别其分裂的本质,既能在世俗生活中依法而行,又能在法治的保护之下宗教信仰自由畅行,那么西藏的长治久安就有了根本的保证,社会稳定和谐,人民安居乐业。

第四节 法治文化建设在西藏的可行性分析

西藏的长治久安战略最终目的是保障西藏人民长久地获得自由、平等、尊严和正义,充分享受现代文明成果与幸福,实现西藏符合人类社会发展规律的新发展,建成团结、民主、富裕、文明、和谐的社会主义法治新西藏。而要实现西藏的长治久安,就必须有法治文化建设的保障。一切问题,由文化问题解决。法治文化对西藏长治久安具有无法替代的价值。因此,我们需要理清法治文化建设在西藏具备的可行性因素有哪些?在此基础上,法治文化才能更好地发挥作用。

一 西藏民主建设的成就为法治文化建设奠定了民主政治的基础

现代法治国家,换言之,就是以民主之法治理的国家。在法治的国度里,一方面通过法律保护公民的自由和权利;另一方面,通过法律来规制和监督国家权力,防止侵害公民的权利。没有民主就没有法治。"因为,在专制政府中国王便是法律,同样地,在自由国家中法律便应该成为国王,而且不应该有其他的情况"②。"在民主制中不是人为法律而存在,而

---

① 高鸿钧等:《法治:理念与制度》,中国政法大学出版社 2002 年版,第 134 页。
② [英]托马斯·潘恩:《潘恩选集》,马清槐等译,商务印书馆 1981 年版,第 35—36 页。

是法律为人而存在；这里人的存在就是法律，而在国家制度的其他形式中，人却是法律规定的存在。民主制的基本特点就是这样"①。民主是法治的政治制度的基础。有了民主政治基础，法治国家建设乃至法治文化的培育才有了民主政治的基础。在党的领导下 1949 年新中国的成立，西藏也得以在 1951 年和平解放，西藏开始随着祖国一起步入进步发展的轨道；在 1959 年西藏经过民主改革，西藏百万农奴翻身彻底解放，历史性实现了平等、自由的基本人权；在 1965 年西藏自治区成立，人民代表大会制度、民族区域自治制度等在西藏最终确立。西藏社会从根本上实现了人民当家作主的社会主义制度。西藏各族人民真正成为国家、社会和自己命运的主人。随着中国社会主义民主政治的发展和完善，西藏的民主制度不断健全，民主形式日益丰富，有序政治参与渠道不断扩大。例如，通过各级人大代表，西藏各族人民行使管理国家事务和地区事务的权利。在今天的西藏，凡年满 18 周岁的公民，不分性别、职业、家庭出身、民族、宗教信仰、受教育程度、财产状况和居住期限，都依法享有选举权和被选举权。西藏的门巴、珞巴等人口较少民族在全国人大及西藏各级人大中均有自己的代表。在自治区、地（市）、县（区）、乡（镇）四级人大换届选举中，参选率不断提高。在 2012 年四级人大换届选举中，参选率达 94%以上。藏族和其他少数民族的人大代表始终在全区各级人大代表中占有绝对多数。2012 年经过直接和间接选举产生的 34244 名四级人大代表中，藏族和其他少数民族代表 31901 名，占 93%以上，门巴族、珞巴族、纳西族、回族、壮族等均有自己的代表。按照《中华人民共和国宪法》和《中华人民共和国民族区域自治法》的规定，西藏自治区享有广泛的自治权利，包括立法权、对国家有关法律的变通执行权、使用民族语言文字的权利、人事管理权、财政管理权和自主发展文化教育权等。西藏自治区自 1965 年成立以来，自治区人民代表大会及其常委会先后制定了 290 多部地方性法规和具有法规性质的决议、决定，对多项全国性法律制定了适合西藏特点的实施办法。例如，西藏自治区分别于 1981 年和 2004 年制定变通条例，将《中华人民共和国婚姻法》规定的男女法定婚龄分别降低两岁，并规定对执行变通条例之前已经形成的一妻多

---

① ［德］马克思：《黑格尔法哲学批判》，中共中央马克思恩格斯列宁斯大林著作编译局译，人民出版社 1962 年版，第 51 页。

夫和一夫多妻婚姻关系，凡不主动提出解除婚姻关系者，准予维持。再如，在执行全国性法定假日的基础上，西藏自治区还将"藏历新年""雪顿节"等西藏传统节日列入自治区的节假日。经过多年探索，西藏逐步发展形成了具有中国特色、西藏特点的农牧区基层民主制度。目前，西藏95%以上的村建立了村民代表会议制度，并不断健全以村规民约、村民自治章程为主体的民主管理制度和以村务公开为主要内容的民主监督制度。西藏192个城市社区全部建立了社区居民代表大会、社区居委会等社区组织，社区居民自治有充分的组织保证。① "在民主制中，国家制度、法律、国家本身都只是人民的自我规定和特定内容，因为国家就是一种政治制度"②。在我国，法治的根本目的就在于实现人民民主。这也是法治在治理国家与社会过程中不变的价值追求。社会主义国家的法治和民主政治制度，就决定了特有中国社会主义法治文化的价值、理念、精神和思想。伴随着新型的政治制度的建立，人民民主政治观念的传播，过去的西藏百万农奴成为国家的主人，享受自由、平等和尊严，行使参与国家事务和自主管理本民族地区事务的政治权利。法治文化在西藏的建设与培养，有了人民民主制度和民族自治区域制度等民主政治的保障，有了正确的政治基础。而且在这个符合西藏历史发展的民主政治制度的基础之上，法治文化才能孕育、开花结果，反过来更好地促进依法治藏、依法维稳，保障西藏各族人民的权益，最终实现西藏长治久安和西藏人民的根本福祉。

二 西藏经济发展为法治文化建设创造了雄厚的物质基础

文化的发展离不开坚实的物质基础。改革开放以来，我国的社会主义市场经济体系已经初步建立，这为我国的法治建设奠定了物质基础。而现代法治恰恰是建立在商品经济的基础之上。而作为商品经济发展的高级阶段的市场经济是法治的经济条件。市场经济为法治的形成奠定物质基础，法治也是市场经济发展的内在要求，市场经济是一种法治经济。"一个社会在什么时候选择哪一种手段调整社会秩序，根本上取决于这个社会在当

---

① 国务院新闻办公室：《西藏的发展与进步》，《人民日报》2013年10月23日第14版。
② ［德］马克思：《黑格尔法哲学批判》，中共中央马克思恩格斯列宁斯大林著作编译局译，人民出版社1962年版，第51页。

时的主要经济类型。"① 法治社会以市场经济为主要经济类型，这决定了法律是调整社会秩序的主要手段。因为社会成员平等地遵守法律，对社会全体成员和各个利益群体都有利。在本质上，契约性的法治是各个社会成员和利益群体都能接受的一种共同秩序。有了雄厚的物质基础，法治才能形成，法治文化才能孕育、传播，有此基础才能形成良性循环，促进法治社会更大的发展与进步。

"每一种法律制度都有受技术和经济事实制约而产生的特殊规范"，"法律平等是通过两种伟大的理性力量，即市场经济的扩展和社会组织活动的官僚化实现的。他们取代了那种以私权或授予垄断化封闭组织的特权为基础创设法律的特殊方式"。② 发展经济是确保西藏各族人民的包括生存权和发展权在内的基本权利的重要物质保障。随着我国社会主义市场经济的建立与发展，西藏已经建立起现代的经济，开始步入市场经济建设的序列，这为西藏的依法治藏和法治文化建设奠定了坚实的物质基础。

目前，西藏已初步建立起较为完善的社会主义市场经济，实现了经济总量的历史飞跃，并持续保持较快的经济发展势头。西藏自治区生产总值由 1951 年的 1.29 亿元增加到 2012 年的 701 亿元，年均增长 8.5%，人均生产总值达到 2.29 万元。1994 年以来，西藏地区生产总值连续 19 年实现两位数以上增长，年均增速 12.7%。③ 到了 2015 年，全区生产总值达到 1026.39 亿元、增长 11%，经济增速位居全国前列，全社会固定资产投资完成 1342.16 亿元，社会消费品零售总额达到 408.08 亿元，地方财政收入达到 176 亿元，城镇居民人均可支配收入达到 25457 元，农村居民人均可支配收入达到 8244 元，分别比"十一五"末增长 73.7%、1.9 倍、1.2 倍、3.1 倍、66.8%、1 倍，城镇登记失业率控制在 2.5% 以内，为全面建成小康社会奠定了坚实基础。④ 预计 2018 年，西藏自治区全区地区生产总值突破 1400 亿元，增长 10% 左右；一般公共预算收入达到 230.4

---

① 何勤华、任超等：《法治的追求——理念、路径和模式的比较》，北京大学出版社 2005 年版，第 113 页。

② [德] 马克斯·韦伯：《论经济和社会中的法律》，张乃根译，中国大百科全书出版社 1998 年版，第 128—129 页。

③ 国务院新闻办公室：《西藏的发展与进步》，《人民日报》2013 年 10 月 23 日第 14 版。

④ 洛桑江村：《政府工作报告——2016 年 1 月 27 日在西藏自治区第十届人民代表大会第四次会议上》，《西藏日报》2016 年 2 月 6 日第 1 版。

亿元；农村居民人均可支配收入增长 13% 左右；城镇居民人均可支配收入增长 10% 以上；居民消费价格指数控制在 2.0%；城镇登记失业率2.83%，城镇调查失业率 4.6%，城镇新增就业 5.4 万人；完成国家核定的能耗、碳排放、污染减排指标，地级以上城市空气质量优良天数比率98.1%。各项增速和控制指标均走在全国前列。①

有了市场经济的良好的发展，西藏人民安居乐业，按照市场经济的法治本质的要求，平等地遵守法律，维护自身的权益，不危害他人正当的权益，维护国家统一。在市场经济发展的过程中，契约精神的培养，既使得西藏的法治建设奠定了雄厚的物质基础，又使得法治文化的建设有了物质保障和契约精神。如此，在顺应市场经济发展内在规律的要求中，不断地加强西藏法治文化的建设，保障西藏各族人民的安享经济发展成果。

三 西藏文化保护与宗教信仰自由为法治文化建设铺就了文化和谐的因素

藏族文化是中华民族文化的重要组成部分。随着社会主义制度在西藏的建立，西藏实行人民民主的人民代表大会制度和民族区域自治制度，建立起较为完善的社会主义市场经济。西藏的文化发展已经出现了实质性的变化，冲破旧的封闭、停滞和萎缩的局面，形成面向世界、面向现代化的开放和发展的态势。中央政府和西藏自治区政府倾力保护和弘扬西藏优秀传统文化，大力发展社会主义先进文化，努力建设中华民族特色文化保护地，使西藏文化得到了保护与发展。在宗教管理上，国家坚持政教分离的方针，依法加强对宗教活动的管理，宗教不得干预国家行政、司法和教育，任何个人或组织不得利用宗教从事违法活动。今天的西藏，旅游者不难发现悬挂的经幡、刻有佛教经文的玛尼堆以及从事宗教活动的信教群众。信教群众家中普遍设有经堂或佛龛，转经、朝佛、请寺庙僧尼做法事等宗教活动正常进行。② 积极促进文化大发展，百幅唐卡工程、百种藏汉文对照惠民图画书、大型实景剧《文成公主》等文化产品受到广泛好评，26 个文化艺术精品获国家奖项。非物质文化遗产保护得到加强。③ 图书

---

① 齐扎拉：《政府工作报告——2019 年 1 月 10 日在西藏自治区第十一届人民代表大会第二次会议上》，《西藏日报》2019 年 1 月 24 日第 1 版。

② 国务院新闻办公室：《西藏的发展与进步》，《人民日报》2013 年 10 月 23 日第 14 版。

③ 《西藏年鉴 2014》，西藏人民出版社 2015 年版，第 18 页。

馆、群艺馆、博物馆、文化站"三馆一站"覆盖率达到85%。全面提升广播电视节目覆盖、译制和民族文字出版能力，广播电视人口综合覆盖率达到99%。大力实施文化艺术精品创作工程，加大以藏语言文字为主的舞台艺术、出版物、广播影视节目和数字文化资源的创作生产力度。① 西藏文化的保护与宗教信仰，形成了西藏社会中多元文化和谐的形态，这有利于法治文化的建设。西藏传统的文化主要是藏传佛教文化的体现。而藏传佛教文化有其积极的和消极的两面性。作为现代建设市场经济的和人民民主的新西藏，其主流文化必然是反映理性契约性的市场经济和民主政治所要求的法治文化。当一个民族的传统文化与现实的文化的本质和发展方向相一致时，该传统文化才能成为这个时代社会文化的有机组成部分。藏传佛教积极作用在保障人们的道德伦理，以及对社会公共秩序和个人内心平和等方面，其负面的作用在于它的出世性。任何一种文化都不可能具有永恒的健全性，在历史发展中其不断适应时代发展或圆满解决当下人类问题而主动、积极和宽容地吸纳其他不同文化的元素或成分，从而构建新的人类文明与和谐社会。② 因而在宗教信仰的自由和文化保护之下，一方面西藏大众既能在宗教信仰中因藏传佛教的积极作用而为法治文化的建设可以提供一些有益的宗教文化涵养，又能在和谐的文化局面下，面对当下具体的社会环境变化，接受适应发展客观要求的法治文化；另一方面，法治文化建设在西藏社会中形成主流文化，引导西藏传统文化面向现代、面向社会主义、面向开放的世界。这样，西藏的信众既能在宗教信仰领域，有其独立的精神享受，又能在现实生活中入世，用法律规范调整规范自身的行为，保障自身的权利和利益，形成法治的观念。

四 西藏法制建设为法治文化建设提供了制度与理性意识

随着新中国的成立，社会主义中国建立。我国目前已经逐步形成中国特色社会主义法律体系，在依法治国的道路上实现中国梦过程中发挥着引导、规范、促进和保障作用。"任何值得被称之为法律制度的制度，必须关注某些超越特定社会结构和经济结构相对性的基本价值。这些价值中，

---

① 洛桑江村：《政府工作报告——2016年1月27日在西藏自治区第十届人民代表大会第四次会议上》，《西藏日报》2016年2月6日第1版。

② 尕藏加：《藏区宗教文化生态》，社会科学文献出版社2010年版，第2页。

较为重要的有自由、安全和平等"①，我国的法律体系不但实现了社会和经济结构方面的基本价值，而且建立起的以宪法为统领的法律体系保障了人民民主，保障了体现全体公民的自由、安全、平等、正义、自由等权益。西藏随着新中国法治建设的推进，在依法治藏中，也不断加强推进西藏地方法制的建设。在"中国法律法规信息系统"检索中，显示的地方法规时间截止到2016年6月1日，西藏自治区地方法规总计有1043项：宪法类（218项）、民商类（25项）、刑法类（4项）、行政法类（419项）、经济法类（324项）、社会法类（48项）、诉讼及非诉讼程序法类（4项）。② 西藏既坚持与国家法律高度一致，又突出地方特色，发挥民族区域自治，通过国家与西藏地方法律制度保障和维护着西藏全体民众的合法权益，促进西藏经济社会全面的发展，这为推进依法治藏的战略任务奠定了坚实的法治基础。

法治是整个人类社会理性意识发展的必然要求。西方国家在法治建立的过程中，有其理性意识文化的支撑。我国法治和依法治藏的建设也需要理性意识，这是法治的内在要求。我国法律体系的建立和西藏地方法制的建设，为法治建设和法治文化的培养提供了理性的基础。所谓的理性"乃是人用智识理解和应对现实的（有限）能力。有理性的人能够辨别一般性原则并能够把握事物内部、人与事物之间以及人与人之间的某种基本关系。有理性的人有可能以客观的和超然的方式看待世界和判断他人。他对事实、人和事件所作的评价，并不是基于他本人的那些未经分析的冲动、前见和成见，而是基于他对所有有助于形成深思熟虑之判决的证据所作的开放性的和审慎明断的评断"，"一个有理性的人往往会发现，在他判断一起事件或决定所应遵循的正确行动步骤时，他会面对各种各样的方法和各种可能性"。③ 但是随着我国和西藏地方法制的建设，尤其是现代社会，西藏民众通过法律制度维护了自身的权益，保障了其宗教信仰自由，也逐步地建立起理性意识。西藏法治和法治文化的建设，也有理性意

---

① ［美］E. 博登海默：《法理学——法律哲学与法律方法》，邓正来译，中国政法大学出版社2004年版，"作者致中文版前言"第5页。

② 中国法律法规信息系统：《西藏自治区地方法规》（http：//law.jschina.com.cn/law/home/begin1.cbs）。

③ ［美］E. 博登海默：《法理学——法律哲学与法律方法》，邓正来译，中国政法大学出版社2004年版，第473页。

识的支撑。这正如德国学者何意志所言：随着中国法制的建设，规范体系的焦点从一个由社会和习惯规范构成的礼制秩序转成了一个由法律规范和契约实现制度构成的法律秩序；规范着眼点的变化由义务占支配地位的带着宗法家长制特征的（纵向）秩序结构变成了一种由市场经济决定的定义了权利义务关系的水平结构。由此，"和为贵"为核心的秩序变成了一种不再把法庭上的"为权利而斗争"当作一种禁忌的秩序，从而避讼和拒绝司法变成了诉讼受理和司法保障；国家立法职能变成了对竞争性的利益进行协调和对个体权利进行保护（市场经济）的立法职能；对社会关系的控制来说，法律控制排挤走了行政控制；"法制"变成"法治"，这样一来，"群众"的客体地位变成了公民的当家作主。① 法律制度的建立与建设，为西藏法治文化的建设提供了制度与理性的意识。这更有利于西藏法治目标的实现，保障西藏各族人民的根本权益，实现西藏的稳定、和谐、繁荣和长治久安。

五 西藏优秀的传统法律文化为法治文化建设提供了本土资源

历史上，在宗教和道德的环境中也曾孕育过法律。虽然当今社会的发展需要人类在立足于现代社会和自然规律基础之上，制定的法律需要合乎现代的理性，但是历史上优秀的传统法律文化可以作为一种优秀的本土资源加以利用、借鉴和吸收。"中国的法治之路必须注重利用中国的本土资源，注重中国法律文化的传统和实际"，"正是由于一个社会中的现代法治的形成及其运作需要大量的、近乎无限的知识，包括具体的、地方性知识，因此，如果试图以人的有限理性来规划构造这样一个法治体系，可以说是完全不可能的。正是在这里，知识论再一次提出了利用本土资源，重视传统和习惯建立现代法治的必然性。"② 由于法律文化的地域性和民族性，特别是少数民族习惯法是各民族特有文明的特殊反映，例如藏族的习惯法，反映了其游牧文化的特色。所以要对少数民族法律文化信仰或模式予以尊重。③ 以藏族习惯法代表的藏族法律文化，跟其他文化一样，既有

---

① ［德］何意志：《法治的东方经验——中国法律文化导论》，李中华译，北京大学出版社2010年版，第393—394页。
② 苏力：《法治及其本土化资源》，中国政法大学出版社1996年版，第6、19页。
③ 汤唯等：《当代中国法律文化——本土资源的法理透视》，人民出版社2010年版，第6—7页。

精华也有糟粕,其精华无疑是我们应该继承和发扬的。①

以藏族习惯法构成的藏族法律文化中优秀的资源,可以弥补国家法的不足。它对西藏地区的稳定、藏族文化的传承、西藏区域自治立法吸收合理的资源等方面有着积极的作用。同时它对藏民族的心理和行为都有一定的导向功能。它为西藏法治建设提供有益的资源。有了这个优秀资源,不仅可以调适法治文化在西藏的建设,而且更能推动西藏的法治建设。

六 法治文化的先进性和价值性为西藏法治文化建设提供了导航和价值指引

建设社会主义法治国家离不开法治文化引导与支撑。社会主义法治文化承载着、蕴含着和彰显着民主、平等、公平、正义、自由、人权、安全、秩序、和谐的内在价值。社会主义法治文化以其内在的价值品质引领着我国法治的建设,它是一种先进的战略性的文化。它是实现中国梦强大的精神指引。西藏随着祖国的发展获得了新生。西藏在实现跨越式发展与社会主义新西藏的目标时,必然离不开强大的法治文化精神动力。一方面,西藏原有的文化传统和氛围有阻碍西藏法治建设的因素,这亟待法治文化的发展;另一方面,西藏的内在发展的客观要求法治文化必须建立起来,而且能长久扎根高原,才能实现西藏人民的根本福祉和新西藏的目标。无论从西藏的经济、社会稳定、文化发展还是从国家的统一、西藏的发展和长治久安来说,法治文化都必不可少。在全面推进依法治国的过程中,社会主义法治文化必然为法治西藏提供导航和方向保障。

此外,按照马克思主义文化观,在人类文化发展史上,存在着落后地区向先进地区学习并实现跨越发展的可能性。西藏的法治文化虽然起步晚、发展较迟,但是随着祖国法治化进程和西藏自治区法治事业的发展,西藏法治文化建设必然会向先进的地区学习并实现跨越式的发展。在践行富强、民主、文明、和谐,自由、平等、公正、法治,爱国、敬业、诚信、友善的社会主义核心价值观新时期,必然离不开法治文化的培养与发展。因为法治文化蕴含着社会主义核心价值观的思想内涵。

综上所述,建设西藏法治文化是具备一定的条件和基础的,是可行而

---

① 隆英强:《社会主义法治建设与藏族法律文化的关系研究》,中国社会科学出版社2011年版,第42页。

且也是急需建起的。法律的权威源自人民的内心拥护和真诚信仰。"法律必须被信仰,否则它将形同虚设",而且"没有信仰的法律将退化成僵死的教条","而没有法律的信仰……将蜕变成狂信",① 这就意味着缺少法律的权威和法治文化的熏陶,法治社会建设将无从谈起。

---

① [美]伯尔曼:《法律与宗教》,梁治平译,中国政法大学出版社 2003 年版,第 3、39 页。

第三章 当前西藏法治文化建设概况与藏族传统法律文化的关系

历经1951年和平解放、1959年民主改革、1965年自治区成立、1978年以后改革开放直至现阶段法治西藏建设等重要历史发展阶段，西藏脱胎换骨，已步入现代文明社会，踏上了与全国一道快速发展的轨道。随着我国法治国家、法治社会、法治政府三位一体的法治战略的实施，当前西藏法治建设已经进入了一个新的阶段。法治战略愿景的实现，离不开法治文化的指引、保障与促进。

瞻望我国法治建设的美好前景，明确法治建设的目标，坚持依法治国、依法执政、依法行政共同推进，执行科学立法、严格执法、公正司法、全民守法的新方针，采用法治思维和法治方式的新方法，全面系统科学地构筑和实施法治建设的战略工程。在这一历史主旋律的感召下，西藏法治建设历史使命不容懈怠。回顾新西藏发展历程，总结、梳理西藏法治文件建设的概况，形成一个基本的、客观的、真实的认识。如此，我们方能扬长避短、查漏补缺，有利于今后西藏法治文化建设。

但凡是一种文化，就有其精华和糟粕的两面性。以藏族习惯法为载体、为代表的藏族传统法律文化，反映了藏族传统的宗教观、价值观、法律观和道德观。其在现实生活中依然有其强大的惯性和适应性，既发挥着隐性秩序的作用，又展现了其消极阻碍的一面。作为我国现代法治文化建设，其核心内容包含着依法治国、执法为民、公平正义、服务大局、党的领导。两种不同法律文化的价值理念、目标追求、功能和产生的社会制度截然不同，必然导致对立与冲突。当且仅当一个民族的传统文化与现实主体文化的本质和发展方向相一致时，此传统文化才能成为这个时代社会文化的有机组成部分。作为地方性知识的藏族习惯法，体现了一种本土文化的资源，也有其合理的一面。总之，西藏传统法律文化在西藏跨越式发展，实现法治西藏的道路中，其精华成为有益的本土化资源，因此，按照马克思唯物辩证法的观点，正确处理好法治文化建设与藏族传统法律文化的关系。这对西藏的法治建设显得尤为重要。

第一节　西藏民主法治建设概况

随着1949年中华人民共和国的建立，西藏在中国共产党的领导下开始步入了现代的文明，西藏人民开始逐步摆脱黑暗、落后、无人权的封建农奴制度。历经1951年和平解放、1959年民主改革、1965年自治区成立、1978年以后改革开放等重要历史发展阶段，西藏已经走上了与全国一道快速发展的轨道。

1951年和平解放：1951年5月23日，中央人民政府与原西藏地方政府签订《关于和平解放西藏办法的协议》（简称"十七条协议"），西藏实现了和平解放。这为以后西藏民主法治建设，实行民族区域自治奠定了良好的基础。从此，西藏与全国人民一道走上共同发展进步的轨道。

1959年民主改革：1959年3月10日，西藏上层反动集团在国外反华势力的支持下，在拉萨精心策划，挑起了全面武装叛乱，旨在维护封建农奴制度的叛乱，很快失败了。这是西藏历史发展的分水岭。鉴于西藏上层反动统治集团已经完全走上叛国的道路，1959年3月28日，周恩来总理发布国务院命令，决定解散西藏地方政府，由西藏自治区筹备委员会行使地方政府职权，由十世班禅额尔德尼代理主任委员职务。与此同时，中央人民政府提出"边平叛边改革"的方针，领导西藏人民掀起了波澜壮阔的民主改革运动，彻底摧毁了政教合一的封建农奴制度。[①] 西藏各族人民开展民主改革运动，实行土地改革，废除封建农奴主的土地所有制，废除封建农奴制的压迫和剥削，废除政教合一制度，实行政教分离和宗教信仰自由，建立人民民主政权，保障人民行使当家作主的权利。在彻底废除黑暗、落后的政教合一的封建农奴制度后，百万农奴翻身解放。首先在西藏真正地实现了平等、自由和尊严的基本人权，奠定了建设新西藏的基础。

1965年自治区成立：1965年9月，西藏自治区第一届人民代表大会成功召开，西藏自治区正式宣告成立。出席大会的301名代表中，藏族和

---

① 国务院新闻办公室：《西藏民主改革50年》，《人民日报》2009年3月3日第9版。

其他少数民族代表占 80% 以上，西藏上层爱国人士和宗教界人士占 11% 多，藏族代表中绝大多数是翻身农奴和奴隶。人民民主政权的建立为西藏人民行使当家作主的权利提供了有力的政治保障。① 西藏自治区成立，人民代表大会制度、民族区域自治制度等在西藏最终确立，西藏社会制度实现了从政教合一的封建农奴制度向人民当家作主的社会主义制度的跨越。西藏自治区不仅享有制定地方性法规的权力，而且有权根据本地的政治、经济和文化的特点，决定本地的事务，制定自治条例和单行条例；上级国家机关的决议、决定、命令、指示，如有不适合西藏地方实际情况的，西藏自治机关可以报请批准变通执行或停止执行。新型政治制度的建立和民主政治观念的传播，西藏各族人民成为现代公民，平等参与国家事务管理和自主管理本民族本地区事务的政治权利。

1978 年以后改革开放阶段：随着党的十一届三中全会召开，我国开始实行改革开放。在党的领导下，西藏和全国各族人民进入改革开放和现代化建设新时期。先后召开六次西藏工作座谈会议，根据西藏实际，制定西藏在新时期的工作指导思想和优惠政策，大力扶持、支援西藏的建设，有力推进了西藏的发展进步。

在新时期，按照党的十八大及十八界四中全会、十九大及十九届四中全会的精神，西藏紧紧围绕坚持党的领导、人民当家作主、依法治国有机统一，坚持走中国特色社会主义民主政治发展道路，发展民主政治，建设法治西藏。

第二节　当前西藏法治文化建设概况

在党的领导下，当前的西藏已经由过去的政教合一的封建农奴制度转变为人民当家作主的现代社会主义制度，由过去传统的农牧业经济向现代市场经济转变。西藏的法制由过去体现贵族、僧侣等封建农奴主利益和残酷剥削、统治农奴的等级森严的法制，已经脱胎换骨成体现现代公民的民主、自由、平等和尊严的社会主义法治。时下西藏随着祖国法治道路前进，正在推行法治西藏、依法治藏。西藏的法治建设就是保障西藏各族的人民民主，尊重和保障人权；其进程是西藏各族人民摆脱宗教神权奴役、

---

① 国务院新闻办公室：《西藏民主改革 50 年》，《人民日报》2009 年 3 月 3 日第 9 版。

追求以人为本的人的自由、尊严和价值的实现过程。

社会主义法治文化是由显性的制度性法治文化和隐性的精神性法治文化及执法、司法、守法用法的法律行为共同构成的一种文化现象和法治状态。隐性的精神性法治文化由体现社会主义先进文化内在要求的法治价值、法治精神、法治意识、法治理念、法治思想、法治理论构成；显性的制度性法治文化由体现我国社会主义民主本质特征的法律制度、法律规范、法治机制等构成。西藏法治文化建设就是在西藏建设社会主义法治文化，使得社会主义法治文化扎根于西藏，服务于法治西藏。虽然西藏的法治建设相比旧西藏已经有了翻天覆地的变化，取得了举世瞩目的成就，但是我们仍然清醒地看到西藏法治建设进程的艰巨性和长期性。法治文化建设还有漫长的路要走。只有立足于当前西藏法治文化建设的现状，才能推进西藏法治文化建设，为西藏稳定与长治久安奠定基础。

一　西藏自治区显性的制度性法治文化概况

法令行则国治，法令弛则国乱。经过 1959 年民主改革，西藏各族人民不仅获得了人民当家作主的权利，而且形成了一定的人民民主、权利平等的观念，这为西藏今后的民主法治建设、发展奠定了基础。1965 年 9 月，西藏自治区第一届人民代表大会成功召开，西藏自治区正式宣告成立。西藏确立了人民代表大会制度和实行民族区域自治制度。在少数民族聚居地方实行民族区域自治，这既是中国的一项基本政治制度，也是我国创造性解决国内民族问题的基本政策。按照《中华人民共和国宪法》、《中华人民共和国民族区域自治法》和《立法法》的规定，西藏各族人民除了享有宪法和法律规定的普遍性的政治权利，还享有民族区域自治的特殊性的政治权利。西藏各族人民行使宪法和法律赋予的选举权和被选举权，通过选出人民代表大会代表，组成自治机关，行使管理本民族、本地区内部事务的民主权利。民族自治地方的人民代表大会有权依照当地民族的政治、经济和文化的特点，制定自治条例和单行条例。上级国家机关的决议、决定、命令和指示，如有不适合民族自治地方实际情况的，自治机关可以报经该上级国家机关批准，变通执行或者停止执行等等一系列的区域自治权利。截至 2015 年 7 月，西藏自治区人大及其常委会审议通过地方性法规和有关法规性质的决议、决定共 302 件。其中，现行有效的地方性法规 124 件，并对全国人大常委会 300 余件国家法律草案提出了修改意见和建议,有力地保障和促进了全区改革开放和现代化建设。① 截至 2018 年 7 月底,西藏自治区人大及其常委会共制定、批准地方性法规和作出具有法规性质的决议、决定共 171 件。其中,现行有效的地方性法规和具有法规性质的决议、决定 111 件,废止 31 件;批准设区市的地方性法规 29 件。② 西藏地方法制建设取得了长足进步。

西藏自治区地方立法随着国家法治的进程和西藏民族自治区域的发展依法而推进,为依法治藏奠定了法制基础。从 1956 年 9 月 26 日全国人民代表大会常务委员会第 47 次会议批准并颁布实施的《西藏自治区筹备委员会组织简则》开始,到 1963 年 3 月 30 日第二届全国人民代表大会常务委员会的第九十一次会议批准并实施的《西藏自治区各级人民代表大会选举条例》,再到 1965 年 9 月西藏自治区第一届人民代表大会成功召开,西藏自治区正式宣告成立。这一时期主要围绕着筹备西藏自治区而开展,尽管这一时期的立法精神和原则以及一些立法成果在西藏自治区成立后被继承和发展下来,但整体上处于草创阶段,其所制定的法规具有过渡性质和筹备性意义。③

1979 年 8 月 14 日西藏自治区人大常委会成立,从此西藏自治区地方法规建设步入人民代表大会制度的时期。这也是全国设立的首个省级人大常委会。西藏自治区人大常委会颁布了《西藏自治区立法条例》(2001 年 5 月 21 日西藏自治区第七届人民代表大会第四次会议通过,2017 年 1 月 15 日西藏自治区第十届人民代表大会第五次会议修订)等一系列法规,具体如下:

人民代表大会制度方面的地方性法规,主要有:《西藏自治区各级人民代表大会选举实施细则》(1981 年 4 月 18 日西藏自治区第三届人民代表大会常务委员会第五次会议通过、颁布并实施,分别于 1984 年 1 月 18 日、1987 年 7 月 29 日、1995 年 9 月 28 日、2004 年 11 月 26 日经过四次修正之后,于 2004 年 11 月 26 日颁布实施)、《西藏自治区第四届人民代

---

① 西藏自治区人大常委会:《坚持和完善人民代表大会制度 谱写社会主义新西藏民主法治建设的辉煌篇章——纪念西藏自治区人民代表大会成立 50 周年》,《西藏日报》2015 年 8 月 16 日第 5 版。

② 西藏自治区人大常委会:《改革开放 40 年西藏地方立法工作成就与经验》,(http://www.npc.gov.cn/npc/c35256/201809/783acb5254344c2fb1e8b4fcf8cea823.shtml)。

③ 宋月红:《当代中国的西藏政策与治理》,人民出版社 2011 年版,第 369 页。

表大会常务委员会关于在全区暂不实行差额选举实行等额选举的决定》（1987年12月27日西藏自治区第四届人民代表大会常务委员会第二十四次会议通过、颁布并实施）、《西藏自治区人民代表大会常务委员会议事规则》（1988年7月15日西藏自治区第四届人民代表大会常务委员会第二十七次会议通过，并于1997年11月12日、2000年11月29日、2005年7月29日、2008年9月26日、2018年3月30日五次修正之后，于2018年3月30日颁布实施）、《西藏自治区人民代表大会常务委员会人事任免办法》（2007年6月6日颁布实施，1989年5月10日西藏自治区第五届人民代表大会常务委员会第四次会议通过，1995年9月28日西藏自治区第六届人大常委会第十六次会议修正的《西藏自治区人民代表大会常务委员会人事任免办法》同时废止）、《西藏自治区人民代表大会议事规则》（1989年8月7日西藏自治区第五届人民代表大会第二次会议通过颁布实施，于2002年1月20日、2005年7月29日两次修正，于2005年7月29日颁布实施）、《西藏自治区人民代表大会常务委员会地区工作委员会工作条例》（2001年11月23日西藏自治区第七届人民代表大会常务委员会第23次会议通过，2008年9月26日西藏自治区第九届人民代表大会常务委员会第5次会议修订并颁布实施）、《西藏自治区第五届人民代表大会关于西藏自治区人民代表大会设立专门委员会的决定》（1990年5月31日西藏自治区第五届人民代表大会第三次会议通过并颁布实施）、《西藏自治区乡镇人民代表大会工作条例》（1992年10月23日西藏自治区人民代表大会常务委员会第二十二次会议通过，于1995年9月28日、2004年11月26日两次修正，于2004年11月26日颁布并实施）、《西藏自治区人大常委会组成人员守则》（1993年12月20日西藏自治区第六届人民代表大会常务委员会第六次会议通过，1993年12月20日起施行）、《西藏自治区人民代表大会常务委员会关于对法律、法规实施情况检查监督的规定》（2008年5月28日经西藏自治区第九届人民代表大会常务委员会第三次会议通过，于2008年5月28日颁布并实施）、《西藏自治区人民代表大会代表建议、批评和意见办理工作条例》（1994年10月27日西藏自治区第六届人民代表大会常务委员会第十一次会议通过，1995年1月1日起施行）。这些法规主要从西藏自治区人民代表大会的代表的选举、议事规则、常委会委员人事任免及监管工作、专门委员会的设立、代表履职、乡镇人大会工作等多方面进行了规范，以法治的框架保障西藏自治区人民代表大会制度的确立与运转。在法律法规的保障下，西藏自治区人民代表大会制度实施效果良好：在西藏自治区 34244 名四级人大代表中，藏族和其他少数民族代表 31901 名，占 93% 以上，门巴族、珞巴族、纳西族、回族、壮族等均有自己的代表。西藏自治区十届人大常委会 44 名组成人员中有藏族和其他少数民族 25 名，14 名常委会主任、副主任中有藏族和其他少数民族 8 名。在西藏，藏族和门巴族、珞巴族、纳西族、回族、汉族等民族，共同享有平等参与国家和西藏事务管理的权利。①

在基层民主建设中，颁布的《西藏自治区实施〈中华人民共和国城市居民委员会组织法〉办法》（1993 年 12 月 26 日西藏自治区第六届人民代表大会常务委员会第七次会议通过，于 1993 年 12 月 26 日颁布并实施）、《西藏自治区实施〈中华人民共和国村民委员会组织法〉办法》（1993 年 12 月 26 日西藏自治区第六届人民代表大会常务委员会第七次会议通过，2012 年 3 月 30 日西藏自治区第九届人民代表大会常务委员会第二十七次会议修订），保证全区的基层民主选举进入法规范化轨道。目前，西藏 95% 以上的村建立了村民代表会议制度，并不断健全以村规民约、村民自治章程为主体的民主管理制度和以村务公开为主要内容的民主监督制度。村务公开、民主管理实现全覆盖，全区 90% 以上的村设立公开栏，保障群众的知情权、参与权、决策权、监督权。在西藏第七届村（居）委会换届中，有 168.68 万人进行选民登记，直接参加选举的选民有 149.52 万人，参选民众踊跃投票，参选率达到 88.7%，共选出村（居）委会成员 26335 人。城市基层民主政治不断完善。西藏 192 个城市社区全部建立了社区居民代表大会、社区居委会等社区组织，社区居民自治有充分的组织保证。② 这体现了基层群众对保障自身民主的制度性法治文化的认识逐步提高。

在维护西藏的稳定与反对分裂方面，西藏自治区人大及其常委会颁布的地方性法规有：针对 1987 年 9 月 27 日拉萨开始出现的大规模骚乱闹事，自治区人大常委会于 1988 年 1 月 23 日作出了《关于维护祖国统一、加强民族团结、反对分裂活动的决定》；针对 1987 年至 1989 年拉萨不断出现最后演变为打、砸、抢、烧、杀的骚乱闹事的示威游行，1990 年 5

---

① 国务院新闻办公室：《西藏发展道路的历史选择》，《人民日报》2015 年 4 月 16 日第 14 版。

② 国务院新闻办公室：《西藏的发展与进步》，《人民日报》2013 年 10 月 23 日第 14 版。

月 15 日通过了《西藏自治区实施〈中华人民共和国集会游行示威法〉办法》；针对 1995 年 5 月 14 日，达赖违背宗教仪轨和历史定制，在境外擅自宣布所谓班禅转世灵童的恶劣行径，西藏自治区人大于 1995 年 5 月 25 日作出了《关于坚决反对达赖擅自宣布班禅转世灵童的不法行为的决定》；2008 年拉萨"3·14"事件之后，西藏自治区人大常委会于 2008 年 3 月 29 日作出了《关于强烈谴责达赖集团策划煽动极少数分裂主义分子打砸抢烧的罪恶行径，坚决维护祖国统一、反对分裂破坏活动，促进社会和谐稳定的决议》，还颁布了《西藏自治区人民代表大会常务委员会关于自治区成立纪念日、藏历新年、春节升挂国旗的决定》（1990 年 11 月 19 日西藏自治区第五届人民代表大会常务委员会第十二次会议通过并同日颁布实施）和《关于设立西藏百万农奴解放纪念日的决定》（2009 年 1 月 19 日，西藏自治区九届人大二次会议通过），在执行全国性法定假日的基础上，西藏自治区还将"藏历新年""雪顿节"等西藏传统节日列入自治区的节假日，将 3 月 28 日设为"西藏百万农奴解放纪念日"。西藏自治区人大常委会新颁布了《西藏自治区实施宪法宣誓制度办法》（2015 年 11 月 26 日西藏自治区第十届人民代表大会常务委员会第二十一次会议通过，2018 年 3 月 30 日西藏自治区第十一届人民代表大会常务委员会第二次会议修正）。在遵循我国宪法法律规定的前提下，西藏自治区这些地方性的法规，依法有力地维护了西藏的稳定，运用法律武器打击违法的分裂行为，及时在西藏民众中树立了法律的权威，有利于法治和法治文化的培养。新设地方特色性的法定节日，在保障西藏民众享有节日的基础上，便于法治精神的彰显。

在保护妇女、儿童权益方面，制定的地方性法规主要有：《西藏自治区实施〈中华人民共和国妇女权益保障法〉办法》（1994 年 8 月 18 日西藏自治区第六届人民代表大会常务委员会第十次会议通过；1997 年 3 月 29 日西藏自治区第六届人民代表大会常务委员会第二十三次会议修正；2009 年 11 月 27 日西藏自治区第九届人民代表大会常务委员会第十三次会议修订，颁布日期：2009 年 12 月 24 日，实施日期：2010 年 1 月 1 日）、《西藏自治区实施〈中华人民共和国未成年人保护法〉办法》（1994 年 12 月 23 日西藏自治区第六届人民代表大会常务委员会第十二次会议通过，1997 年 3 月 29 日西藏自治区第六届人民代表大会常务委员会第二十三次会议第一次修正，1999 年 11 月 25 日西藏自治区第七届人民代表大会常务委员会第十次会议第二次修正，2009 年 9 月 24 日西藏自治区第九届人民代表大会常务委员会第十二次会议修订，颁布日期：2009 年 10 月 13 日，实施日期：2010 年 12 月 30 日）等。这些地方性法规有力地保障了西藏妇女、未成年人的权益。目前，西藏妇女的社会地位明显提高。西藏自治区人民代表大会中的妇女代表占代表总数的 25.4%，各级政府公务员中妇女占 34.49%。①

婚姻、家庭方面的地方性法规主要有：1981 年制定的《西藏自治区施行〈中华人民共和国婚姻法〉的变通条例》（已失效）和 2004 年《西藏自治区人民代表大会常务委员会关于修改西藏自治区施行〈中华人民共和国婚姻法〉的变通条例的决定》，将《中华人民共和国婚姻法》规定的男女法定婚龄分别降低两岁（男不得早于二十周岁，女不得早于十八周岁），并规定对执行变通条例之前已经形成的一妻多夫和一夫多妻婚姻关系，凡不主动提出解除婚姻关系者，准予维持。

在《西藏自治区实施〈中华人民共和国收养法〉的变通规定》（2002 年 1 月 20 日西藏自治区第七届人民代表大会常务委员会第 24 次会议通过，颁布日期：2002 年 1 月 20 日，实施日期：2002 年 3 月 1 日）变通收养的规定：无子女的藏族和其他少数民族收养人可以收养两名子女。收养孤儿、残疾儿童或者社会福利机构抚养的查找不到生父母的弃婴和儿童，可以不受收养人无子女和收养两名的限制。在生育制度方面，根据《西藏自治区计划生育暂行管理办法（试行）》，西藏自治区对汉族干部、职工及家属实行"一对夫妇只生育一个孩子"的政策，而对藏族和纳西族、回族、壮族等民族干部、职工及户口在单位的家属城镇居民，一对夫妇可以有间隔地生育两个孩子，对农牧区的农牧民不限制生育数量，对门巴族、珞巴族以及夏尔巴人、僜人不提倡生育指标。这些法规从西藏自治区区情出发，在维护法制统一的前提下，维护了藏族和其他少数民族婚姻、子女、收养等方面的权益，贴合民情，有利于法治意识的培养。

在藏语言文字与文物文化保护方面：按照《中华人民共和国宪法》、《中华人民共和国民族区域自治法》和《中华人民共和国国家通用语言文字法》的有关规定，西藏自治区人大颁布了《西藏自治区文化市场管理条例》（2009 年 9 月 24 日西藏自治区第九届人民代表大会常务委员会第

---

① 国务院新闻办公室：《西藏的发展与进步》，《人民日报》2013 年 10 月 23 日第 14 版。

十二次会议修订）；在 1987 年 7 月 9 日颁布《西藏自治区学习、使用和发展藏语文的若干规定（试行）》，并于 2002 年 5 月 22 日西藏自治区第七届人民代表大会第五次会议将其修改为《西藏自治区学习、使用和发展藏语文的规定》，将其纳入法制化的轨道。为保护西藏的文物，西藏自治区先后颁布《西藏自治区人民政府关于加强文物保护的布告》《西藏自治区流散文物管理暂行规定》《西藏自治区文物保护管理条例》《布达拉宫保护管理办法》等一系列文物保护法规和规定，使得西藏文物保护进入法制化的规范轨道。运用法治化的方式，保护藏语言和西藏文物，奠定了西藏民众的法治意识。

对环境和资源及生态的保护，西藏自治区人民代表大会、自治区人民政府及政府有关部门颁布实施了《西藏自治区环境保护条例》（2003 年 7 月 24 日西藏自治区第八届人民代表大会常务委员会第五次会议通过，2011 年 11 月 24 日西藏自治区第九届人民代表大会常务委员会第二十五次会议修正，2013 年 7 月 25 日西藏自治区第十届人民代表大会常务委员会第五次会议修正，2018 年 9 月 29 日西藏自治区第十一届人民代表大会常务委员会第六次会议修订）、《西藏自治区地质环境管理条例》（2003 年 3 月 28 日西藏自治区第八届人民代表大会常务委员会第二次会议通过）、《西藏自治区实施〈中华人民共和国草原法〉细则》（2001 年 11 月 23 日西藏自治区第七届人民代表大会常务委员会第 23 次会议通过，在 2006 年 11 月 29 日西藏自治区第八届人民代表大会常务委员会第二十七次会议通过的《西藏自治区实施〈中华人民共和国草原法〉办法》替代）、《西藏自治区实施〈中华人民共和国野生动物保护法〉办法》（1992 年 2 月 18 日西藏自治区第五届人民代表大会常务委员会第 18 次会议通过，1997 年 7 月 17 日、2002 年 1 月 20 日两次修改，并于 2002 年 1 月 20 日颁布实施）、《西藏自治区登山管理条例》（2006 年 6 月 1 日西藏自治区第八届人民代表大会常务委员会第二十四次会议通过，2006 年 6 月 19 日西藏自治区人民代表大会常务委员会颁布，2006 年 10 月 1 日实施）、《西藏自治区冬虫夏草采集管理暂行办法》（2006 年 1 月 6 日自治区人民政府第 2 次常务会议通过，予以发布，自 2006 年 4 月 1 日起施行）、《西藏自治区冬虫夏草交易管理暂行办法》（2009 年 6 月 4 日自治区人民政府第 9 次常务会议通过，现予以发布，自 2009 年 10 月 1 日起施行）、《西藏自治区大气污染防治条例》（2018 年 12 月 24 日西藏自治区第十一届人民代表大会常务委员会第八次会议通过）等一系列的地方性法规、规章以及规范性文件。通过地方性法规，有力地保护了西藏的生态环境。

此外，《西藏自治区建筑市场管理条例》《西藏自治区旅游条例》《西藏自治区道路运输管理条例》《西藏自治区城乡规划条例》《西藏自治区无线电管理条例》《西藏自治区实施〈中华人民共和国消费者权益保护法〉办法》《西藏自治区司法鉴定管理条例》等均已出台。

综上所述，西藏自治区的地方法规按照我国《宪法》、《民族区域自治法》和《立法法》等有关基本法律的规定，在保障国家法制统一和结合西藏自治区实情的基础上制定出来的。初步形成了体现民族区域自治原则、具有鲜明西藏地方特点的地方性法规体系。这些法规体现了西藏地方法治建设的进程，保障西藏各族人民当家作主、基本权利、经济文化环境等方面的权益。这一大批有质量、有影响、有特色的地方性法规，为促进西藏长足发展和长治久安作出了积极贡献。其中，西藏显性的制度性法治文化也发挥着潜移默化的作用，维护着西藏的稳定与长治久安，促进着西藏的发展与进步。

二 西藏自治区隐性的精神性法治文化概况

隐性的精神性法治文化由体现社会主义先进文化内在要求的法治价值、法治精神、法治意识、法治理念、法治思想、法治理论构成。它是融注在人们的心中和行为方式中的。西藏隐性的精神性的法治文化，它涉及西藏社会公众即社会成员基于社会宗教、传统习俗和道德等基础上对法治朴素的认识与理解，即法治意识，法治的民主、自由、公平、正义、平等、秩序、安全等价值，信仰法律的法治精神，社会主义法治理念，社会主义法治思想理论等方面的内容。它是法治文化中最为内核难以显现的文化部分，也是最为重要的内容。

韩非子言："明法者强，慢法者弱。"西藏历史上缺少法治文化的传统。由于在旧西藏宗教文化的影响下，人们形成了盲从、非理性、无政治意识的意识形态。这严重制约了西藏群众对法治及法治文化的认识与向往。但是在党的领导下，随着西藏的改革与法治建设的推进，西藏各族人民已经摆脱被禁锢、被压迫、毫无人权可言的统治，已经翻身当家作主，享受公民的权利。如今的西藏，占总人口 80% 以上的广大农牧民当家作主的一个重要标志，就是他们已经懂得如何使用民主选举的权利。随着连续的六次普法活动和西藏地方法制的建设及党和政府一系列的政策深得民心,普通群众和广大僧尼的中华民族意识、国家意识、法制意识和公民意识不断增强。①

课题组成员在西藏的调研中发现:随着西藏社会经济文化等各方面的发展,西藏群众的法律意识也随之增强。例如,在 2012 年 7—8 月,在林芝基层工作的课题组成员,采用发放藏文和汉语两种问卷(如遇不识字的群众,由调研人员及翻译人员传达问卷问题,按其意见进行选择),对林芝八一镇的邦纳村、达则村、卡斯木、康扎、尼池等村发放问卷 150 份,回收有效问卷 137 份,占 91.3%,符合抽样调查要求。在所调查的人员中,大专文化程度的占 8.8%,中学文化程度的占 46.3%,小学及以下文化程度的占 44.9%,藏族占 91.2%。在问到"宗教和法律之间的关系如何"时,在"宗教高于法律""宗教活动必须符合法律的规定""不知道""二者同等"四个选项中,选择"宗教活动必须符合法律的规定"的占到了 77.4%;在问到"法律跟自己的关系如何"时,选择"密切相关"的占到了 80.2%;在问到"与他人发生纠纷时选择哪种方式解决"时,在"双方协商解决""找村干部解决""使用法律手段解决""其他(注明)"四个选项中,选择"使用法律手段解决"的占 59.9%;在问到"与他人发生纠纷时依据哪种规定"时,在"法律、法规""村规民约""习惯、习俗""其他"四个选项中,选择"法律、法规"的占 67.2%;在问到"了解、学习法律基本知识对自己有意义吗"时,选择"有,法律常常帮助我解决实际问题,维护自身权益"的占 65.7%。综合来看,文化程度高的群众,对法律的认识更准确。此外,课题组成员在林子镇的邦纳、达则、卡斯木、康扎、朗欧、立定、尼池、曲古、真巴等村参与观察与访谈中,发现村民的生态环保的法律意识也强。在村规民约中,在村民原有朴素的环保意识的基础上进一步强化。例如,严禁陡坡开垦,严禁任意砍伐山林,严禁无证开采石、采沙,严禁乱挖中草药以及在生态林中随意捕杀、销售、食用国家珍稀野生动物。溪流池塘无漂浮物,无异味、臭味,严禁焚烧秸秆、垃圾,做好秸秆回田沤肥等。典型的如尼池村,全村家家户户使用电器、液化气等清洁能源。每户均有保洁桶,设立垃圾堆放点,垃圾清扫器具齐全,做到垃圾日产日清,垃圾无害化处理率

---

① 《西藏年鉴 2014》,西藏人民出版社 2015 年版,第 18 页。

100%,有垃圾填埋场。村内设有农家书屋。又如,由在那曲基层工作的课题组成员,在两年的参与观察与访谈中,了解到:在牧区基层工作涉及的纠纷主要以草场纠纷、借贷纠纷、家庭纠纷、邻里纠纷和轻微治安案件为主。群众涉及虫草、草场、婚姻、邻里纠纷、交通肇事等方面的纠纷时,一般较小的纠纷会通过村委会或者调解员解决;如果是较复杂的矛盾纠纷,当事人、司法助理员或村干部会主动联系法院。通过法律途径解决纠纷。群众对法院、检察院等法律部门的态度较好,判后执行难度小。特别是在虫草的管理上,西藏自治区颁布了《西藏自治区冬虫夏草采集管理暂行办法》和《西藏自治区冬虫夏草交易管理暂行办法》后,对农牧民群众进行宣传教育及管理。农牧民群众按照法规的规定,每个采集的人都是持证合法挖掘,都要按规定的方式挖掘并把挖过的草土回填,保障生态不被破坏。不再像以前挖掘虫草的时候直接破坏高原的植被,违法挖掘。现在虫草的挖掘、交易等每个环节,农牧民群众有法律意识和环保意识,按照规定进行。

经过多年的普法宣传与教育,群众也逐渐懂得依法维护自己的权益。例如,农村田地灌溉的问题,过去群众之间是你堵我拆、你截我放的重复、没完没了的纠葛。而依法维护权益,效果截然不同。比如,2009年10月达孜县雪乡村民普穷把堵了自己田地入水口的邻居达娃告上了法庭,要求对方赔偿因缺水干旱导致的庄稼歉收。这在雪村还是头一遭。最后经达孜县人民法院裁定,达娃向普穷支付了150元赔偿费。虽然钱数不值一提,但却从小事中反映了群众知法、懂法和用法的一个缩影。①

目前,西藏法治建设取得了一定的成就,群众的法治意识有一定程度的提高,但是西藏的法治建设任重道远,仍需要不断地加强法治文化建设。因为隐性的精神性法治文化,需要长期的塑造与培养。在西藏法治文化建设中,还存在着一些问题:有的地方群众的法律意识并不高;虽然有的地方法律意识有所改善,但是用法意识还是不强;有的地方群众解决问题方式是宗教信仰方式与法律手段并存,对于法律问题能够直接进入法院司法程序解决的较少;有的地方的群众对关乎自己切身利益的法律还是有所了解的,但对其他法律如《宪法》等知之甚少。由于我国缺少法治文

---

① 次仁罗布:《十六大以来西藏民主法治建设成就斐然》,《西藏日报》2012年9月5日第1版。

化的传统，西藏还存在着惯性的宗教文化影响，在西藏推行现代社会主义法治和法治文化的建设，更是一项长期艰巨的任务。

三 西藏自治区执法、司法、守法用法的法律行为的法治文化概况

法律行为既能体现一个国家或地区的法治文化，又是检验一个国家或地区法治文化程度的高低。习近平总书记指出：加快建设社会主义法治国家，必须全面推进科学立法、严格执法、公正司法、全民守法，坚持依法治国、依法执政、依法行政共同推进，坚持法治国家、法治政府、法治社会一体建设，不断开创依法治国新局面。西藏全区的执法、司法、守法、用法及其形成的法治文化，对法治西藏的建设作用不容忽视。

（一）西藏自治区行政执法及执法文化概况

依法执政，是执政党的基本执政方式；依法行政，是政府行政权运行的基本原则。十八大以来，习近平总书记指出，坚持严格执法，既要依法执政，也要依法行政，在法治轨道上推动各项工作。

按照《宪法》和《民族区域自治法》等相关法律的规定，西藏自治区实行民族区域自治，按照人民代表大会制度，由西藏自治区政府行使地方行政执法权，管理西藏社会各项事业。加强依法行政，建设法治政府。西藏实行依法治藏，以网格化管理、社会化服务为方向，健全基层综合服务管理平台。全面贯彻党的宗教方针政策，依法管理宗教事务，进一步提高广大僧尼的法律意识和爱国热情，积极引导宗教与社会主义社会相适应，维护正常的宗教秩序。加强社会治安综合治理，创新立体化社会治安防控体系，依法打击各类违法犯罪活动。完善涉法涉诉信访依法终结制度，妥善调处人民内部矛盾。反对分裂，坚决维护祖国统一和民族团结，严厉打击十四世达赖集团各种渗透干扰破坏活动，确保社会持续稳定、长期稳定、全面稳定。依法推进经济、民生、文化、教育、卫生等多方面的建设。西藏自治区政府切实依法行政，完善规范性文件和重大决策合法性审查机制，健全政府规章和规范性文件备案审查制度。整合执法主体，推进综合执法，建立权责统一、权威高效的行政执法体制。强化行政执法监察，对重大项目实施跟踪监察、跟踪审计。自觉接受人大法律监督、工作监督和政协民主监督。推进政务公开，自觉接受舆论监督和群众监督，让权力在阳光下运行。加强执法监察，依法审计208个项目和单位，对政府采购等进行了专项检查，取消了132项行政事业性收费。严格执行中央

八项规定和区党委"约法十章""九项要求","三公"经费支出下降了25%。自觉接受人大和政协的监督,做好人大代表、政协委员提案议案办复工作。广大基层干部和驻村驻寺干部植根基层、服务群众,进一步密切了党群干群关系,深受群众赞誉。① 在"五五"普法期间,西藏有 300 多人次省级领导干部、1500 多人次地厅级领导干部、7700 多人次县处级领导干部参与了法制讲座,组织公务员法律知识考试 9.8 万多人次,不断提高依法管理和服务社会的水平。② 在"五五"普法和"六五普法"过程中,推进法律进机关活动,立足提高公务人员社会主义法治理念,不断增强依法管理和服务社会的能力。在全区各级机关逐步实现公务员学法制度、建立法制教育宣传栏、每人一套法律知识读本、每人普法学法档案、开展法律知识讲座和组织法律知识考试等制度规划。这些在一定程度上体现了当下西藏自治区执法的概况,形成了一定程度的依法行政的法治文化。在 2015 年涉及的行政诉讼案件中,西藏自治区行政机关派员出庭应诉 22 人次,这有利于推动形成依法执政、依法行政、违法必究的法治观念。③

习近平总书记指出:各级领导干部要提高运用法治思维和法治方式深化改革、推动发展、化解矛盾、维护稳定能力,努力推动形成办事依法、遇事找法、解决问题用法、化解矛盾靠法的良好法治环境,在法治轨道上推动各项工作。所谓法治思维,就是一种法治观念和法治意识,强调要对宪法和法律存有敬畏之心,要依法按权限和程序办事,始终坚持有权必有责、用权受监督、违法必追究、侵权须赔偿。全面推进依法治国是一个系统工程,是国家治理领域一场广泛而深刻的革命,需要付出长期艰苦努力。④ 由于西藏的地理环境的影响,城乡差别很大,农牧区基本公共服务水平不高。政府工作人员思想观念跟不上时代的步伐,改革创新意识不强,市场经济建设能力有待进一步提高。因而西藏依法行政的法治文化还

---

① 《西藏年鉴 2014》,西藏人民出版社 2015 年版,第 24 页。

② 王杰学、丹增平措:《西藏掀起全民学法遵法守法用法热潮》(http://epaper.chinatibetnews.com/xzrb/html/2013-01/11/content_ 420662.htm)。

③ 索达:《西藏自治区高级人民法院工作报告——2016 年 1 月 29 日在西藏自治区第十届人民代表大会第四次会议上》,《西藏日报》2016 年 2 月 14 日第 2 版。

④ 《中共中央关于全面推进依法治国若干重大问题的决定》,《人民日报》2014 年 10 月 29 日第 1 版。

存在一定的问题。部分行政工作人员法治意识淡薄,工作作风、行政效能、群众观念、服务意识较差,政府职能转变不能完全适应全面深化改革的新要求。这既是西藏政府机关行政执法存在的问题,又是关系到群众对政府的公信力的看法以及对法治文化建设认识的问题。

(二) 西藏自治区司法及司法文化概况

司法的功能就是裁决纠纷,定分止争,彰显公平公正。司法公正是维护社会正义的最后一道也是最坚实的防线。这正如英国哲学家所言:一次不公正的裁判,其恶果甚至超过十次犯罪。因为犯罪虽是无视法律——好比污染了水流,而不公正的审判则毁坏法律——好比污染了水源。一旦司法公正没了,社会必将陷入万劫不复的以暴制暴的恶性循环。习近平总书记指出:"我们要依法公正对待人民群众的诉求,努力让人民群众在每一个司法案件中都能感受到公平正义,决不能让不公正的审判伤害人民群众感情、损害人民群众权益。"①

西藏自治区全区法院忠实履行宪法和法律赋予的职责。2013 年共受理各类案件 25186 件,审执结 24088 件,综合结案率为 95.64%。由各级法院直接受理的民事、行政、执行等案件 22207 件,占全部案件的 88.17%。② 2014 年共受理各类案件 24075 件,审执结 23432 件,综合结案率 97.33%。其中,由各级法院直接受理的民事、行政、执行等案 21305 件,占案件总数的 88.49%。③ 2015 年共受理案件 23178 件,审执结 22658 件,综合结案率 97.76%。其中,由各级法院直接受理的民事、行政、执行等案件 20617 件,占案件总数的 88.95%。虽然近年来,案件受理总量略有下降,但综合结案率逐步提高。为了维护社会的公平正义与稳定,依法对十四世达赖集团、境内外敌对势力制造的各种分裂破坏活动和危害国家安全的犯罪行为依法进行惩处。2015 年审结各类刑事案件 1304 件,判处罪犯 1449 人,主要涉及危害国家安全犯罪、涉黑制毒贩毒、安全生产、制假售假、交通肇事、寻衅滋事、敲诈勒索、电信诈骗等犯罪。维护了西藏社会的稳定,保障群众的安全。受理各类民商事案件

---

① 《中共中央关于全面推进依法治国若干重大问题的决定》,《人民日报》2014 年 10 月 29 日第 1 版。

② 《西藏年鉴 2014》,西藏人民出版社 2015 年版,第 84 页。

③ 索达:《西藏自治区高级人民法院工作报告——2015 年 1 月 20 日在西藏自治区第十届人民代表大会第三次会议上》,《西藏日报》2015 年 2 月 12 日第 2 版。

12754 件，标的额 39.97 亿元，结案标的额同比上升 79.24%。其中审结涉及非公有制经济主体的案件 4236 件，审结涉及合同履行、企业破产重组、股东权纠纷等商事案件 4168 件，审结乱垦滥伐、破坏耕地、虫草采集、矿产资源开发利用等环境资源案件 85 件。坚持调判结合，促进案结事了，民商事案件调撤结案率达 67.58%。促进市场经济的良性运转，保护各类平等主体的合法权益，保护生态环境。依法审结涉及行政补偿、行政确权、行政处罚等各类行政和国家赔偿案件 40 件。这有利于形成有权必有责、用权需负责、侵权要追责的法治观念。① 按照全国人大常委会的要求，制定出台了《关于加强人民陪审员工作的指导意见》，2013 年人民陪审员参与案件审理 826 人（次），新增选人民陪审员 288 人。② 2014 年增选人民陪审员 294 人，农牧民群众超过三分之二，全区人民陪审员参与审理案件 1453 件，同比增长 47.36%。③ 2015 年现有人民陪审员 815 名，其中新增 139 名，培训人民陪审员 617 人次，人民陪审员参与审理案件 986 件。充分保障各族群众对司法审判工作的知情权、参与权、监督权、表达权。自治区高、中两级法院和 26 个基层法院开通 12368 诉讼服务热线，全区法院诉讼服务中心接待当事人咨询 8300 余人次，接待来信来访 1080 余人（件），判后答疑 6233 件。车载流动法庭行程 110 多万公里，巡回审理案件 5372 件，占人民法院直接受理案件总数的 26.06%。按照"谁执法谁普法"的要求，2015 年采取法官讲法、以案释法、判后答疑、送法下乡等方式，开展法治宣传教育 2153 场次，发放宣传资料 38.95 万份，受教育群众 52.32 万人。④

西藏自治区法院为法治西藏作出了贡献，发挥了公正司法的引领作用。在创建平安西藏和法治西藏的过程中，让西藏群众在司法案件中感受到了公平正义。因为人民群众每一次求告无门、每一次经历冤假错案，损害的都不仅仅是他们的合法权益，更是法律的尊严和权威，是他们对社会

---

① 索达：《西藏自治区高级人民法院工作报告——2016 年 1 月 29 日在西藏自治区第十届人民代表大会第四次会议上》，《西藏日报》2016 年 2 月 14 日第 2 版。

② 《西藏年鉴 2014》，西藏人民出版社 2015 年版，第 85 页。

③ 索达：《西藏自治区高级人民法院工作报告——2015 年 1 月 20 日在西藏自治区第十届人民代表大会第三次会议上》，《西藏日报》2015 年 2 月 12 日第 2 版。

④ 索达：《西藏自治区高级人民法院工作报告——2016 年 1 月 29 日在西藏自治区第十届人民代表大会第四次会议上》，《西藏日报》2016 年 2 月 14 日第 2 版。

公平正义的信心。① 同时，在加强业务素质的同时，积极培育以审判为中心的法院法治文化。例如，为了实现"让审理者裁判，由裁判者负责"，落实了办案质量终身负责制和错案责任倒查问责制。因此，各类案件一审后当事人服判息诉率为 92.64%，二审后达到 98.38%。

坚持有错必纠原则，全区法院审结申诉和申请再审案件 158 件，决定再审 16 件。加强审判执行工作监督，对落实随案发放廉政监督卡制度的效果进行抽查回访，确保司法廉洁公正。变立案审查制为立案登记制，当场登记立案率达 83.95%。坚持诉访分离、有错必纠、依法终结。积极推动构建诉讼、调解、仲裁等有机衔接、相互协调的多元化纠纷解决体系，诉前调处化解矛盾纠纷 3489 件，指导支持人民调解组织调处纠纷 3326 件。加强司法公开，上网公开裁判文书 7009 份、审判流程信息 5992 条、执行信息 1931 条。藏文裁判文书首次上网公开。培训法院干警 3080 人次。出版发行西藏政法部门第一套统一规范的藏汉双语法官培训教材，积极开发藏汉双语审判支持系统。② 首次举办覆盖五省藏区的全国法院藏汉双语法官培训班，全年培训双语人才 286 人次。总之，司法公正是社会正义最后的一道防线。西藏自治区法院通过审判活动有利于构建、提升西藏民众的法治观念和法律意识。今后，应该借助于其法治文化的优势地位，通过审判活动以及判决书，将法治文化的意识与观念在司法活动中进一步传递给西藏民众。

西藏自治区检察机关忠实履行宪法和法律赋予的职责，针对十四世达赖集团各种分裂破坏活动的趋势，不断明确依法打击的重点。依法坚决打击利用宗教搞分裂犯罪活动，以及煽动造谣、影响大局稳定的犯罪。2015 年全区检察机关共批准逮捕犯罪嫌疑人 1368 人，提起公诉 1530 人。继 2012 年以来，检察机关批捕和起诉人数呈下降趋势。坚持有腐必反、有贪必肃，2015 年全区检察机关共立案侦查各类贪污贿赂犯罪 81 件、84 人，同比上升 35% 和 20%，挽回经济损失 12925 万元。在全区推行行贿犯罪档案查询，向社会提供查询 3872 次。严格履行刑事诉讼监督职责，监督侦查机关立案 15 件、15 人。依法不批准逮捕 310 人、不起诉 147 人。

---

① 王香平：《十八大以来习近平同志关于依法治国的重要论述》（http://www.zgdsw.org.cn/n/2014/0331/c218999-24780472-2.html）。

② 索达：《西藏自治区高级人民法院工作报告——2016 年 1 月 29 日在西藏自治区第十届人民代表大会第四次会议上》，《西藏日报》2016 年 2 月 14 日第 2 版。

列席审委会 37 次，依法提出刑事抗诉 6 件。共审查减刑假释暂予监外执行案件 1022 件，开展定期不定期巡视检查 457 次，向监管场所提出整改建议 65 次，监督纠正未按规定收监、脱管、漏管违法情形 17 人。严格履行民事行政诉讼监督职责，对受理申请监督的 24 件案件进行了依法监督，不支持监督申请 22 件，促成当事人息诉罢访 608 件。督促行政机关依法履职，对行政机关不作为情形发出检察建议 8 份，均被采纳，同比上升 165%。重视司法环节的社会关系修复，开展刑事和解后不捕 20 人、不诉 32 人。加强队伍正规化专业化职业化建设，以业务一线和基层检察人员为重点，加强法律监督能力建设，深入开展大规模检察教育培训，全年共举办各类业务培训班 40 个，受教育干警达 3000 人次。加强案例指导工作，完善了典型案例的编撰工作，统一执法标准。对全区检察系统 2013 年 4 月至 2015 年 4 月办理的共 2486 起案件进行全面评查，整理汇总不规范案件 157 件，并按照边查边整边改的要求进行整改落实。要求全区三级院就监管部门对污染环境、破坏生态资源等侵害公益行为行政不作为的督促整改，仍不作为的依法试点提起公益诉讼。完善了来信、来访、来电和网络咨询等服务系统，面向社会公众提供透明、便捷的司法服务。深化检务公开制度改革，以公开促规范，从公开程序性信息向公开案件信息转变，共发布案件程序性信息、法律文书等 243 份，发布检察工作信息 3000 余条。建立了全国第一个检察机关藏汉"双语"培训基地，已培训五省藏区检察长 101 人、检察人员 174 人。在驻村中开展普法宣传教育 870 余场次，调处化解矛盾纠纷 410 起。①

西藏自治区检察机关严格履行法律监督职责，通过检察业务监督侦查活动、审判活动、监狱刑罚执行活动，确保国家宪法法律的统一实施，保障国家司法的公正与效率。通过职务犯罪的查处、预防犯罪机制，确保公务人员的廉洁公正。同时，在提升检察人员的业务素质与普法宣传教育中，确保了检察法治文化建设的健康推进。全区群众在一定程度上对检察机关和法律制度及法治文化都有了一个正面的感性认识和了解。这对增强西藏民众的法治意识有重要的作用。今后，应该借助于其检察业务活动与普法教育活动，将法治文化的意识与观念进一步传递给西藏民众，并使民

---

① 张培中：《西藏自治区人民检察院工作报告——2016 年 1 月 29 日在西藏自治区第十届人民代表大会第四次会议上》，《西藏日报》2016 年 2 月 15 日第 2 版。

众接受直至遵从。

根据以上的材料和课题组成员的调研,我们发现群众对法院和检察院的都有一定的认识,而且信服法院和检察院的公信力。法、检机关履行司法职能,传递司法正义,树立司法机关的公信力,引导群众用法律处理矛盾纠纷并树立法律意识、规则意识和公民意识,保护群众的合法权益。这更是彰显了法律的尊严和权威,增强群众对社会公平正义的信心。西藏司法建设与发展及取得成绩,为法治文化的建设奠定了一定的基础,进而推动法治西藏的建设。但是我们清醒地看到,西藏司法系统的法治文化还处于初立建设阶段。在西藏法、检机关还存在着司法队伍的素质和业务能力有待加强,工作质量和法律效果有待提升,修改后的法律在西藏实施还存在着一定的困难。此外,一些海拔较高、环境艰苦、气候恶劣地区的法院工作设施与生活条件还有待改善,工作的质量和法律效果的有待进一步提升。因为这些都会直观地影响群众对司法机关和司法公信力的认识。

(三) 西藏自治区守法、用法概况

"最主要的法律不是铭刻在大理石上,也不是铭刻在铜表上,而是铭刻在公民的内心里。"① 小到文明过马路,大到依法治国,法治的根基来自公民内心的拥护,法治的力量源于公民出自真诚的信仰。任何组织和个人都必须在宪法和法律范围内活动,都需按照宪法和法律规定行使权利或权力、履行法定的义务或者职责,形成全民守法。习近平总书记指出,要深入开展法制宣传教育,在全社会弘扬社会主义法治精神,引导全体人民遵守法律、有问题依靠法律来解决,形成守法光荣的良好氛围。

西藏 60 多年来在党的领导下,在社会主义的法治大道上随着祖国一道前进、发展与壮大。西藏人民群众翻身当家作主,享受宪法和法律赋予的权利,履行宪法和法律规定的义务,用宪法和法律维护自身的权益。现在西藏百姓已经彻底摆脱了在旧西藏封建农奴封建制度下毫无自由和权利的局面。随着西藏法制建设的不断进步,西藏百姓守法、用法意识相对以前有了长足进步。尤其是在全区开展"法律七进"普法活动,即法律进机关、法律进乡村、法律进社区、法律进学校、法律进企业、法律进单

---

① [法] 卢梭:《社会契约论》,何兆武译,商务印书馆 1980 年版,第 73 页。

位、法律进寺庙普法活动，极大提高全区人民的法律意识。在"五五"普法期间，西藏各地市、各部门共举办促进经济社会发展法制讲座、报告会等专项法制宣传活动1800多场次，开展"提高农牧民法律素质、促进农牧区改革发展"等主题法制宣传教育活动6500多场次。大力开展公民基本权利义务教育，加强保护公民人身权、财产权、劳动保障权、消费者权益保护、土地承包等方面的法律法规教育，维护人民群众的合法权益。坚持把法制宣传教育作为维护社会稳定治本工程来抓，依法调解各种社会关系和经济关系，解决各种矛盾和纠纷，积极营造人人自觉维护平安和谐西藏、积极参与平安和谐西藏建设的浓厚氛围。西藏各级组织共开展专项宣传活动2700多场次，开展校园周边整治法制宣传1200多场次。西藏坚持以领导干部、公务员、青少年、农牧民、企业经营管理人员、流动人口和寺庙僧尼为重点，以"弘扬法治精神，普及法律知识，共建和谐社会"为主体，大力开展法律进机关、进乡村、进社区、进学校、进企业、进单位和进寺庙活动。在"法律进乡村"活动中，各级普法办编写了藏汉两种文字的《以案说法》《农牧民法律基本知识100问》等读本，并制作了《法在身边》等光盘。西藏共召开乡级普法大会9500余次，受教育人数达200余万人次，西藏90%的农牧民都接受了法律宣传教育。在"法律进学校"活动中，各地市成立了学校及周边治安综合治理工作领导小组，为西藏6所普通高等院校、6所中等职业学校、22所高级中学、8所完全中学、93所初级中学、860所小学配备了法制辅导员，在各级各类学校开展法制宣传讲座。目前，西藏已初步形成以课堂正规教育为主渠道，学校、家庭、社会三位一体的青少年法制教育格局。切实发挥大众传媒作用，通过在新闻媒体开设法治栏目，利用互联网、电信以及信息平台，编印典型案件、藏汉文资料和制作维稳公益广告牌等向全社会广泛宣传各种法律法规。2010年7月，昌都普法网正式开通，再次实现了地区普法载体的创新，进一步扩大了法制宣传教育的覆盖面。加强法治文化建设，西藏各地市、各部门通过法制讲座、法律知识竞赛、"模拟法庭"、"现身说法"和法制文艺演出等群众喜闻乐见的形式进行法制宣传教育。"五五"普法期间，西藏共举办各类法制文艺演出240多场次，现场观看的群众达15万多人次。进一步提高了广大公民的法治意识，提高了全社会法治化管理水平，为维护改革发展稳定大局，建成小康西藏、平安西藏、和谐西藏、生态西藏营造良好的法治环境。① "六五"普法以来，五年间，全区共举办各类法制讲座17811场（次），开展社会面集中法制宣传咨询服务5000次，开展涉宗领域专项法制宣传2196场（次），举办各类法制培训班571期，悬挂横幅17万余条，印发各类法制宣传资料、法律读本375余万份（册），受教育人数达410万人次，实有人口法律常识普及率达到90%以上。西藏自治区各族群众法律意识和法律素质明显增强。②

与此同时，民众用法解决纠纷的意识也随之增强。例如，2003年1月，拉萨市蔡公堂乡70多岁的米玛仓决老阿妈的儿子被一场意外交通事故夺去了生命，家里只剩下一个上高中的孙子和她相依为命，祖孙俩仅靠政府低保生活。当时，经交警部门调解，米玛仓决与肇事司机达成协议，由肇事司机赔偿4.1万元。5年过去了，肇事司机一直没有付清赔偿款。老阿妈多次找到肇事司机，都被肇事司机以种种理由敷衍过去。在2008年12月4日全国法制宣传日这天，自治区法律援助中心的律师们开展"普法宣传走进乡村"活动，米玛仓决抱着试试看的心理，来到区司法厅法律中心请求依法调解。法律援助中心接到申请后，查实老阿妈的诉讼时效马上要到期了。法律援助中心迅速予以办理。经过律师多次上门调解，肇事司机不得不在协议期限内将所欠的赔偿款还清。米玛仓决老阿妈感动地说："多亏了法律援助中心的律师们。如果今后遇到事情，我就用法律来维护自己的权益。"③ 根据课题组成员在西藏基层长期的观察与调研④，发现在市场经济意识较强、群众文化程度较高的地方，群众守法、用法的法律意识特别强，尤其是在虫草、草场、邻里纠纷等方面。法律意识较强的群众大多是年轻人和中年人。在农牧区发生的案件主要集中在民事案件。而民事案件主要集中于婚姻、抚养、合同以及虫草、草场纠纷方面。大部分案件以调解方式结案，调解结案率较高。刑事案件不多，主要集中

---

① 王杰学、丹增平措：《西藏掀起全民学法遵法守法用法热潮》（http://epaper.chinatibetnews.com/xzrb/html/2013-01/11/content_420662.htm）。

② 涂显锋：《西藏"六五"普法工作：让全民学法守法用法》（http://www.chinatibetnews.com/xw/fzxz/201509/t20150929_840604.html）。

③ 刘倩茹：《西藏：与法治同行，与和谐相伴》（http://www.tibet.cn/news/xzxw/szfl/201004/t20100430_572059.htm）。

④ 课题组有两名在西藏基层工作的成员，从2011年到2013年有长达两年的时间驻村工作。他们长期处于基层前沿，负责在基层参与观察、访谈与调研。

在交通肇事和盗窃。因为路途较远，交通不便，当事人遇到纠纷就会联系法院，由法院主动上门处理，及时受理，及时处理，效率非常高。群众对法院、检察院等法律部门的态度较好。每一起案件经过处理，当事人都很信服，所以几乎不存在发回重申、再审、二审等现象。遇到较复杂的矛盾纠纷，当事人、司法助理员或村干部会主动联系法院，判后执行难度小。

但是西藏群众的法律意识不是全部或者均匀地提高。宗教的影响存在着惯性，有些群众对法律和宗教认识不清，容易被达赖反动集团利用。因此，西藏依法治藏，必须解决群众对法律与宗教混淆不清的问题。有些地方由于交通不便比较封闭的缘故，牧民的法律意识还是比较低，对外界信息了解不多；有些地方群众的法律意识不高，法律与宗教信仰并存；有些地方群众法律意识虽然有所提高，但是很薄弱，对一些关乎自己切身利益的法律有所了解，有很大的局限性；有的地方群众虽然对法律有一定的了解，但没有依法解决纠纷的法律思维。具体到事情纠纷处理的时候，不懂得用法律维护自身权益，往往使用家族势力进行解决；在虫草产区，比如那曲，也会出现一些畸形的消费观念和不懂法的现象。由于虫草的价格高，部分人养成了好吃懒做的习性，牧民不再务牧，只依靠虫草。很多群众除虫草收入外，无其他任何经济来源。同时，虫草采集具有季节性（集中在六七月份）。好吃懒做、攀比的现象攀升，形成了畸形的消费观念。在虫草买卖时，部分群众被利益迷惑了双眼，在资金运转不开的时候，借"高利贷"，高出银行利率甚至百倍，而在借贷发生的时候不能订立合同、协议，只进行口头约定。在虫草买卖时，也是以口头协议为主。从而产生各类纠纷。部分群众在虫草采集期过后，及时进行虫草交易，换取高额的现金后，在那曲、拉萨甚至成都等地方进行大肆挥霍，购买车辆、首饰、高价衣物，出入高档娱乐场所等。因此，有些群众在不到过年时，已经将采集虫草变卖的收入挥霍一空，无法维持正常的生产生活，只能向银行进行贷款。但部分群众以虫草收入为主，无牲畜可以抵押贷款，很多人走向了民间借贷的路子（高利贷）。牧民群众知法、懂法的能力低。由于急于用钱，对约定的借款利率满不在乎，在后来还款的时候，才觉得无力偿还，最终不能承受才走上诉讼之路。在法院审理案件过程中，群众对于支付利息的判决存在很大的意见，认为法院判决不公平。此外，一些人在汽车交易过程中不签合同、不过户；一些人不懂婚姻法，结婚未领取结婚证。很多案件当事人到法院进行离婚诉讼，但是经过询问，同居多年并未办理结婚登记手续，法院只能按照同居析产纠纷处理。总之，虽然西藏群众的法律意识有所提高，但是守法、用法意识还是亟待加强，还有很长的一段路程要走。

第三节　西藏传统法律文化与西藏法治文化建设的关系

藏族是一个几乎全民信教的民族，且已经形成的以藏族习惯法为代表的传统法律文化根深蒂固，影响深远。西藏传统法律文化在实现法治西藏的道路中，其精华成为有益的本土化资源，而其消极因素则成为最大的阻力。而且，近些年来习惯法有回潮的现象。因此，如何处理好传统法律文化与现代的社会主义法治文化之间的关系，如何对西藏传统法律文化的合理成分进行融合、吸收，并消除其消极影响。当且仅当一个民族的传统文化与现实主体文化的本质和发展方向相一致时，此传统文化才能成为这个时代社会文化的有机组成部分。因此，在积极探索和推广培养西藏法治文化路径过程中，必须处理好西藏本土传统的法律文化问题，积极融合其有益资源，弃其糟粕。因而藏族传统法律文化必须根植于西藏社会主义法治文化之中，进而实现法治西藏，实现西藏的繁荣、稳定与长治久安。

一　西藏传统法律文化的概况

藏族是我国 56 个民族构成的中华民族其中之一，它是具有悠久历史和灿烂文化的一个民族，创造出熠熠闪光的藏族文化。我国著名法制史泰斗张晋藩先生深刻地指出：藏族法文化是中华法文化总体覆盖下的一部分，弘扬中华法文化也应包括弘扬藏族法文化在内；藏族法律的特殊性和藏区人民独特的法律意识，形成了有别于汉族及其他少数民族的法律制度；藏族法律呈现法律形式的多样性和宗教戒律、道德规范与法律规范结合的特点，所以历代政府在保证国家法制统一的前提下，强调对藏区各部因俗而治；历代中央政府的法律在调整藏族社会关系，促进藏区经济、政治、文化的发展起着非常重要的作用。中原法律文化对藏区法的影响，并逐渐与当地固有法结合是藏区法律特点形成的重要原因。这些藏族法文化的因质在今天藏族地区的法律实践中仍然起着重要作用，有很多有益的东西值得吸取。① 立足于学者研究的基础上,在建设法治西藏、实现依法治藏,追求西藏的稳定与发展过程中,我们必须正确地认识西藏传统法律文化,取其精华,弃其糟粕。

(一) 藏族传统法律文化概述

藏族是我国一个历史悠久、勤劳、勇敢、智慧的民族,拥有丰富多彩的民族文化。藏族传统法律文化是中华民族法律文化不可或缺的重要组成部分。"藏族传统法律文化是整个藏文化的重要组成部分,是藏族传统理论习惯等形成发展的典型的藏族本土性宗教伦理习惯相互作用的法文化,博爱的伦理判断、约定成俗的风俗习惯、全民信仰藏传佛教与青藏高原的社会态度等有机结合的生活方式的总和,体现了藏文化的博大精深和藏族传统法律制度的精髓与核心,是中华法系的重要组成部分""藏族传统法律文化在内容上主要有三大类,即:等级特权的王法为代表的国法;宗教戒律250条为核心的各种宗教仪式的寺规教法;保护水源、湖泊、山林、禁忌文化等敬畏大自然的习惯法,善待奴隶、重视证据、审查证人资格、验收审判程序、司法体制、诉讼制度、证据制度、执行制度、审判习惯、监狱制度等具有接近现代法制意义的各种成文法"②。藏族传统的法律文化具有的独特性:藏族法律产生的地域具有特殊性,即高寒、缺氧的世界屋脊的青藏高原;藏族法律生成的经济基础具有特殊性,即高寒农作物青稞为代表的高原农业和以高原牦牛为代表的高原畜牧业经济基础上;藏族法律模式具有独特性,即以高原农牧业为经济基础,习惯法和成文法并行不悖,形成独特的宗教性和道德性结合的法律模式;藏族法律中成文法规与民众观念习俗的长期和谐一致具有独特性,即从成文法规的法律形式内化为社会成员的意识形态和行为习惯;藏族法律中的赔命价体现的对人的生命权尊重的一贯性具有独特性;藏族传统法律在传统的藏族社会已经习惯化,即群体的行为模式与法律规定的行为模式的一致性;强制性的规定较少和法律文化社会基础的广泛性(体现在法律传统的活态性),即主要通过佛教的因果论、来世说和世俗的道德法规加以约束;突出了对生态环境的保护,从成文法、不成文的民间习惯法和传统禁忌习俗等方面体现出来;藏族法律文化以法律的形式对语言加以约束,以实现社会的和谐;藏

---

① 徐晓光:《藏族法制史研究》,法律出版社2001年版,"序"第2—3页。
② 隆英强:《社会主义法治建设与藏族法律文化的关系研究》,中国社会科学出版社2011年版,第3、9页。

族法律文化以群众喜闻乐见的格言和谚语等形式大力宣扬法律思想和法律法规,为社会稳定服务;藏族法律文化体现的是僧俗双轨并行。① 总之,藏族传统法律文化融合宗教戒律、道德伦理规范和世俗法律规范为一体,在历史上发挥过积极的作用。

西藏传统法律文化也是基于藏族传统法律文化基础之上,"是西藏藏民族特有的,以藏传佛教思想文化为基线的,涵括其他各种不同法律思想文化内容的有机的构成体。西藏传统法律文化的这些内容不同程度地渗透、影响着民族心理素质、风俗习惯乃至人们的思维、行为、生活方式等。从而影响着现代法律文化的形成和发展"②。它同样具有宗教性、伦理道德性和世俗法律法规性。在西藏,藏族传统法律文化作为一种历史文化,以其中的宗教习俗、道德伦理、世俗法律规范、文化观念等塑造成了每一位社会成员共同遵守的法律观念,指导社会成员的行为准则,而且以习惯法为载体传承下来。任何文化都存在着两面性,既有精华也有其糟粕。因此在对待西藏传统法律文化过程中,我们应该弘扬吸收优秀藏族传统法律文化,为现代的法治西藏、依法治藏,提供有益的法文化因子,又要消除不适应当今西藏现代化社会的糟粕的影响。

(二) 藏族传统法律文化传承的主要载体——藏族习惯法概况

作为藏族传统法律文化传承的主要载体,"藏族习惯法实际上是一个文化聚合体,作为一种文化现象或规则制度,它从不同的侧面反映了藏民族传统的认识观、宗教观、道德观、价值观和法律观,也是法治社会必须整合的重要规则资源"③。它是藏族同胞日常生活经验的结晶和体现。

1. 藏族习惯法的概念

要认识藏族习惯法,首先要认识习惯法。"一旦一个家庭、一个群体、一个部落或一个民族的成员开始普遍而持续地遵守某些被认为具有法律强制力的惯例和习惯时,习惯法便产生了",④ 有的学者认为习惯法是

---

① 甘措:《藏族法律文化研究》,博士学位论文,中央民族大学,2005年。
② 卫绒娥、杜莉梅:《西藏传统法律文化对现代社会的影响》,《西藏大学学报》(哲社版) 2005年第2期。
③ 隆英强:《社会主义法治建设与藏族法律文化的关系研究》,中国社会科学出版社 2011年版,"前言"第2页。
④ [美] E. 博登海默:《法理学——法律哲学与法律方法》,邓正来译,中国政法大学出版社 2004年版,第401页。

国家认可的并赋予国家强制力的完全意义的法；有的学者认为"习惯法是独立于国家制定法之外，依据某种社会权威和社会组织，具有一定强制性的行为规范的总和"①，其实质是认为习惯法是独立于国家的制定法之外的。对藏族习惯法的认识，有的学者认为"藏族部落发展过程中，积年而成的习惯法极其丰富，是调整部落社会各种关系的实实在在、非常管用的法规范"②；有的学者认为"习惯法是藏区各部落加以确认或制定，并通过部落组织赋予其强制力，保证在本部落实施并靠盟誓约定方式调节内外关系的具有法律效力的社会规范"③；有的学者认为"藏族习惯法是藏民族在长期的生产、生活实践中逐渐形成、世代相传、不断发展并为本民族所信守的部分观念形态与约定俗成的群众生活模式的规范"，"藏族习惯法是藏民族所信守的部分观念形态，并不仅指'白纸黑字'，而是'活法'、'行动中的法'，藏族习惯法是藏族历史上约定成俗的群众生活模式的规范，并非国家（或官方）制定而成，显系'非国家的法'"④；有的学者认为"如果要给藏族传统习惯法下一个具有普遍意义的定义的话，那么它应该是指藏民族特定社会群体在共同生活中应遵守共同生活秩序（传统习惯）而形成的一套主要靠民间公共权威加以维系的行为规范体系"⑤；有的学者认为"藏族是藏族聚居区各部落确认或制定，并赋予其强制力，保证在本部落或本族群一定范围内实施，且靠约定成俗的习惯信仰与盟誓约定方式调节内外关系的具有法律效力的社会规范"⑥。虽然学者对藏族习惯法的定义不同，但都反映出了藏族习惯法概念的本质：藏民族在长期的生产生活实践中，随着藏族部落发展逐渐形成的具有强制性、确定性并被信守的部分观念形态与约定俗成的生活模式的规范，具有非国家性。这正如梁治平先生认为的：习惯法乃是不同于国家法的另一种知识传统，是在乡民长期的生活与劳作过程中逐渐形成，被用来分配乡民

---

① 高其才：《中国少数民族习惯法研究》，清华大学出版社 2003 年版，第 8 页。
② 徐晓光：《藏族法制史研究》，法律出版社 2001 年版，"前言"第 3 页。
③ 杨士宏：《藏族传统法律文化研究》，甘肃人民出版社 2004 年版，"前言"第 1—2 页。
④ 吕志祥：《藏族习惯法：传统与转型》，民族出版社 2007 年版，第 8—9 页。
⑤ 索南才让：《试谈藏族习惯法的概念及性质》，《西南民族大学学报》（人文社会科学版）2012 年第 12 期。
⑥ 隆英强：《社会主义法治建设与藏族法律文化的关系研究》，中国社会科学出版社 2011 年版，"前言"第 1 页。

之间的权利、义务，调整和解决他们之间的利益冲突，并且主要在一套关系网络中被予以实施的地方性法规。① 藏族的每个社会成员，自小受到佛教文化和伦理道德的熏陶，许多道德崇尚、宗教习俗、文化观念等构成了每个社会成员共同遵守的行为准则和法律观念，并以习惯法为载体传承下来，从而形成了特征鲜明的习惯法体系。公众舆论、社会谴责、个人自律、羞辱讥笑、阴间冥罚的心理均能维护习惯法的法律尊严。②

2. 藏族习惯法的内容

藏族习惯法内容丰富，涵盖广阔，涉及社会生活的方方面面等内容。藏族习惯法既有宗教信仰、伦理道德、乡规民约、风俗习惯的诸多成分，又有吐蕃和西藏地方政府时期所颁布的法律政令的遗存。按照现代法律的标准，有的学者将藏族习惯法分为生产规范、民事规范、刑事规范三大类③；有的学者将藏族习惯法分为宗教法律规范、刑事法规、民事法规、军事法规四大类④；有的学者将藏族习惯法划分为行政法、军事法、民法、刑法、程序法五大类⑤；有的学者将习惯法划分为民事法规、经济法规、环境法规、行政法规、刑事法规、军事法规和程序法规等七大类⑥；有的学者将藏族习惯法划分为维持部落政体的法律规范、调整生产和经济的法律规范、民事契约、债务方面的法律规范、婚姻、财产、继承方面的法律规范、维护等级特权及"命价"方面的规范、军事和武装冲突方面的法律规范、宗教方面的法律规范、犯罪与刑罚方面的法律规范、藏族部落司法审判习惯九大类⑦。虽然划分类别不一，但都体现出藏族习惯法的核心内容都是一致的，涉及宗教、经济、政治、刑事、民事等社会生活各个领域，其中含有宗教信仰、乡规民约、伦理道德、风俗习惯等方面内容。藏族习惯法与藏民族的传统文化、共同心理素质、宗教信仰、伦理道德、价值观念、行为规范等交织在一起。习惯法作为一种文化现象，它从

---

① 梁治平：《清代习惯法：社会与国家》，中国政法大学出版社1999年版，第1页。
② 杨士宏：《藏族传统法律文化研究》，甘肃人民出版社2004年版，"前言"第2、200页。
③ 陈庆英：《藏族部落制度研究》，中国藏学出版社2002年版，第207—257页。
④ 杨士宏：《藏族传统法律文化研究》，甘肃人民出版社2004年版，第200—220页。
⑤ 张济民：《藏族习惯法通论》，青海人民出版社2002年版，第184—390页。
⑥ 吕志祥：《藏族习惯法及其转型研究》，中央民族大学出版社2014年版，第53页。
⑦ 徐晓光：《藏族法制史研究》，法律出版社2001年版，第325—360页。

不同的侧面反映了藏族传统的人生观、道德观、价值观和法律观①，在当代西藏法治建设，推行依法治藏，实现西藏的跨越式发展的过程中，我们必须进行有益的研究和借鉴，处理好西藏传统文化与现代文明的冲突、国法与藏族习惯法的矛盾。

3. 藏族习惯法的特征

藏族习惯法是藏族传统文化的有机组成部分，它集中反映了藏族传统的法律观。藏族习惯法是历史的产物。由于历史上广大藏区长期处于生产力低下，经济发展落后的状态，宗教盛行、部落分散、长期分裂割据，因此有的学者认为其特点表现在"犯罪罚赎"的理性与"神明裁判"的非理性并存；法律内容的稳定性与司法审判灵活性并存；主要原则的趋同性与各部落具体规定的多样性并存；诸法合体的混合性与佛教教义、伦理道德浸润法律的多元性等多方面。② 有的学者认为藏族习惯法具有长期性、群众性、复杂性的基本特征，体现的特点具体有十二个方面：格言、谚语、俗语、成语、寓言故事、史诗为其传承形式，诸法合体，法律与等级制度（严格区分贵贱，极力维护等级制度），法律含有原始残余（血亲复仇、同态复仇、会盟），人治为特色，注重物质赔偿，妇女的法律地位（总的看来，仍处于被支配、受歧视的地位），诉讼方面的特点（用起誓举证、审判强调证据、是非不清借助"神判"），刑事法规的特点（轻罪重罚，刑罚严酷；故意犯罪与过失犯罪、首犯与从犯有别），民事法规及特点（主要体现在契约的订立、重视维护债权人的利益），地方武装规范及特点，结构与功能特征（文化的多元性、相对稳定性、群众规范性）。③ 有的学者认为藏族习惯法具有四个特点：第一，混合性。即藏族习惯法涉及民事法规、佛教教义、传统道德以及其他行为规范，与成文法相辅而行；第二，简约性。即它的体系简约、内容简约、条文简约，立法、司法和监督保证机制简约，又有口传的不严格性、执行的随意变通性；第三，地区性。即藏族习惯法主要表现为部落习惯法，由于各部落受成文法和"政教合一制"的影响程度不同，制定的法律内容及其量刑、裁决、程序等也不同，其地区性特别明显；第四，任意性。即规定简单、

---

① 杨士宏：《藏族传统法律文化研究》，甘肃人民出版社 2004 年版，"前言"第 2 页。
② 徐晓光：《藏族法制史研究》，法律出版社 2001 年版，"前言"第 3 页。
③ 杨士宏：《藏族传统法律文化研究》，甘肃人民出版社 2004 年版，第 220—240 页。

笼统、弹性大,因案审人。① 有的学者认为藏族习惯法具有成文与不成文、不定性与定性、个别性与典型性、习俗化、宗教化与制度化等诸法合体的特征。② 总之,藏族习惯法不仅具有习惯法要求的悠久性、自发性、连续性、强制性、确定性、合理性、一致性等一般特点,而且具有自身的混合性、任意性、地域性、简约性、相对的稳定性、群众规范性、传承形式等特殊性。

综上所述,藏族是一个具有悠久历史和灿烂文化的民族,客观上存在的许多道德崇尚、宗教习俗、文化观念等构成了每个社会成员共同遵守的行为准则和法律观念,并以习惯法为载体传承下来,从而形成了特征鲜明的习惯法体系。③ 我们必须用历史的眼光,客观地、正确地看待其两面性。

二 藏族习惯法与西藏法治文化建设的关系

当前西藏已经实现了人民民主,建立了社会主义制度,实行民族区域自治。在党的领导下,西藏正在随着祖国的法治国家、法治政府、法治社会一体建设新路径前行,以期实现法治西藏和西藏的长治久安。但是西藏的法治建设,离不开法治文化的建设。而西藏法治文化建设,又无法避免地面临着以藏族习惯法为代表的西藏传统法律文化与现代法治文化的对立与冲突的矛盾。按照马克思唯物辩证法原理:任何事物都是一分为二的。事物自身固有的矛盾的两个方面既对立又统一,推动着事物的前进运动。一切事物都是处在这一对立统一的运动过程中,从而都是相对、暂时和历史地存在的。因此,如何正确地处理好藏族习惯法的传统法律文化与现代社会主义的法治文化这二者的关系是非常重要的。它事关西藏法治文化建设的成败,影响着法治西藏的建设。

我国著名法制史泰斗张晋藩先生指出:"藏族是一个具有优良传统文化和历史悠久的古老民族,藏族历史上的法律文化是中华法律文化的一个重要组成部分。在藏族法律文化遗产中,独具特色的、多元的法律制度是最值得研究的部分。我们弘扬中华法文化也应该包括弘扬藏族法文化在

---

① 吕志祥:《藏族习惯法:传统与转型》,中央民族大学出版社2007年版,第9页。
② 隆英强:《社会主义法治建设与藏族法律文化的关系研究》,中国社会科学出版社2011年版,"前言"第1页。
③ 杨士宏:《藏族传统法律文化研究》,甘肃人民出版社2004年版,"前言"第2页。

内,宗教戒律、礼仪伦理、道德规范和法律规范相结合的藏族法律文化的因质在今天藏区的法律实践中仍然起着重要的作用,有很多有益的东西值得吸取";"事实上,在国家大法难以完全渗透到的角落,家族法、习惯法、民间法、宗教法,或者其他风俗习惯都对建立与维持一定的秩序起到了重要的乃至主要的作用。藏族等少数民族习惯法和民间法数量众多,形式多种多样,历史悠久,特色鲜明,密切联系社会生活,服务社会生活,具有深厚的群众基础,在该族中起着相当有效的调整作用。它们的存在有其必要性与合理性,不仅需要以理性的态度对待,而且值得认真加以研究总结,因为它们最能反映中华法系本土性的特征"。① 这正如吕志祥先生所言:要真正地实现法治,离不开完善的国家法,也离不开具有浓郁乡土气息的习惯法。我国正在建设社会主义法治国家,虽然法制建设应该借鉴国际经验,但更重要的是应该关注本土资源。高原藏区法制建设当然离不开具有民族性、区域性的藏族传统法律文化,藏族习惯法应该成为藏族自治地方立法的重要法源。②

(一)藏族习惯法的历史作用和社会功能——西藏法治文化建设的本土化资源

藏民族的许多道德习尚、文化观念、不杀生的宗教观念观等构成了藏族每个社会成员共同遵守的习惯性规则、行为规则和法律观念,并以习惯法为载体传承下来,从而形成了内容独树一帜的、特征鲜明的习惯法体系,它始终影响着现在或未来藏族聚居区和整个中国法治建设的进程。所以,我们一定要整合少数民族习惯法的优秀资源,加快推进中国法治建设的伟大事业。③

1. 早期历史的作用

藏族习惯法之所以能在高原产生,并被藏民族大众接受,有其契合当时社会发展的需要,有其客观存在的作用。这正如孟德斯鸠所言:"人类受多种事物的支配,就是:气候、宗教、法律、施政的准则、先例、风俗、习惯。结果就在这里形成了一种一般的精神。在每一个国家里,这些

---

① 隆英强:《社会主义法治建设与藏族法律文化的关系研究》,中国社会科学出版社 2011 年版,"序"第 1—2 页。

② 吕志祥:《藏族习惯法:传统与转型》,中央民族大学出版社 2007 年版,"序"第 3 页。

③ 隆英强:《社会主义法治建设与藏族法律文化的关系研究》,中国社会科学出版社 2011 年版,"前言"第 2 页。

因素如果有一种起了强烈的作用，则其他因素的作用便将在同一程度上被削弱。"① 他指出法律乃是"由事物的性质产生出来的必然关系"外，把另外一些构成法律之基础的"必然关系"称之为相对的和偶然的关系。这些关系取决于地理环境特别是气候条件，取决于宗教因素，取决于某个特定国家的政治结构。② 习惯法（是指藏族习惯法）作为一种文化现象，它从不同的侧面反映了藏族传统的人生观、道德观、价值观和法律观，习惯法中有关生产性的内容较多，对维护部落正常的生产秩序、保护集体和个人的经济利益仍然发挥着不可低估的作用。③

　　藏族习惯法早期的历史作用：第一，维护了当时藏族社会的阶级统治。按照马克思历史唯物主义观点：法律及法律文化作为上层建筑之一，它在一定的经济基础上产生并被该经济基础所决定。在藏区封建农奴制度的社会中，藏族习惯法及其文化受当时藏区物质生活的生产方式的制约，它反映了部落头人、牧主和上层僧侣在政治上、经济上的统治地位，而广大的农牧民和小生产者处于被统治地位。藏族习惯法作为藏区社会的上层建筑，跟任何阶级社会中的法律的首要作用一样，都是维护统治阶级的统治和利益，缓和阶级矛盾，调控各种社会关系。总之，藏族习惯法具有鲜明的封建农奴制度的阶级性，在历史上对强化社会统治秩序和维护不平等的等级制度起到了直接的作用；第二，促使藏传佛教更加深入藏族民众心里。回溯藏传佛教的发展历史，藏传佛教经历了由王室、贵族到平民的传播过程。随着藏族习惯法的体系的形成与逐渐完善，藏传佛教随着宗教法规的确立，宗教教义和佛教的因果报应、生死轮回、惩恶扬善等基本思想被融入写进法律条文中，宗教的影响与传播更加深入人心。如此一来，藏传佛教就借助法律规范，不失时机地将佛教影响渗透到社会生活的各个方面。藏传佛教的势力集团不仅介入社会上层，而且还深入到了民间。通过藏族习惯法的发展与完善，藏传佛教随着法律规范的推行更加深入藏族民众的心里，得以在整个藏区最终确立藏传佛教无法撼动的地位；第三，维护了藏区社会秩序的稳定。藏族习惯法把传统的伦理道德观念和藏传佛教的思想融入变成法律条文，由源于朴素的、宗教的伦理道德上升为法律规

---

① ［法］孟德斯鸠：《论法的精神》，张雁深译，商务印书馆1963年版，第364页。
② ［美］E. 博登海默：《法理学——法律哲学与法律方法》，邓正来译，中国政法大学出版社2004年版，第62—63页。
③ 杨士宏：《藏族传统法律文化研究》，甘肃人民出版社2007年版，"前言"第2页。

范，从而获得政权的强制力。它把藏区社会生活的各个方面均法律化、制度化，法律主体的权利义务明确化，其行为运行秩序化。在调整阶级内部的关系和矛盾、整顿社会纲纪等方面，维护着藏区基本的社会秩序。元代以后，整个藏区之所以处在一种长期的和平安定的社会环境下，与藏族习惯法的调整和保护作用是分不开的。这时期的习惯法规范不但对被统治者有着严格的行为约束，对统治阶级的行为也有着较为严厉的约束。正因如此，藏族习惯法对维护社会安定、强化社会秩序起到了重要的作用；① 第四，保护了藏区的生态环境。藏族习惯法的宗教哲学是以藏传佛教的"缘起论、因果论"为基础，体现着藏传佛教的大慈大悲、众生平等、天人一体、弃恶扬善的思想。在高原以高寒农作物青稞为代表的农业和以高原牦牛为代表的畜牧业，藏民族对高原的生态环境与自然资源都有深刻的认识。藏族的每位社会成员，自小就受到佛教文化的熏陶。藏族环境习惯法早已深入藏族民众的心中，尊重世上所有生命，认为其神圣不可生杀予夺，亵渎神灵会受到惩罚，引导着藏族民众很好地保护着高原的生态环境。此外，藏族习惯法对草山牧场的权属与纠纷的解决都有规范。这能较好地解决矛盾和纠纷，促进农牧经济的发展；第五，孕育了佛法与藏族习惯法为代表的俗法并存独具特色的所谓藏区社会。由于藏区的高原高寒的地理条件和历史的原因，藏区政治经济文化等方面发展落后。鉴于此种情况，藏族习惯法应运而生，并受到藏族社会成员的接纳和普遍的遵守。藏族习惯法正好以及时、简单、有效的特点，很好地填补了国家法"供给不足""执行难""成本高"的缺陷与空白。加之藏区传统的、超稳定、封闭的农耕生活和自给自足的游牧经济，也决定了藏区社会不能缺少与藏区社会相适应的习惯法规范。② 由于藏族习惯法的极强的适应性，在历史上藏区各级政权创立法律的漫长过程中，为了能贴近社会实际和促进百姓的接受，藏族习惯法法规成为创制成文法的来源和依据。最终随着这一进程的发展演变，藏区变成了一个既有宗教佛法笼罩，又有藏族习惯法的规范的俗法的社会。

2. 社会功能

尤根·埃利希说：不论是现在还是其他任何时候，法律发展的重心不

---

① 洲塔：《甘肃藏族部落的社会与历史研究》，甘肃人民出版社1996年版，第435页。
② 吕志祥：《藏族习惯法及其转型研究》，中央民族大学出版社2014年版，第91页。

在立法、法学，也不在司法裁决，而在社会本身。① 然而法律不是空中楼阁，法律是社会秩序的一部分，它是在社会中得以实施的，法律只有适用于社会，调整人们的行为，影响社会秩序，才成为真正的法律。否则，它只是纸上的文字、条文里的逻辑。所以，法律不仅仅是规则和逻辑，它也有人性，离开了社会环境，法律是不可理解的。② 法的社会学视角不是执着于探究法的本质、法律规范的逻辑与结构精美，而是关注社会秩序整体，关注现实生活中社会秩序是如何维持的？人们在选择这些规则时的倾向是什么？各种规则是如何实现互动与冲突，如何相互渗透与消解的？③ 即注重现实生活中行动中的法。藏族习惯法作为藏民族社会生活中的一种规范体系，是与其他社会结构要素不可分割的。藏族习惯法作为维护藏族社会传统价值观念和秩序稳定的民族精神内核，对藏族社会具有强大的规范、控制作用。它也是藏族社会实现自我控制和保持自身社会稳定、发展的一种最主要的工具和手段。藏族习惯法的规范功能是指它在其他社会结构要素的作用下所表现出来的对具体的藏族个人或者藏族社会组织的行为进行规范的必要性和有效性。它主要表现为以下几种具体形式：藏民族心理调试功能、藏民族行为导向功能、藏民族民族凝聚功能、藏民族秩序稳定功能、藏民族文化传承功能。藏族习惯法的规范功能是对藏族社会中通行的公平、正义、平等之价值观念进行维护的必要性和有效性的实际体现，其功能实现的目的在于对具体的人或组织的行为进行调控。藏族习惯法的公共职能也是通过它与其他社会结构要素间的功能关系而发生作用的，它是作为社会控制工具的藏族习惯法对与自己相联系的其他社会结构要素发生作用所形成的各种社会关系和社会利益进行调控的必要性和有效性的根本反映。藏族习惯法的公共功能主要表现为调整藏族社会公共利益，化解藏族社会矛盾，保持藏族社会的整体稳定和秩序畅通。当然，藏族习惯法是处于国家法的规范、约束之下，其公共功能的发挥始终必须以国家法公共功能的实现为核心和导向。④

---

① ［奥］尤根·埃利希：《法律社会学基本原理》，叶名怡、袁震译，中国社会科学出版社2011年版，"前言"第1页。

② ［美］唐·布莱克：《社会视野中的司法》，郭星华等译，法律出版社2002年版，第105页。

③ 王洪莉、桂梁：《民间法：一种法的社会学视角》，《东方论坛》2004年第4期。

④ 索南才让：《藏传佛教对藏族传统习惯法的影响研究》，民族出版社2011年版，第81—91页。

3. 藏族习惯法有益的本土化资源内容

美国当代著名人类学者吉尔兹说:"法律与民族志,如同驾船、园艺、政治及作诗一般,都是跟地方性知识相关联的工作。"① 意指法律是地方性知识,可以运用国家法律与非国家法律寻求纠纷解决,以维护社会秩序。藏族习惯法作为藏区的一种文化现象,是历史的产物。它反映了藏民族的宗教观、价值观、法律观和道德观,其中优秀的文化资源不但在历史上发挥过重要的作用,而且对今后藏族聚居区的法治建设都有深远的影响。因此,对藏族习惯法优秀的资源,必须整合到法治和法治文化建设的事业中。这也正如苏力先生所言:"中国的法治之路必须注重利用中国的本土资源,注重中国法律文化的传统和实际","正是由于一个社会中的现代法治的形成及其运作需要大量的、近乎无限的知识,包括具体的、地方性知识,因此,如果试图以人的有限理性来规划构造这样一个法治体系,可以说是完全不可能的。正是在这里,知识论再一次提出了利用本土资源,重视传统和习惯建立现代法治的必然性"②。因为"国家法不但不是全部社会秩序的基础,甚至也不包括当时和后来其他一些社会的法律中最重要的部分。当然这并不意味着某种'秩序真空'的存在。社会不能容忍无序或至少不能容忍长期的无序,结果是,在国家法所不及和不足的地方,生长出另一种秩序,另一种法律。这里可以先概括地称之为'民间法'"。而且,"法律社会学家们发现,即使是在当代最发达的国家,国家法也不是唯一的法律,在所谓正式的法律之外还存在大量的非正式法律"③。藏族习惯法的优秀资源对我国法治建设和西藏法治及法治文化建设有着重要的意义。藏族习惯法对法治建设具有补充和完善的作用,要真正地实现法治,必须实现二者良性的互动。藏区法制建设不能离开习惯法而照抄国家法,藏区法制的完善要在遵守宪法和民族区域自治法的前提下,充分利用本土资源,推动习惯法的转型,挖掘习惯法中的优良成分,制定配套的法律法规、具体措施和办法,修订自治条例和单行条例,逐步

---

① [美]克利福德·吉尔兹:《地方性知识——阐释人类学论文集》,王海龙等译,中央编译出版社 2000 年版,第 222 页。

② 苏力:《法治及其本土化资源》,中国政法大学出版社 1996 年版,第 6、19 页。

③ 梁治平:《清代习惯法:社会与国家》,中国政法大学出版社 1999 年版,第 28、31、32 页。

建立比较完备的有藏区特色的民族法规体系。① 西藏的法治建设，不能只局限于表面上，必须从深层次的法治文化上解决。而西藏法治文化的建设，不能全盘或者简单地否定藏族习惯法文化。因为藏族习惯法与藏族同胞血肉相连，凝结着藏族同胞的独特的民族心理和思想。因而必须通过吸收藏族习惯法的精华，弃其糟粕，在西藏达到表层和深层次的法律文化的统一，才能真正地实现法治。

吸收藏族习惯法本土化有益的资源，有益于西藏的法治文化建设，方能促进西藏法治建设。而"寻求本土资源，注重本国的传统，往往容易被理解为从历史中去寻找，特别是从历史典籍规章中去寻找。这种资源固然重要，但更重要的是要从社会生活中的各种非正式法律制度中去寻找。研究历史只是借助本土资源的一种方式。但本土资源并非只存在于历史中，当代人的社会实践中已经形成或正在萌芽发展的各种非正式的制度是更重要的本土资源"②。藏族习惯法本土化有益资源的内容：

第一，藏族习惯法中的善恶、美丑、是非观念，基本契合我国现行法律制度的价值目标和社会秩序的要求，有利于西藏现代法治文化的培养。

法律或法治的本身不可能是最终意义上的答案，而是为了实现一个更高目的的手段。没有人会为了法律而制定法律，法律的制定一定是为了（至少是某些人的）幸福、快乐、公正或其他一些人们认为值得追求的东西。③ 我国现行法律制度体现的就是维护和保障公民的权益，或者说我们追求社会主义法治就是为了实现人民当家作主的民主、平等、自由、公正等目的。也就是被称为法律制度的东西，必须追求超越特定社会结构和经济结构相对性的基本价值，即善恶、美丑、是非体现的正义、平等、公正、自由等价值。正如博登海默所言：尽管社会秩序因社会制度和经济制度的特定性质不同而呈现出不同的表现形式。一种完全无视或根本忽视自由、安全、平等等基本价值中任何一个价值或多个价值的社会秩序，不能被认为是一种真正的法律秩序。④ 藏族习惯法是历史的产物，作为一种融

---

① 吕志祥：《藏族习惯法及其转型研究》，中央民族大学出版社 2014 年版，第 4 页。
② 苏力：《法治及其本土化资源》，中国政法大学出版社 1996 年版，第 14 页。
③ 张千帆：《法律是一种理性对话——兼论司法判例制定的合理性》，载《北大法律评论》第 5 卷第 1 辑，法律出版社 2003 年版，第 73 页。
④ [美] E. 博登海默：《法理学——法律哲学与法律方法》，邓正来译，中国政法大学出版社 2004 年版，"作者致中文前言"第 6 页。

合宗教信仰、伦理道德、价值观念、行为规范的文化现象，必然有其精华和糟粕两重性。藏族习惯法是以藏传佛教的"缘起、因果论"的哲学观为理论基石。依据缘起法则，藏族人认为事情之间是普遍联系的，每个人是万事万物中很普通的一个成分，并非万物之主；其次，认为人类的活动受周围环境的影响，同时也影响着周围的环境。因此，每家每户乃至每个生命个体为了赢得自己的一个美好的生存环境，都需要对自己的身、口、意行为进行控制，都要身体力行地减少恶行，多多行善。同时还要勤奋学习人类的文明成果，最终实现美好的人生理想。因果报业理论告诉人们，每个人都可以决定自己的未来，多行善不造恶。不以恶小而为之，不以善小而不为。①虽然藏族习惯法深受藏传佛教影响，但是藏族习惯法已经深入藏族人民的生活和行为理念之中，它在客观上宣扬的善恶、美丑、是非观念在一定程度上契合现代法治文化的精神因素。例如，藏族习惯法所倡导和保护的众生平等、普爱有情、公平买卖、诚实守信、不杀人、不杀生、不奸淫、不偷盗、孝敬父母等，这有利于藏家儿女秉承博爱精神、追求正义、爱好和平、爱法守法、友爱相处、保护环境，有利于藏区社会稳定和谐。我们要实现法治西藏，推行依法治藏，就要吸收藏族习惯法符合法治精神的文化因子。通过法治文化建设，吸收藏族习惯法文化优秀因子。藏族习惯法是藏族人民在长期的生活和生产实践中经验的总结和智慧的结晶，它已经深深影响着藏族人民的生活、行为规范和价值追求。"自由、安全和平等诸价值，植根于人性的个人主义成分之中。自由感驱使人类去从事那些旨在发展其能力和促进其个人幸福的有目的活动。人类痛恨那些没有正当理由便破坏上述目的对自由的限制。追求安全的欲望促使人类去寻求公共保护，以抵制对一个人的生命、肢体、名誉和财产所为的非法侵犯"，"对平等的要求则促使人类同那些根据合理的、公认的标准必须被认为是平等的待遇但却因法律或管理措施所导致的不平等待遇进行斗争。它还促使人类去反对在财富或获取资源的渠道方面的不平等现象，这些现象当时是那些专断的和不合理的现象"。② 在科学技术突飞猛进的今天，藏族佛教影响之下的藏族习惯法秉承"博爱众生"的精神和主张正

---

① 索南才让：《藏传佛教对藏族传统习惯法的影响研究》，民族出版社 2011 年版，第 59—65 页。

② [美] E. 博登海默：《法理学——法律哲学与法律方法》，邓正来译，中国政法大学出版社 2004 年版，"作者致中文前言"第 6 页。

义、爱好和平、追求幸福的精神，为普通藏族民族铸造了精神家园，对藏族社会交往中建立良好的人际关系、对藏族聚居区的秩序稳定和法治文明建设有积极的意义。① 藏族习惯法以藏传佛教的善恶、慈悲、美丑、是非观念现实的影响和支配着藏族同胞的思想和日常行为。通过审视对藏族传统习惯法具体内容、价值观念及功能，作为藏区社会生活中的"活法"或"实在法"，它对普遍社会基本价值、伦理道德的支持和维护与我国现行法律制度所追求的价值目标有基本一致的地方。我们应该吸取藏族习惯法合理的文化因子，用现代的法治文化指引人们，用法治之下现代科学的法律制度体现出符合藏族人民心理需求和价值观念及法律思维相符合的且是现代法治体现出来的价值追求。虽然社会制度和经济制度不同呈现出不同的秩序表现形式，但是对人类社会基本价值（自由、平等、安全、正义等）的追求是一致的，都是实现社会和谐稳定发展的法律秩序。

第二，藏族习惯法中生态环境保护的文化资源，不但有利于西藏生态环境的保护与可持续发展，而且有益于西藏法治文化建设。

世界第三极的雪域高原，由于特殊的地理位置和气候条件，形成了如学者甘措先生所言的以高寒农作物青稞为代表的农业和以高原牦牛为代表的畜牧业经济基础上形成的独特的宗教性和道德性结合的法律模式。藏族同胞在长期历史实践中，已经深深懂得高原生态环境的脆弱和自然资源的珍贵。藏族习惯法的哲学基础就是藏传佛教的思想，崇拜大自然，奉行佛教的生死轮回的因果论、信守不杀生的戒律，而且藏族同胞身体力行"天人合一""众生平等""博爱众生""诸恶莫作，诸善奉行"。藏族的生态文化是藏族传统文化的重要组成部分，而有关习惯法规范则是其精髓所在。② 因此在宗教信仰的精神与藏族习惯法法律规范的合力作用下，形成了藏区良好的生态保护文化。藏族习惯法中有关生态环境的规定及其实施，保护了藏区良好的生态环境。近代藏族部落习惯法有对土地的保护例如农田的歇地，禁止采矿、挖药、挖渠。对破坏行为处以严罚，例如莫坝部落规定：引起草山失火者，罚其全部财产的三分之二；西藏当雄宗规定：失火烧草原者属大案，罚款很重，一马步罚 1.5 块银元；③ 有草原轮

---

① 索南才让：《藏传佛教对藏族传统习惯法的影响研究》，民族出版社 2011 年版，第 85 页。

② 华热·多杰：《浅谈藏区环保习惯法》，《青海民族研究》2003 年第 7 期。

③ 张济民：《青海藏区部落习惯法资料集》，青海人民出版社 1993 年版，第 19 页。

牧及迁居的规定，如若不按规定的时间更换牧场与搬迁将受到罚款、罚打或没收财产的制裁；受佛教不杀生的戒条约束，规定了许多有关自然保护的内容，如规定不准伤害山沟里除野狼以外的野兽、平原上除老鼠之外的生物，违者皆施以不同的惩罚。有些藏区甚至规定不准伤害有生命的东西。受这些习惯法的影响，积极保护牲畜和野生动物、保护大自然，在藏族民间已经成了一种自觉行动，因此，藏族地区有很多的神山圣湖、风景优美的地方，做到了人和自然的和谐。① "因而任何社会，它有秩序就是因为在相互的基本共识和强制约束力之间找到了一种平衡，这种平衡的打破将会带来社会的失序状态。这类平衡的建立是与社会的生产方式密切相关的"，"对于一个以农耕和种植为主业的社会来说，需要的是强有力的约束机制，从而保证相互的利益不受侵害"，因此"一个社会的价值决定着一个社会秩序建构的方式"。② 藏族习惯法中有关生态环境的规定，早已随着宗教的信仰和法规的双重约束、潜移默化，成为了藏族同胞的思想、行为和日常生活习惯的一部分，造就了天人合一、人与自然和谐相处的雪域高原的自然生态环境的良好秩序。在藏族同胞心目中形成了关爱自然，爱惜生命，保护动植物、河流水源、草地、林地、大山，珍爱每一寸神圣的土地的生态环境习惯法文化。藏族牧区传统生态习惯法文化体现了以尊重自然生态规律为根本原则，与宗教文化相互渗透、相互建构，内容体系以保障自然生态资源永续利用为宗旨，具有完整性、体系化的特质。③ 我们应该充分认识到藏族习惯法中有关藏区生态习惯法文化的优秀资源。在西藏法治建设的进程中，积极充分地吸收作为地方性知识的生态习惯法文化的合理经验，如动植物的保护、林场草地的保护、歇地、禁牧、休牧、轮牧、河流湖泊保护，等等，将其合理科学吸收之后，整合到西藏法治文化建设之中，并将习惯法关于生态环境保护的合理内核整合到国家法的规范体系之中，这样既使得传统习惯法的习俗、理念和行为合理化、延伸化并规范化为现代法治下的国家法的权利义务法律关系，又能在西藏甚至包括其他藏区的生态环境保护与建设之中取得传统习惯法无力可

---

① 牛绿花：《少数民族习惯法：构建西部和谐社会的法治源泉——一种法律人类学的阐释》，载《武汉科技大学学报》（社会科学版）2009年第2期。
② 赵旭东：《法律人类学研究与中国经验》，北京大学出版社2011年版，第73页。
③ 常丽霞：《藏族牧区生态习惯法文化的传承与变迁研究——以拉普楞地区为中心》，民族出版社2013年版，第188—192页。

及的生态保护效果,实现生态良好的秩序和生态正义价值追求。

第三,藏族习惯法中纠纷调解文化,有利于西藏法治和法治文化建设。

"秩序是社会的常态,失序和混乱往往是社会的突发事件,如何消解社会的突发事件,从而使原有的有序社会常态重新浮现出来,则在各个社会之间存在很大的差异"①。法律在某种意义上是对秩序和公正的追求。一般而言,人受到清晰的规则的制约,社会才会有秩序。藏族习惯法也不例外,它也追求和注重于当时藏区社会秩序的安定。深受藏传佛教和藏区政教合一制度的影响,藏族习惯法曾被作为主流文化被藏族民众一直信守、推崇和沿袭。借助中间人的调解方式是藏族习惯法的一种解决纠纷方式,深深扎根于藏族民众的意识、行为和心理中。

所谓的藏族习惯法中的调解,是指发生纠纷的双方当事人借助于中间人来解决纠纷的一种方式或者机制。而中间人充当的是和事佬的角色,他不会对其中任何一方产生强迫性的影响。一般在乡村社会中,中间人都是由经验丰富、值得信赖、能说会道的独立于当事人的第三方来充当。在藏族习惯法中,在纠纷调解的过程中,一般由活佛僧侣、部落头人、首领、部落长者或者亲朋好友等充当中间人。藏族习惯法调解适用的一般有容易诱发部落或者群体性的草山纠纷、牧场纠纷、婚姻家庭、商品交易、盗窃、故意伤害、杀人等纠纷,但不适用等级制度严格的活佛僧侣、土司、头人等上层统治者。我们不难看出,藏族习惯法中调解民事和刑事案件都有。藏族习惯法作为一种隐性的秩序,时至今日,仍然能看到其在现实生活中的身影。究其原因,我们不难看出调解纠纷解决机制有其合理性的一面,有优秀的法文化资源。正如霍姆斯所言:"任何时代的法律,只要运作,其实际内容就几乎完全取决于是否符合当时人们理解的便利;但其形式和布局,以及能在多大程度上获得所欲求的结果,在很大程度上则取决于其传统。"② 从理论上来说,调解具有以下作用:对复杂的社会进行微观调节、减少正式法律制度的负担、缓和政府由于手段贫乏而形成的结构性压抑感、追求一种社会性实质正义。③ 藏族习惯法中的调解纠纷解决机制,之所以能长期存在而且历久弥新,就在于以下几方面的原因:其一,

---

① 赵旭东:《法律人类学研究与中国经验》,北京大学出版社2011年版,第74页。
② 苏力:《送法下乡——中国基层司法制度研究》,北京大学出版社2011年版,第173页。
③ 史长青:《调解与法制:悖而不离的现象分析》,《法学评论》2008年第2期。

藏族习惯法的调解纠纷方式体现了秩序与效率的价值。在藏区宗教关系、地缘关系、血缘关系、部落关系构成了该社会中的最基本的关系，这也就决定了在藏区这个特殊地域的社会环境，藏族习惯法为了保证社会成员能更好地生存、发展，同样具有追求社会秩序安定的价值。因此在社会成员出现纠纷之后，当事人优先选择调解解决纠纷，而不是诉讼。因为在藏民族已经结成的熟人社会里，在藏族民众深受宗教文化的教育与影响的佛教文化背景之下，当事人力求采取调解的方式以谋求纠纷的解决。如此一来，一般不会扩大和制造矛盾，有利于双方弥合裂痕，化解冲突。正是藏民族追求和合的思想，藏族习惯法偏重于构建和维护秩序的价值取向，奠定了藏民族习惯法纠纷解决机制中调解优先适用的心理基础。此外，藏族习惯法中调解纠纷解决机制也是追求效率价值的体现。纠纷出现以后，当事人在通过调解极力修复人际关系的同时，还要力求效率。因为处在纠纷之中的当事人谁都不愿长期为纠纷所羁绊而不能自拔，总是努力寻求尽快从劳神费心、耗时耗财费力的纠纷中得以解脱的途径。毕竟当事人是纠纷处理结果的最终承担者，是对纠纷解决中利益得失最为关注的人，而纠纷解决中的利益不仅表现为财产上的增减，也包括道德评价，以及生理上、精神上的成本投入。调解纠纷解决机制中程序简单、结案快的特点与当事人谋求尽快达到"案结事了"的内心祈求不谋而合，这成为藏民族习惯法中调解优先适用的制度基础；① 其二，藏族习惯法调解纠纷的优点。藏族习惯法调解纠纷的机制能解决相对于国家法的成本高昂问题，实现高效率、低成本。藏族民间调解作为当地习惯法的重要组成部分，有其深远的历史和宗教原因和复杂的现实根源，藏区的地理环境、经济文化条件决定了民间调解有其合理之处。藏族习惯法在调解纠纷过程中运用的是社会成员熟悉的乡土宗教伦理道德规范、风俗习惯等，所以符合乡土社会成员熟悉且能接受的日常生活性、地方性知识的内在逻辑。所以纠纷调解过程，也是用道德与情理帮助当事人进行反省的过程，对公共道德和社区共同体的塑造具有极其重要的意义；其次，与诉讼的对抗性相反，藏族民间调解具有鲜明的合作性，能够帮助当事人治疗冲突的创伤，恢复和谐关系。调解是调解者促使当事人双方达成一个在一定程度上自愿接受的协议的过

---

① 后宏伟：《藏族习惯法中的调解纠纷解决机制探析》，《北方民族大学学报》（哲学社会科学版）2011年第3期。

程，本质上是一种合意。可以避免因不服结果而发生仇杀等。第三，从程序上看，民间调解具有主动性、便捷性、灵活性，有利于及时解决纠纷。在调解过程中，调解人完全可以依据当事人双方在时间、地点上的要求，灵活安排调解，最大限度地满足当事人的要求；① 其三，藏族习惯法调解纠纷机制能得以实施有强大的力量维系。首先，藏族习惯法作为地方性知识的载体，具有一定的强制力。如果当事人去调解或者不按调解达成的协议，就是会受到一定的惩罚或者威胁；其次，乡土社会权威人士强大力量产生的影响。在乡土社会中，民间权威人士是一种强势的力量。藏族群众对民间权威的公开承认或者默示同意以及对传统规则的信仰，加强了其在纠纷解决过程中的影响力。在调解过程中，民间权威与社会、当事人之间进行着利益交换。调解成功之后，对社会而言，社会秩序得以维护，稳定局面得以确保；对当事人而言，双方当事人纠纷在可接受范围内得以和平解决；对调解权威而言，社会地位得以提升，可谓皆大欢喜；② 再次，社会成员对调解机制的认同。藏族的每位社会成员，自小便受到传统伦理道德的教育和佛教文化的熏陶，懂得大逆不道、伤风败俗会遭报应，亵渎神灵会受到惩罚。所以，在社会化过程中，藏族民众内心对藏族习惯法产生了认同，当然包括调解纠纷解决机制。因此，藏族习惯法中调解机制成为社会成员共同遵守的行为准则和法律观念；最后，公众舆论、社会谴责、羞辱讥笑、阴间冥罚、个人自律的心理均能维护习惯法的法律尊严，对纠纷当事人产生强大的压力。

作为民间纠纷解决机制的调解，是特有的东方经验。在雪域高原的藏族人民，历经历史沧桑和社会实践，形成了反映藏族传统的宗教观、价值观、人生观、道德观和法律观的藏族习惯法。在藏区发生各类矛盾冲突的时候，藏族习惯法成为首选。调解纠纷机制，对维护藏区正常的生产秩序、社会秩序和集体及个体的利益，发挥了不容置疑、不可低估的作用。藏族习惯法作为一种文化现象，我们应该汲取藏族习惯法调解机制的优秀文化资源，融合到现代西藏法治文化建设之中。我们应该认识到西藏乡土社会中自发的调解秩序的适应性和存在的合理之处。因

---

① 王玉琴、德吉卓嘎、袁野：《藏族民间调解的脉动》，《西藏大学学报》（社会科学版）2011 年第 4 期。

② 后宏伟：《藏族习惯法中的调解纠纷解决机制探析》，《北方民族大学学报》（哲学社会科学版）2011 年第 3 期。

此，我们应该汲取其调解的优秀资源文化，融入现代社会主义法治下的调解机制中。例如，我们适应并顺应西藏群众长期形成的对调解纠纷机制的认同心理，把群众信赖民间人士包含宗教人士在内纳入基层调解组织建设之中。通过对调解人员进行现代社会主义法律、法规及相关政策的培训，形成法治理念下的调解理念和方式。形成基层组织的人民调解如乡、村和社区人民调解委员会的组织建设，司法中诉讼调解，政府机关中乡镇的司法所、派出所的调解等多位一体的调解机制。通过西藏法治的建设，整合利用藏族习惯法中优秀有益的资源，规范调解的范围、调解活动的程式、赔偿的标准，把以往传统的调解活动引入到现代法治化、规范化、制度化、合理化的轨道上。通过结合我国法律法规和法治建设的情况，理顺西藏民间调解机制，使其在法治轨道上，发挥其原有的调解功能，维护法律的权威与统一。

总之，藏族习惯法是历史的产物，它融合了藏族民众传统的价值观、道德观、宗教观、人生观和法律观。藏族习惯法作为一种文化资源，有其合理优秀的部分。我们应该珍视这种优秀的文化资源，融合到西藏法治的建设之中，形成现代法治文化，从而为西藏的社会稳定、民族团结、实现跨越式发展奠定良好的基础，推动西藏法治建设和长治久安。

(二) 藏族习惯法的弊端——西藏法治文化建设的障碍

根据马克思、恩格斯的文化观：文化作为上层建筑组成部分之一，它在一定的经济基础上产生并被该经济基础所决定。马克思指出"必须从物质生活的矛盾中，从社会生产力和生产关系之间的现存冲突中去解释"① 作为上层建筑组成部分之一社会意识形态。文化属于上层建筑的一个部门，又是社会意识形态的一种形式。一切观念形态的东西都不是凭空产生出来的，它是整个人类社会生产生活在人类意识中的反映，并受物质生活的生产方式制约。文化随经济基础的变更而发生变化，文化作为上层建筑中的意识形态形式之一，在适应经济基础变革的过程中常常表现出较长较复杂的特点。文化具有现实性、开放性和跨越性的特征。马克思恩格斯文化观的出发点是"现实的个人"，即现实的个人的活动及其所创造出来的物质生活条件。文化具有开放性：文化作为一种社会历史现象，其发

---

① 中共中央马克思恩格斯列宁斯大林著作编译局：《马克思恩格斯选集 (二)》，人民出版社 1995 年版，第 33 页。

展必然要受到多种因素的制约。例如，一定的社会历史条件、人的实践能力和实践方式、自然地理条件，等等。文化受多种因素制约，因此促进其发展的因素也是多元的，具有远大前途的文化必须是开放的。根据唯物史观，社会物质资料的生产方式是文化形成和发展的决定性条件。但是文化传统、政治制度、统治阶级的素质、意识形态等上层建筑因素，都会对文化的发展产生直接的影响。文化具有跨越性：在人类文化发展史上，存在着落后地区向先进地区学习并实现跨越发展的可能性。[①] 藏族习惯法是历史的产物。它既有宗教信仰、伦理道德、乡规民约、风俗习惯的诸多成分，又有吐蕃和西藏地方政府时期所颁布的法律政令的遗存。它集中反映了藏族传统的法律文化和法律观念，是藏族传统文化的有机组成部分。回归西藏的历史，我们不难看出"西藏政教合一制度内部的根本缺陷是：一方面，宗教至上被人们普遍接受；另一方面，在什么是对宗教有益的界限上往往各抒己见，争论不休"，"由于西藏力图适应20世纪日新月异的形势，所以宗教和寺院就成为西藏社会进步的沉重桎梏"。[②] 因此，藏族习惯法作为一种文化，必然有其精华地方也有其糟粕之处。当且仅当一个民族的传统文化与现实主体文化的本质和发展方向相一致时，此传统文化才能成为这个时代社会文化的有机组成部分。更何况在我国进入现代化和建设法治进程中，经济基础早已发生变化，传统藏族习惯法文化也要去其糟粕，实现文化的开放性和跨越性的融合发展。否则，会阻碍西藏法治建设，破坏西藏法治文化建设，延缓西藏的文明进步与发展。

藏族习惯法对西藏法治文化建设的消极影响主要体现在以下几个方面：

第一，藏族习惯法不符合现代以人为本的法治思想。

当代法治建设的终极价值在于以人为本，通过以人为本的法治观念、以人为本的立法精神、以人为本的执法理念等方面体现出来。藏族习惯法深受藏传佛教的影响，以藏传佛教的缘起论、因果报应论等作为其哲学基础。藏传佛教的核心思想体现的是人生来就是苦难的，在人的一生中会有许多困苦，甚至有一些痛苦是与生俱来的。只有通过佛法，

---

① 孙代尧、何海根：《马克思恩格斯的文化观及其当代价值》，《理论学刊》2011年第7期。

② [美] 梅·戈尔斯坦：《喇嘛王国的覆灭》，杜永彬译，中国藏学出版社2005年版，第33—34页。

乞求和皈依"佛、法、僧三宝",才能免除痛苦。按照神学提供的途径和方式,为来世积德行善,积累资粮,精修学习,达到尽善尽美的理想境界。藏族习惯法就是藏传佛教的法律化、制度化的体现的一个方面。既然宗教使得藏族民众认为一切都是前世命中注定,并把精力和心思放在投入超度来世,这对藏族社会的物质文明生产、科技发展产生了消极的影响。藏族习惯法维护了落后、保守的封建农奴制度。虽然藏族习惯法承认人的基本权利并对其进行必要的保护,但与以人为本相距甚远;藏族习惯法中也存在着"私法"规范,但与体现私法精神的"真正的私法"相距甚远,与身份平等、意思自治、权利神圣的私法精神相距甚远。① 藏族习惯法作为一种规范体系,以其特有的强制性和威慑力,以权利、义务为构架,将藏传佛教文化内化为最高的精神支柱。现实生活越是艰难困苦的藏族民众,对宗教信仰越是狂热,为了求得来世,对寺庙越是慷慨。正是在这种非理性的宗教思维下,藏族习惯法维护着封建农奴制度残酷的统治。作为社会主体的农奴处于被奴役的状态,毫无自由财产而言,更无自由、尊严可言。只在宗教信仰的精神上寄托着。因此,抹杀了社会物质财富生产的人的价值。"所以,虽然从某种意义上来说宗教是西藏政治中的一种和谐的力量,但是它又是一种导致分裂和纷争的力量。各种宗教集团为了扩大自己的声势和影响,展开了激烈的竞争和角逐……而且,僧众的群体观念和年复一年的法事庆典,导致寺院不断寻求更多的土地和捐赠……由于西藏力图适应20世纪日新月异的形势,所以宗教和寺院就成为西藏社会进步的沉重桎梏。"② 藏族习惯法也是紧紧围绕着藏传佛教的信仰和政治发挥作用,积极维护封建、专制的黑暗农奴统治。藏族习惯法抑制了现代以人为本的思想的形成,对西藏法治文化建设有一定的消极影响。

第二,藏族习惯法在一定程度上具有排他性和保守性,不利于文化的交流。

藏族习惯法基于藏区特殊的地理环境和藏传佛教宗教的信仰,形成了特色鲜明的一种制度性的文化。虽然它以权利义务为核心,通过其特有的强制力和公众舆论、社会谴责等威慑力,将宗教习俗、道德伦理、文化观

---

① 吕志祥:《藏族习惯法:传统与转型》,民族出版社2007年版,第153页。
② [美]梅·戈尔斯坦:《喇嘛王国的覆灭》,杜永彬译,中国藏学出版社2005年版,第34页。

念等构成藏族社会成员共同遵守的法律制度和行为准则。虽然藏族习惯法把藏传佛教思想通过内心体验化为实践生活中的行为规范，具有藏族文化的传承功能，但是藏族习惯法体现出一定程度的排他性和保守性。因为藏族习惯法作为藏族自我联系的内部纽带，它在强化藏族群体的内部关系、加强藏族的民族凝聚力的同时，也强化了藏族与其他民族之间的差异，在一定程度上妨碍了藏族与其他民族（主要是非佛教信仰民族）之间的相互认同和交往。例如，藏族习惯法将"金刚兄弟"作为自己进行民族认同的一项重要的标准；往往以宗教信仰作为划分"你我"、区别"内外"的条件；不同教派之间的排斥；等等。① 藏族习惯法本身固有的排他性和保守性，导致了藏族与其他民族、藏族与其他非信教民众以及不同教派和不同教派信教的群众之间的分歧、排斥、对立甚至冲突。这些因素都不利于文化的交流和民族的团结，影响社会的安定和团结。历史证明，如果一个社会的文化封闭、保守且孤立地发展，就会阻碍这个社会的发展，延缓社会的文明，甚至导致这个社会的落后乃至分崩离析。因此，藏族习惯法作为一种文化现象，自身存在着排他性和保守性，会影响藏族传统文化的传承与发展，更会影响到西藏法治文化的建设。

第三，人治为主，等级制度严格，不符合平等、正义和自由的现代法治精神。

旧的藏族社会实行政教合一的封建农奴制度，是典型的人治社会。维护此社会制度的藏族习惯法表现出来的是典型的人治特色，在法律面前并非人人平等。在实行政教合一的社会里，位于阶级等级塔顶位置的开始是吐蕃王朝的赞普，后来被喇嘛活佛所代替。到了 20 世纪前 50 年的时候，西藏统治者形成了达赖喇嘛、三大寺和僧官的宗教统治集团和封建庄园主统治集团。农奴是处于被奴役和统治的地位，毫无自由、尊严和财产可言。藏族习惯法是诸法合体，而且各独立法之间没有明确的界限，又由于保留了大量的原始残余，使各法律、法规仍处在一种富有弹性而显得并不精致的状态下。如此一来，统治者和主持审判者利用诸法合体、实体诉讼不分、伦理道德与习惯法及成文法相混淆的空隙，拥有很大的自由裁量权，在案件的审判裁决上往往以自己的意志来代替法

---

① 索南才让：《藏传佛教对藏族传统习惯法的影响研究》，民族出版社 2011 年版，第 95—96 页。

律的裁决。尤其在藏区的部落制社会中,因为没有专门的司法机构,所以往往都是由部落头人或实行政教合一体制的寺院僧官主持诉讼与判决。① 所以这种裁量的随意性和主观性很强,藏族习惯法带有浓厚的人治特色。藏族习惯法极力维护封建农奴的等级制度。对大多数农奴来说,出生时就决定了农奴地位。藏族习惯法反映出均有严格的等级制度。将人分为上中下三等,每等人又分上中下三级。达赖、活佛、贵族为上等人,商人、职员和牧主为中等,农奴和奴隶为下等之类的划分。不同等级的人,有不同的物质财富标准和权利的范围以及不同的量刑标准。以下犯上的,严惩不贷;对以上犯下的,按规定处罚较轻或者免除处罚。藏族习惯法体现了封建农奴制度下,法律文化的人治和等级特色;反映了农奴等被统治者毫无法律保障的权利可言,天生就得接受不平等、毫无自由、更无权利和尊严可言的事实。因此藏族习惯法这一消极的一面,与现在社会主义西藏下的法治文化建设所要求的自由、平等、正义和法律保障的尊严、权利格格不入。

第四,轻视妇女权益保护。

在藏族习惯法中,妇女的地位有时虽然与其他社会人一样,但总的看来,仍处于被支配、受歧视的地位。只有作为母亲并有子女奉养时才受人尊重。在同一个等级中,妇女的法律地位和社会地位又低于男子,特别是自己的丈夫。在藏族习惯法和成文法中都有规定:妇女的命价仅为同级男子命价的一半,这进一步限制了妇女的法律地位和社会地位。在藏族习惯法中有歧视妇女、限制妇女从事社会或政治活动的明文记载,由此可见妇女不论在社会上还是家庭中都处在夫权之下、被支配之下,无平等可言。② 在旧西藏一切部落政治集会、社会活动,都没有她们参与和说话的权利。藏兵和牧主滥肆强奸妇女的恶行无处控告。牧区部落无论是娶妻还是入赘家庭,都以男权为大。部落公职无一女子担任,妇女不能参加部落会议,没有受教育的权利,普遍认为她们能做好分内的牧活、能传宗接代就行了。非婚生子女常常由女方来抚养,除了罚男方给女方一头奶牦牛或几只绵羊外,男方既不受任何道德的谴责,也很少承担子女今后经济上的赡养义务,致使单身母亲们往往生活在社

---

① 杨士宏:《藏族传统法律文化研究》,甘肃人民出版社 2004 年版,第 233—234 页。
② 杨士宏:《藏族传统法律文化研究》,甘肃人民出版社 2004 年版,第 234—235 页。

会的最底层，孤身承担着沉重的赡养子女的责任。旧西藏的牧区，日常生产和生活中歧视妇女的禁忌很多。① 此外，对淫乱行为的惩罚，各个部落都有相关的规定。譬如，藏北当雄部落对强奸幼女或破坏他人夫妻关系被控属实的要重罚，罚金视被告人的财产而定。但是由于藏区受传统观念的影响，藏族习惯法一般对随意侵犯妇女权益的行为采取不告不理的原则。② 正是由于这种传统的习惯法文化影响形成的观念，旧西藏妇女社会地位低下，命运悲惨，深受政权、神权和夫权的统治压迫。她们无参政议政权，没有经济支配权，无婚姻自主权，无受教育的权利，处于从属地位，严重影响着藏区妇女权益的保护。尽管西藏自治区分别于 1981 年和 2004 年制定变通条例，将《中华人民共和国婚姻法》规定的男女法定婚龄分别降低两岁，并规定对执行变通条例之前已经形成的一妻多夫和一夫多妻婚姻关系，凡不主动提出解除婚姻关系者，准予维持。结婚、离婚必须履行登记手续。对非婚生子女生活费和教育费的负担，应按中华人民共和国婚姻法第十九条的规定执行。改变全由生母负担的习惯。而且在经过三次修正实施的《西藏自治区实施〈中华人民共和国妇女权益保障法〉办法》中明确规定了保护妇女政治权利、文化教育权益、劳动和社会保障权益、财产权益、人身权利、婚姻家庭权利及违反要承担的法律责任。但是，由于传统的藏族习惯法文化观念消极的影响，包括西藏在内的现代藏区，随意侵犯妇女的权益现象较为突出。例如，重婚现象、随意侵犯妇女权益的如强奸、强制猥亵、侮辱等现象。如此下去，势必会使得妇女权益难以得到保障，严重影响未成年人的成长，导致社会秩序处于不稳定状态。因此，在西藏现代化法治的建设进程中，这种藏族习惯法文化消极的弊端必须剔除。建设西藏法治文化，必须消除这种违反人性、以人为本的消极观念，而是培养懂得维护妇女权益、文明的、守法的、理性的、合乎现代道德的法治文化。

第五，赔命价的弊端影响。

事物都有其两面性。藏族习惯法中的赔命价有其可取的合理因子，但是也有其消极的弊端，与现代社会格格不入，有对立冲突的一面。赔命价作为藏族习惯法重要的内容，与我国现行的法律规定是相违背的。首先，

---

① 《民主改革以来西藏妇女社会地位变迁研究》课题组：《西藏牧区妇女社会地位的变迁——以西藏那曲地区聂荣县为例》，载《西藏研究》2010 年第 6 期。

② 吕志祥：《藏族习惯法及其转型研究》，中央民族大学出版社 2014 年版，第 111 页。

赔命价违背了我国法律的统一性，损害了国家法律的尊严与权威。新中国成立以后，尤其是1957年在广大的藏区进行了民主改革，废除了旧的法律制度，确立社会主义法律制度。赔命价与我国现行的刑法严重违背，枉然不顾国家的法律，仍按旧的习惯法的规定进行。赔命价处理的方式、程序、数额等都背离了我国刑法规定的原则、管辖规则和诉讼程序，不仅对当事人的权益有一定的损害，而且更是践踏了国家的法律，违背了国家法律的统一性，损害了其尊严与权威；其次，赔命价有助于旧势力复旧。在部分藏区，打架斗殴致人死亡之后，被害方不求助于法律手段来解决问题，而是纠集其亲戚、部落成员进行"血亲复仇"，打砸烧抢。这时，致害人方面就得请宗族、部落组织中的头面人物出面调停，赔礼道歉。因此，每一次事件的发生与处理，均为旧势力抬头提供了可乘之机。甚至一些不法分子，借此闹事、煽动。正因如此，西藏自治区人大常委会在西藏自治区第七届人民代表大会常务委员会第27次会议上于2002年7月26日通过，自公布之日起颁布施行《西藏自治区人大常委会关于严厉打击"赔命金"违法犯罪行为的决定》，打击近年来在西藏自治区少数偏远地方又相继出现的"帕措"等封建宗族势力和少数僧尼操纵、参与"赔命金"的违法犯罪活动；第三，赔命价对社会秩序的稳定造成严重的影响。赔命价的做法，对生产生活秩序都造成了冲击。不能从根本上平息纠纷，尤其是在达不到赔偿数额之时；而且不能真正地惩恶扬善，对加害人家庭无辜地遭受冲击甚至倾家荡产、流离失所。还存在着在处理赔命价过程中大吃大喝，浪费宝贵的财富的现象。这种赔命价违法行为，干预司法、损害群众利益，危害基层政权、经济建设和局势稳定；最后，不利于法治秩序的形成。尽管赔命价（包括血价在内）有不同的情况，但都干扰了司法机关的正常工作，不利于法治秩序的形成。因为存在着这种封建农奴制度法律观念，等级观念在命价上也有不同的体现，而且随着时代的发展，数额越来越高。既违背了我国法律面前人人平等的原则，也未能区分刑事责任与民事责任，脱离了对犯罪处罚的法治轨道。所以，有的案件发生后，不管司法机关如何处理，受害人亲属非要命价不可；有的被告人或其亲属为了避免报复和逃避法律制裁而主动向被害人家庭提供经济赔偿；有的案件还在办理过程中，命价已经赔偿，被告人亲属或被害人亲属到司法机关要求放人；有的受害人家庭直接向司法机关提出只要赔命价，无须其他法律制裁的要求；有的杀人、伤害案件在报案前就按习惯法调解处理了，致使司法机关取证困难或无法调查案件事实，有的案件因无法取证而不了了之。尽管我国刑法有详尽的规定，但赔命价是"你判你的刑""我赔我的命价"，甚至"刑可以不判，但命价、血价不能不赔"。这些做法严重干扰了正常的司法程序，是对国家法律严肃性的一种严重挑战。① 赔命价做法和其体现的法律文化观念，严重影响法治秩序所需要的法治文化的形成，对法治文化的建设和追求的法治秩序有着消极的障碍性的影响。因而，在西藏法治文化建设之中必须消除赔命价的消极因素。

总之，藏族习惯法作为一种地方性知识，作为一种法律文化，有其优秀的地方。"事实上，在国家大法难以完全渗透到的角落，家族法、习惯法、民间法、宗教法，或者其他风俗习惯都对建立与维持一定的秩序起到了重要的乃至主要的作用。藏族等少数民族习惯法和民间法数量众多，形式多种多样，历史悠久，特色鲜明，密切联系社会生活，服务社会生活，具有深厚的群众基础，在该族中起着相当有效的调整作用。它们的存在有其必要性与合理性，不仅需要以理性的态度对待，而且值得认真加以研究总结，因为它们最能反映中华法系本土性的特征"②。"正是由于一个社会中的现代法治的形成及其运作需要大量的、近乎无限的知识，包括具体的、地方性知识，因此，如果试图以人的有限理性来规划构造这样一个法治体系，可以说是完全不可能的。正是在这里，知识论再一次提出了利用本土资源，重视传统和习惯建立现代法治的必然性"。藏族习惯法优秀的法文化因子，将成为对西藏法治及法治文化建设有益的本土资源。③ 但是，事物都有两面性。按照马克思主义唯物辩证法原理，任何事物都是一分为二的。事物自身固有的矛盾的两个方面既对立又统一，推动着事物的前进运动。一切事物都是处在这一对立统一的运动过程中。只要是一种文化，必然既有其精华的东西，也有其糟粕的东西。放眼世界，回溯历史，世界上没有哪一种文化能够在封闭、孤立、落后的状态下独立发展和繁荣。当且仅当一个民族的传统文化与现实主体文化的本质和发展方向相一致时，此传统文化才能成为这个时代社会文化的有机组成部分。社会成员才能认同、保护、发展、繁荣此传统文化。否则，封闭排斥、故步自封，

---

① 吕志祥：《藏族习惯法及其转型研究》，北中央民族大学出版社2014年版，第110页。
② 隆英强：《社会主义法治建设与藏族法律文化的关系研究》，中国社会科学出版社2011年版，"序"第1—2页。
③ 苏力：《法治及其本土化资源》，中国政法大学出版社1996年版，第6、19页。

此传统文化必将难以根植、融入于这个时代的文化之中，成为文明和进步的障碍。因此我们应该看到和剔除藏族习惯法中消极、落后的法律文化。我们在建设西藏法治文化的过程中，应坚持开放融合的文化理念，吸收一切文化精华，摒弃糟粕，才能加快西藏法治文化建设的发展，促进法治西藏的建设，加速西藏法治文明的进步。

第四章　西藏法治文化建设的困境以及对长治久安的影响

法治作为人类社会治理的一种理想，已经成为当今世界最突出的治理模式。古今中外仁人志士一直都在探寻法治真谛，"但是，各类文明传统、各个民族国家都在不同程度上具备法治的历史文化基础。也因此，一种文化、一个国家总归顺着自己的脉络、使用自己的语言、根据自己的实际、通过自己的创造，来养成一种可以称作'法治'的道理"①。在中国进入了建设法治国家、法治社会、法治政府三位一体的法治建设新阶段，西藏的法治建设必然成为历史的趋势和使命。

罗尔斯认为一个社会要想获得稳定性，必须具备以下三个条件：第一，在该社会中，所有人都接受相同的正义原则；第二，人们相信，这个社会的基本政治制度、经济制度和社会制度满足了这些正义原则；第三，这个社会的全体公民具有正义感，认为该社会的基本制度是正义的，并能够按照其基本制度行事。一个民主社会要想保持长治久安，必须获得该社会绝大多数公民的实质性支持。② 由此可见，社会的稳定性依赖于全体公民思想上的统一，依赖于在社会基本制度问题上取得共识。没有思想上的统一和共识，稳定性是难以实现的。③ 法治文化建设的战略性不言而喻。脱胎于政教合一的封建农奴制统治之下人民毫无自由可言的西藏，已经在党的领导下，励精图治，脱胎换骨，发生了翻天覆地的变化；经过半个多世纪的发展，西藏实现了社会主义制度，西藏人民获得了自由、平等和尊严，充分享受着现代文明的正义成果，正为建设团结、民主、富裕、文明、和谐的社会主义新西藏而团结奋斗。但是在西

---

① 夏勇：《文明的治理——法治与中国政治文化变迁》，社会科学文献出版社2012年版，第52页。
② John Rawls, *Political Liberalism*, New york: Columbia University Press, 1996, p.35, 38.
③ 姚大志：《打开"无知之幕"——正义原则与稳定》，《哲学文化》2001年第3期。

藏法治建设、依法治藏的历史进程中，一方面，我们必须正视达赖集团及其反华势力的分裂活动及其造成的严重影响：达赖集团及其反华势力混淆视听，制造了西藏和平解放以来的历次骚乱和2008年拉萨的"3·14"打砸抢烧事件，与西藏人民追求正义与幸福的道路背道而驰，严重影响着西藏的稳定、发展与长治久安；另一方面，我们不得不直面我们在西藏法治文化建设中存在的问题。没有法治文化取得思想上的统一和对西藏法治建设的共识，法治西藏难以实现，更无西藏的长治久安可言。只有获得西藏民众对法治文化的认同，并内化为行为的指导，才能获得牢固、稳定的内生性力量，进而才会顺利推进法治事业，实现西藏的长治久安。

虽然西藏经过60多年的发展，已经取得了历史性的巨大成就。但是与法治西藏的目标相差甚远。旧西藏的宗教所形成的人民盲目服从的、非理性的意识形态和宗教文化，在短期内很难改变。它有历史的惯性，有一个与现代文明相融、解构及建构的过程。藏族习惯法的消极因素，会影响到西藏的法治和法治文化的建设。现代的法治文化与西藏民众之间心理的陌生与不适问题，带来现代法治在西藏的建设障碍。在推行法治教育过程中，我们还存在这样那样不完善的地方，等等。这一系列的问题都会影响到法治文化建设的效果，进而影响到西藏的法治建设和长治久安。因此，课题组通过实地调查、观察与访问、问卷调研以及和一线工作的课题组成员的田野调查等方法，研究西藏法治文化建设的困境，分析其对西藏长治久安的影响。这将有助于实现团结、民主、富裕、文明、和谐的社会主义法治西藏的目标。

第一节 西藏法治文化建设的困境

建设西藏法治文化根本目的是为了实现法治西藏，通过依法治藏维护西藏的稳定、发展与长治久安。按照马克思辩证唯物主义认识论：事物的现象与本质之间存在着矛盾。我们必须要透过事物的现象看到事物的本质，即抓住事物的规律性的东西。这样才能真正认识到客观事物的真面目。因而，我们认识和检讨西藏法治文化建设的困境现象，就是为了去除障碍性因素，更好地把握建设西藏法治文化的本质，推动西藏法治文化建设事业的发展。

一 缺乏全区、系统性的法治文化建设战略规划

（一）法治文化建设战略规划是一项意义重大、具有战略性的工程

西藏的长治久安、社会的稳定与发展，事关中华民族的福祉。西藏的兴衰，法治文化战略是关键。英国军事思想家李德哈特的名言说：欲求安全必须研究战略。战略，简而言之，就是指导、决定全局工作的方针、原则和计划，即目的与手段、实力与意愿、目标与资源相结合的过程。[①] 如果战略无知，导致灾难性的后果。党的十七届六中全会就审时度势、高瞻远瞩地提出了文化强国战略，并指出要充分认识推进文化改革发展的重要性和紧迫性，更加自觉、更加主动地推动社会主义文化大发展大繁荣。指出文化在综合国力竞争中的地位和作用更加凸显，维护国家文化安全的任务更加艰巨，增强国家文化软实力、中华文化国际影响力的要求更加紧迫。当代中国进入了全面建设小康社会的关键时期和深化改革开放、加快转变经济发展方式的攻坚时期，文化越来越成为民族凝聚力和创造力的重要源泉、越来越成为综合国力竞争的重要因素、越来越成为经济社会发展的重要支撑，丰富精神文化生活越来越成为我国人民的热切愿望。自提出依法治国战略到党的十八届四中全会以来，习近平总书记关于"法治中国"最核心的思想是：提出了法治中国建设的新目标，即新时期集法治国家、法治政府和法治社会为一体的法治建设新目标；法治中国建设的新路径，即坚持依法治国、依法执政、依法行政共同推进，坚持法治国家、法治政府、法治社会一体建设；法治中国建设的新方针，即科学立法、严格执法、公正司法、全民守法；法治中国建设的新方法，即法治思维和法治方式。而法治文化，既承载着法治的梦想和精神，又传递着法治文化的价值与维护国家统一和安全的理念。西藏是维护国家统一、反对分裂和民族团结重要的前沿阵地，更是我国安全的重要屏障。思想文化领域的斗争是反分裂的重要战场。什么样的文化占据主导不但关系着西藏的法治建设进程、稳定和长治久安，更关系着国家统一与国家文化安全。因而西藏法治文化建设承担着法治西藏的建设和长治久安的历史使命，肩负着反对分裂维护祖国统一的历史重担。而西藏法治文化建设面临的现状是：虽然经

[①] John Lewis Gaddis, *Strategies of Containment*, New York: Oxford University Press, 1982, p. viii.

过普法运动，西藏民众的法律意识有所提高。但是由于旧西藏是政教合一的封建农奴制度，使得宗教拥有不容怀疑、不容挑战的绝对权威。宗教成为一种要求人民盲目服从的、非理性的意识形态和精神麻醉剂，直到今天，其历史遗留的消极影响在西藏还有一定的市场，尤其是广大的农牧区还存在着封建农奴制度思想文化的残余。而作为文化内核的精神文化规定着文化的发展方向，最为保守，也较难改变。所以这对西藏法治文化建设提出了挑战，也是面临的困境之所在。而且法治文化的建设需要一个过程的不断的积累，不是运动式的一蹴而就的。法治文化建设是一项规律性很强的复杂而长远的工程。

因此，西藏法治文化建设必须要按一项战略规划来做，虽然规划了，可不等于一定就是法治文化能建成。但是法治文化建设有了统一战略规划，形成建设纲领，利用法治文化先导性、现代性元素和内容，确保占领、巩固和主导包括基层文化阵地在内的所有思想文化领域。如此一来，有了全区统一战略，规划西藏法治文化建设，能激发全区上下内外互动，鼓励全民参与，确保各个环节衔接配合，有利于资源整合、建成长期长效机制。

因此，规划西藏法治文化建设战略，关系着西藏反分裂斗争的文化思想领域的阵地建设，事关西藏法治建设进程、跨越式发展和长治久安以及保障西藏人民群众能享受到现代科学的法治文化。

（二）法治文化建设全区、系统性的战略规划不足，导致资源整合不佳、效果有限

目前，西藏法治文化建设虽然已经在多个方面进行，也取得不少骄人的成绩，但是西藏法治文化建设主要围绕着国家普法工作规划展开，主要在自治区普法办组织、协调普法工作。利用各个节日诸如每年的普法法制"12·4"法制宣传日开展普法宣传活动，这是西藏开展法制教育的一个重要的渠道。主要的形式就是发放普法宣传资料，举办法制讲座、报告会、开展主题教育及解答群众关心的法律问题。而且法制宣传在不断创新普法的形式和手段。为深入开展普法依法治理工作，西藏各级普法办积极争取党委、人大和政府的支持，认真履行职责，广泛动员全社会参与法制宣传教育，构建区、地（市）县（市、区）、乡（镇）、村级法制宣传教育网络。切实发挥大众传媒的作用，通过在新闻媒体开设法治栏目，利用互联网、电信以及信息平台，编印典型案件、藏汉文资料和制作维稳公

益广告牌等向全社会广泛宣传各种法律法规。2010年7月，昌都普法网正式开通，再次实现了地区普法载体的创新，进一步扩大了法制宣传教育的覆盖面。加强法治文化建设，西藏各地市、各部门通过法制讲座、法律知识竞赛、"模拟法庭"、"现身说法"和法制文艺演出等群众喜闻乐见的形式进行法制宣传教育。据介绍，"五五"普法期间，西藏共举办各类法制文艺演出240多场次，现场观看的群众达15万多人次。[①] 从这些方面不难看出法制宣传工作卓有成效，但是我们清楚地看到法治文化建设不是依靠法制宣传就能建立起来的。目前，西藏的法制宣传主要依靠各级普法办，还需要各级党政部门的大力支持，并未上升到全区统一的战略规划层面。在依法管理宗教事务，扎实推进寺庙管理法治化、规范化过程中，深入开展寺庙法制宣传教育，大力开展和谐模范寺庙和爱国守法先进僧尼创建评选活动，自治区表彰和谐模范寺庙150座、爱国守法先进僧尼1.04万人。党和政府一系列利寺惠僧政策深得人心，广大僧尼的中华民族意识、国家意识、法制意识和公民意识不断增强。城镇网格化管理深入推进，驻村工作过程中开展的普法宣传互动。[②] 此外，在法治文化建设方面，走在前列的拉萨市开展了如下工作：自2006年把推动法治文化建设纳入普法和依法治理规划。起步初期，囿于客观条件限制，只是从基础做起，在全市开展了基层法治文化阵地建设达标活动，利用3年时间，到2009年年底，在全市农牧区行政村一级全部实现了法制宣传教育阵地。自2009年开始，围绕维护社会局势稳定的中心任务，将法治文艺服务活动纳入工作计划，并尝试引入专业文艺团体，编排小品、相声、舞蹈、歌唱类等歌颂民族团结和法制教育的节目，利用每年"五下乡"等活动载体，通过演出和服务相结合的形式，在全市范围内开展形式多样、内容丰富的普法宣传。自2011年开始，将法制巡回演出的任务分解至各县（区）司法局，按照属地管理原则进行落实，巡演时间一般安排在每年藏历年前后。目前，法制文艺演出已经成为各县（区）普法办的常态化工作。"六五"普法活动启动后，全市将"道德讲堂"、远程教育、村党支部书记论坛等新平台，纳入法治文化建设体系，进行统筹利用，对基层法治文化在形式和内容上都进行了有效扩充，同时结合"法治稳市"战略

---

① 王杰学、丹增平措：《西藏掀起全民学法遵法守法用法热潮》（http://epaper.chinatibetnews.com/xzrb/html/2013-01/11/content_ 420662.htm）。

② 《西藏年鉴2014》，西藏人民出版社2015年版，第18页。

的提出,对行业法治文化建设进行了推动。按照"谁执法、谁普法"的原则,全市各普法责任单位普遍加强了法治文化建设力度。除市普法办直接开办的"大家学法"法律常识普及专栏外,市中院通过与西藏电视台、拉萨电视台、拉萨晚报等新闻媒体合作,开辟了"法官说法""雪域论坛"等宣传栏目;市检察院创办了《清水源》杂志,并通过拉萨电视台在黄金时间滚动播出以"预防职务犯罪,促进清正廉洁"为主题的公益广告;拉萨百货大楼把员工学法、用法作为企业文化建设的重要内容,融入企业经营管理的各个环节,荣获全国"百城万店无假货示范店"和商务部"金鼎百货店"荣誉称号;市国税局以"税法四进"为载体,通过税收知识有奖竞答,在超市购物袋印制税收宣传标语,在西藏电视台、西藏商报设立专栏,建立《拉萨国税》门户网站等方式,有效普及了税法知识;市民宗局在全市寺庙开展了"先进文化进寺庙"覆盖工程;市委、市政府在"每月一课"学习中,也增加了依法行政专题,市直各部门负责同志定期参加,已经取得初步成效;市司法局、教育局主动协调学校领导班子,共同制定法制教育工作方案,积极开展普法宣教工作、把普法教育纳入学校重要议事日程,做到法制教育与文化教育、德育教育同计划、同实施。截至目前,共举办各类专题讲座600余场次,举办图片展90余场次,参观各类法制教育场所和举办模拟法庭、消防安全教育、交通安全教育等专项教育47场次,在市属全部学校巡回播放了《爱与法》教育片,为全面提升在校青少年的法制意识和法律素养起到了积极作用,其中模拟法庭活动最受欢迎。另外,还根据全国普法办、西藏自治区法制宣传教育领导小组办公室下发的《组织参加全国法制宣传书画征集活动》的通知要求,在全市各学校开展了作品征集活动。① 综上所述,不难看出拉萨市法治文化建设很有起色,成绩显著。但同时也不难发现拉萨市法治文化建设存在的问题:第一,建设思路方面的问题,即把法治文化建设纳入普法依法治理规划之中。法治文化建设是一个牵扯全局的战略性的规划,如果纳入普法活动中,就导致了法治文化建设的系统性、协调性和重视性不够。因为只有普法办在孤军奋斗,不见得其他部门能足够重视、支持。而且更重要的是,普法和法治文化建设不能简单直接地画上等号。因为法

---

① 拉萨市普法办:《拉萨市以法治文化建设为抓手深入推进普法依法治理工作向深层次拓展》(http://www.lasa.gov.cn/Item/63281.aspx)。

治文化建设是一项长期进行且不易显现政绩的工程，而且没有一个全局性的系统规划和机制保障，就不能持之以恒地开展下去，法治文化建设不是运动式的。第二，主导机构是普法办，其他部门协同性、积极性不高。全社会参与的工作机制尚未到位。这就容易形成其他部门认识不到位、积极性不高的困境，产生协同性、机制性无法保障的问题，造成资源整合不畅和规模效益欠佳的结果。因为法治文化建设不仅仅是某个普法办的工作，而是整个社会成员包括普法办在内的各个部门、企事业单位等等在内共同的事业。这需要进一步调动全社会的力量参与到法治文化建设工作当中来。此外，课题组成员在西藏进行调研的过程中也发现虽然有这样那样的法制宣传教育，但是普遍反映出西藏民众整体法律意识还是比较差，尤其是农牧区民众。当然也有些地方群众法律意识很强，较以前有很大的进步。

综上所述，笔者认为对西藏法治文化建设需要重新认识并进行战略规划。例如，拉萨市的法治文化建设堪称一个样板，但它更加生动地证明了如果仅仅局限于普法的角度，依赖于普法办去建设法治文化事业，效果虽有，但暴露出缺乏系统性、规划性、协调性、机制性和规模效应性的问题。这无疑制约和影响着法治文化建设的整体效果。因此，对西藏法治文化的建设应该有一个全区、系统的战略规划。首先，在思想认识上，改变以往狭隘的普法教育宣传模式来建设法治文化；其次，从全区战略角度和系统的规划来制定西藏法治文化建设的战略，形成政府、社会和公民三位一体全方位地主动参与和建设法治文化事业。如此才能有效地整合全区的资源，动员西藏全体社会成员，组织协调各个部门，创新各种法治文化建设方式，形成良好的法治文化氛围，建成长效的运作机制，最终建成法治文化，实现法治西藏。西藏法治文化建设是一项战略性的规划，如果没有战略性思想认识的转变，会影响西藏法治建设进程。唯有从文化战略高度，规划法治文化战略，利用法治文化先导性、现代性元素和内容，占领、巩固和主导包括基层文化阵地在内的西藏所有思想文化领域。如果有了这样的法治文化作为西藏法治建设、社会稳定和长治久安的基础，那么西藏的法治建设和长治久安就有保障，因此也能更加顺畅地实现。

二 传统的宗教文化与现代社会主义法治文化调适效果欠佳

马克思说过："人创造了宗教，而不是宗教创造了人。就是说，宗教是那些还没有获得自己或者再度丧失了自己的人的自我意识和自我感觉。但是人并不是抽象地栖息在世界以外的东西，人就是人的世界，就是国家、社会。"① 藏传佛教曾在西藏历史上享有崇高的社会地位，几乎成为全体藏族民众的信仰、崇拜甚至终生的追求。作为藏族地区一种传统的文化现象或者一种社会意识形态，藏传佛教在历史上有其历史价值。它维护了藏族地区政教合一的封建农奴制度的统治，极大地促进了藏族社会文明的发展，特别丰富和发展了哲学、法律、道德、伦理、文学、艺术等上层建筑。但是，藏传佛教毕竟是藏族地区的一种具有悠久历史的信仰模式，是藏族传统文化中的保守部分，在不少方面已经同当地藏族地区的社会生活、经济发展、文化教育、科学技术，尤其是中国的社会主义物质文明和精神文明建设之间存在一定的距离。②

藏族佛教有其存在的合理之处，但是也有其发展与现代社会主义法治文化不相适应的一面。藏传佛教是一种宗教，其不可避免地存在着盲目服从性、非理性的意识形态问题，进而导致民众没有政治意识。"虽然经济理性主义的发展部分地依赖理性的技术和理性的法律，但与此同时，采取某些类型的实际的理性行为却要取决于人的能力和气质。如果这些理性行为的类型受到精神方面的妨碍，那么，理性的经济行为的发展势必会遭到严重的、内在的阻滞"③。旧西藏社会经济发展缓慢，除了特殊的自然环境因素外，不可忽略的一个因素就是长期以来藏族佛教中的盲目服从性、非理性意识形态。相反，现代法治文化在新西藏的法治建设与发展中，能使得西藏民众树立理性思维，即给人们提供客观地认识与评判客观事物的思想与方法，能帮助民众明辨是非、公正地评价，懂得维护自身合法的权利、维护社会稳定和国家的统一、正确地认识宗教等。

在建设法治西藏、维护西藏长治久安的历史进程中，我们不可避免地面临着传统的宗教文化与现代法治文化冲突与调适的问题。而且，从目前的现状来看二者调适效果欠佳。首先，我们回顾、分析西藏历次骚乱和暴乱，不难发现带头闹事者是少数不法僧尼。这就是说，藏传佛教存在的与

---

① [德] 马克思：《黑格尔法哲学批判》，中共中央马克思恩格斯列宁斯大林著作编译局译，商务印书馆1962年版，第1页。

② 尕藏加：《藏区宗教文化生态》，社会科学文献出版社2010年版，第114页。

③ [德] 马克斯·韦伯：《新教伦理与资本主义精神》，于晓等译，三联书店1987年版，第15页。

现代社会主义新西藏不相适应的消极因素，被分裂势力所利用。由于藏传佛教"信仰高于理性，来世重于现世"的特性，换言之，藏传佛教通过把本土的苯教的灵魂不死、灵魂转移的观念同佛教的因果报应、生死轮回、超度来世的观念结合在一起，所以形成了藏族的非理性的、盲从的、无政治意识、无集体意识的文化心理结构和非理性的思维方式。达赖利用自身特殊的身份，利用西藏几乎全民信教而又缺乏政教分离观念（中世纪的政教合一在西藏有根深蒂固的传统）的特点，故意违背政教分离的原则（所有西方民主国家的立国原则），把佛教里根本没有的"西藏的独立"说成是佛的旨意，混淆视听，从而使许多藏人不假思索地支持西藏独立。这样的人心和民意根本不可能作为改变国际公认的西藏主权归属的依据。[①] 任何宗教的发展都是与具体的社会环境不断调适并相适应的结果。在随着科学技术的发展、社会政治经济的发展与进步、人们的生活方式和相互关系以及思想意识与价值观念的变迁，西藏不可避免地要随着祖国的社会现代化进程和法治进程，步入新西藏的民主、法治和稳定的现代化进程。而反观西方历史进程，"一部西方近代文化史，基本上可以说是一个世俗化的过程"[②]。藏传佛教文化的发展，也要顺应历史发展的趋势。所以在这个团结、民主、富裕、文明、和谐的社会主义新西藏的历史进程中，藏传佛教存在着世俗化的过程，即要体现出与社会发展相适应和理性的转变过程。所谓的藏传佛教的世俗化，就是要求藏传佛教由封闭和神圣过渡到开放和世俗，由出世走向入世，走多元化、个性化、理性化的发展道路，使宗教与现代社会相结合。宗教要更加关注现世的生活，肯定现世人生的意义，享受人生的欢乐，运用人的知识来造福人类。[③] 当西藏已经完全进入社会主义以后，政教合一的制度被废除了，宗教由原来的统治地位转变为信徒的个人私事，宗教走向世俗化是藏传佛教发展的历史趋势。但是由于西藏才经历了60多年的发展，一方面，西藏民众的传统文化思想短时期内还难以改变，来适应现代文化；另一方面，这种非理性的文化改变，需要通过理性的文化塑造、引导，这有一个渐进的过程。我们课题

---

① 徐明旭：《雪山下的丑行：西藏暴乱的来龙去脉》，四川出版集团、四川教育出版社2010年版，第12页。

② 余英时：《士与中国文化》，上海人民出版社1987年版，第6页。

③ 多尔吉、刘勇、王川：《藏传佛教的文化功能与社会作用》，中国藏学出版社2011年版，第192页。

组成员在西藏调研的过程中发现,虽然西藏的整体法律意识有所提高,但是一些地区尤其是农牧区的群众还是法律意识淡薄、法治文化培养欠缺。这也使得传统的宗教文化成为社会的主导,导致西藏民众还是墨守成规,按既往的宗教文化约束处理问题。因而在解决纠纷和维护自身的权利方面,存在着依靠传统的宗教信仰来解决问题的现象。例如,有威望的宗教人士的调解。在西藏从传统的旧的社会转向现代的法治社会,无法避免地面临着传统的文化伦理道德价值与现代法治价值、严格的等级观念与民主法治观念、特权与平等、人治与法治的冲突与对立,甚至出现相背离的现象,这严重地制约着西藏的法治化进程。因此,宗教的世俗化既是藏传佛教立足于社会主义现代化的进程中不断适应发展的一种方式,又是在法治化进程中与法治文化调适、融合的一种自我完善的方式。首先,从宗教传统文化的根本性入手,解决其世俗化的问题,才能从宗教方面解决西藏民众对西藏社会稳定的认识,不盲从,理性地认识和看待分裂的行为,坚决维护西藏的稳定与发展;其次,虽然西藏现代法治文化建设取得了一定的成就,但是大多西藏民众对现代法治文化还存在着一定程度上的陌生。我们课题组成员在调研过程中,发现一些地区的经济发展较快的地方,一些年轻人的法律意识强,懂得运用现代法律维护自己的权益和处理纠纷;但是一些地理条件较差、农牧区的地方,对法治文化相当的陌生。没有理性主义精神的现代法治文化的培养,那么传统的非理性的、盲从的、淡薄的政治意识和无集体意识的文化心理和非理性的思维就会成为主导。这就会成为西藏稳定的隐患,成为西藏法治建设的障碍。因为作为一种系统化的、秩序化的、生活状态的法治,是建立在法律制度、法治理念、法律行为等多方面的有机整合的基础之上。目前,西藏在现代化的法治进程中,就存在着民众法治文化的缺失、法治意识淡薄的问题。这就需要及时实现传统宗教文化与现代法治文化的调适,需要培养西藏民众作为社会公民的法治文化素养。

三 以藏族习惯法为载体的藏族传统法律文化与现代法治文化融合不畅

以藏族习惯法为载体的藏族传统法律文化,融合了藏族的宗教习俗、道德规范、伦理价值、文化观念等传统内容,形成了藏族地区社会成员共同遵守的行为准则和法律观念,并以习惯法为载体传承下来。我们客观地看到，藏族习惯法等传统法律文化既有优秀本土化资源的一面，又有不合时宜的糟粕的一面。前面我们已经详细分析过藏族习惯法其优秀的本土资源与固有的消极性的糟粕。以藏族习惯法为代表的藏族传统法律文化作为一种文化，是历史长期发展的产物，它集中反映了藏族群众传统的法律思想和行为规范观念等，符合藏族民众的文化心理、宗教信仰、伦理道德和价值观念。但是随着西藏社会的发展与进步，以藏族习惯法为载体的藏族传统法律文化固有的消极性已经不合时宜，会影响到西藏的法治建设与社会稳定。

与此同时，作为现代的社会主义法治文化，在西藏民众中有相当一部分人对此较为陌生。社会主义法治文化体现着党的领导、人民民主、依法治国有机统一的社会主义法治理念，蕴含着追求公平、正义、自由、民主的法治价值，传递时代主流价值追求，弘扬着依法治国的法治精神，宣扬着保障公民的权利和规范公权力法治思想，彰显着社会主义法治理念，传播着先进的社会主义法治文化种子，孕育着社会稳定和谐、国家长治久安的文化基因，却没有被西藏民众所熟悉、认知直至文化认同。而且在我国法治进程和西藏的法治建设发展过程中，作为传统的以藏族习惯法为载体的藏族传统法律文化与现代社会主义法治文化融合不畅。一方面，西藏一些民众固守传统的文化观念，对现代法治文化接纳较少、比较陌生；另一方面，一些西藏传统的法律文化有益的资源，未能很好地在西藏现代法治建设中吸收并融入现代法治文化中。这就造成了现代法治文化虽然是未来发展的主流文化，但是很难以西藏民众的文化心理和易接受的思维方式，形成法治文化上的熟悉、认知和认同。如果西藏民众没有接受社会主义法治文化的洗礼，那么就无法以法治精神和法治理念塑造人、以法治信仰和法治价值指引人、以法治文化熏陶人、形成文化自觉的法律信仰，西藏社会法治理想也就无从谈起，也容易引起以下两个方面的问题：一是藏族习惯法的回潮问题，影响社会稳定与发展；二是对达赖的大藏区的提法，不懂得其违法性和分裂性的本质，容易盲从，导致社会不稳定的因素。

对藏族习惯法回潮问题，其实早在2002年西藏自治区人大常委会在西藏自治区第七届人民代表大会常务委员会第27次会议于2002年7月26日通过，自公布之日起颁布施行《西藏自治区人大常委会关于严厉打击"赔命金"违法犯罪行为的决定》，打击近年来西藏自治区少数偏远地方又相继出现的"帕措"等封建宗族势力和少数僧尼操纵、参与"赔命金"的违法犯罪活动。但从其法律文化的根源上去分析，更有助于对此问题的认识与解决。学者杨士宏先生认为当现有的法律、法规还不能很好地与民族地区的政治、经济、文化发展水平和民主法制建设的实际相适应，也难以满足民族地区特殊的法律要求，于是藏族习惯法便成了藏区群众在协调各类矛盾冲突时的首选。① 学者穆赤·云登嘉措先生认为藏区习惯法重新发生作用的地区，主要是藏西北、青西南、甘南和川西北地区。其主要发生的原因有：其一，历史惯性的推动。藏族习惯法作为一种特殊的法律现象和法律文化，负载着千百年来民族习俗与地域性伦理道德准则，有着巨大的历史惯性；其二，虔诚信仰的浸淫，即不杀生的教义观念；其三，经营方式的转变。"赔命价"等习惯法似乎与牧业经济、部落制度有着不解之缘。联产承包责任制在藏族牧区的实行，导致基层政权和村级组织难以发挥其应有的作用，从而使废除多年的封建部落势力抬头，依附部落制度而产生和存在的习惯法自然也就"回潮"了；其四，司法部门解纷工作不到位，国家制定法照顾地区和民族特殊性不够。② 目前，西藏一些地区依然还存在着处理纠纷的时候有"赔命价"的现象；一些处理草场、林地和虫草区域分割纠纷的时候，除了依照现行法之外，还要结合一些传统的习惯，也即体现出习惯法的影子作用。因此，对以藏族习惯法为载体的传统的法律文化与现代法治文化的问题，还是要从文化的心理和思维上去解决。就是要把传统优秀的法律文化融合到现代法治文化中，把不合时宜的消极的糟粕坚决剔除掉。

对达赖提出的所谓的"大藏区"，如果西藏民众缺少现代法治文化，就会容易迎着传统的非理性、盲从的宗教文化思维方式和心理，走入误区。而不是用作为公民的理性的、法治的思维去正确地看待达赖的分裂本质。"现在达赖在政治上已被打倒，支撑达赖地位的宗教体制和观念却完好无损。达赖作为藏传佛教的头号首领，人神合一、政教合一、民族与宗教合一，并有'活佛转世'的制度化传承保障。尽管西藏和平解放以来发生了翻天覆地的变化，尽管西藏人民的生活得到了极大的改善，但达赖还是支配着'人'的'神'，甚至是'民族之神'。这使得达赖能够把自

---

① 杨士宏：《藏族传统法律文化研究》，甘肃人民出版社2004年版，"前言"第2页。
② 穆赤·云登嘉措：《藏区习惯法"回潮"问题研究》，《法律科学》2011年第3期。

己作为宗教领袖的精神影响力,轻而易举地转化为引导'藏人'进行藏独分裂活动的政治号召力,并使之成为其政治资本和工具。"[①] 尽管制度变迁了,生活改善、经济发展了,但是西藏民众的传统文化思想没有彻底改变。而且现代法治文化也没能很好地被西藏民众接纳,成为新时代相适应的文化主流。这就显现出现代法治文化与藏族传统法律文化融合的问题,尤其是当现有的法律、法规不能很好地与本地区的实际相适应,就难以满足民族地区特殊的法律要求,传统的法律文化心理和思维就会显现。西藏民众就对达赖提出的分裂的本质的"大藏区",难以有正确的认识和判断。但是用现代法治文化视角去分析,一清二楚。所谓"大藏区",就是将西藏、青海、甘肃、四川、云南等藏族居住区合并在一起,建立历史上从未有过的"大藏族自治区",总面积约占全国领土的四分之一,并要求将居住在这些区域的其他民族统统迁出。而且实行所谓的"高度自治",包括要求中央政府不能在西藏驻军,西藏可与其他国家或国际组织保持外交关系。这与我国宪法与民族区域自治法完全相悖,我国宪法第3条明确规定:"中央和地方的国家机构职权的划分,遵循在中央的统一领导下,充分发挥地方的主动性、积极性的原则。"民族区域自治法第15条规定:"各民族自治地方的人民政府都是国务院统一领导下的国家行政机关,都服从国务院。"根本不存在达赖集团提出的中央和地方对等"谈判"、征得相互"同意"、建立"合作解决的途径"的问题。达赖集团混淆视听,违背我国的宪法和法律的规定,违背了中国各族人民利益。但对一些没有现代法治文化熏陶的作为社会公民的信众来说,就会盲从。因此现代法治文化融合传统藏族法律文化的精华,弃掉其糟粕,对西藏法治和法治文化建设至关重要。

四 农牧区法治文化建设薄弱

西藏发展的关键在于农牧区的发展。西藏自治区全区总面积120万平方公里,农牧区面积占全区总面积的90%,其中草地96686.16万亩,林地19025.44万亩,耕地542.45万亩,其他农用地179.11万亩。全区农林牧渔业总产值占西藏GDP的19.86%,农牧业仍然是西藏国民经济的基

---

① 叶小文:《中国破解宗教问题的理论创新和实践探索》,中共中央党校出版社2014年版,第149页。

础产业。① 西藏农牧区人口占全区人口的近80%。1978年改革开放后，随着全党工作重心向经济建设转移，中央始终强调农业的基础地位并提出加快发展农业。针对西藏经济发展的实际，对西藏农村实行了休养生息的"宽、优、特"政策，在农区实行了"土地归户使用，自主经营，长期不变"；在牧区实行了"牲畜归户，私有私养，自主经营，长期不变"的政策。"两个长期不变"政策的实施，符合西藏农村经济发展的实际水平，极大地调动了农牧民群众的生产积极性，农牧区经济取得前所未有的发展。② 截至2013年农牧民人均纯收入6520元，增长14%；农牧民专业合作经济组织发展到1850个，农牧业产业化经营率达36.5%。特别是，连续8年、累计投资273.57亿元的农牧民安居工程全面完成，全区46.03万户、230万农牧民住上了安全适用的房屋，农牧民生活条件得到历史性改善，生活方式实现重大转变，农牧区面貌焕然一新。③ 由于西藏特殊的自然地理条件和社会环境，当前西藏农牧业仍存在着突出困难与问题，主要表现在：一是基础设施建设滞后，自我发展能力弱；二是超载过牧逐步缓解，草原生态保护与建设任务依然艰巨；三是农牧科技创新和体系建设滞后，支撑服务能力不强；四是农牧民组织化程度低，特色农牧业产业化发展缓慢；五是农牧民受教育程度低，增收压力大。④ 不难看出，西藏农牧区经济发展虽然取得了巨大的发展，但是农牧区牧民受教育程度低，法治文化建设滞后，远远落后于经济民生建设。

2012年8月至2015年7月，课题组的成员、调研成员分别多次在符合法律和国家政策方针的前提下，主要在乡镇、农牧区进行问卷调研、访谈、观察等调研，去公检法等实务部门走访。在具体分析的时候，对相应的人名都进行脱敏处理。总体来说，由于普法与驻村工作的开展，群众的法律意识有所提高。但因各地市经济社会发展的不平衡导致普法和依法治理存在较大的差距。经济社会法治水平比较高的地方，普法和依法治理做

---

① 农业部新闻办公室：《调动系统力量、推进西藏农牧业跨越式发展》（http：//www.moa.gov.cn/zwllm/zcfg/xgjd/201303/t20130325_3413490.htm）。
② 多庆：《西藏农牧区60年的伟大变迁》（http：//theory.people.com.cn/GB/15192578.html）。
③ 《西藏年鉴2014》，西藏人民出版社2015年版，第18页。
④ 农业部新闻办公室：《调动系统力量、推进西藏农牧业跨越式发展》（http：//www.moa.gov.cn/zwllm/zcfg/xgjd/201303/t20130325_3413490.htm）。

得比较好，反之亦然。对一些走访、调研的主要地区情况简要分析如下。

在拉萨地区调研的情况：城镇的群众的文化水平相对较高，其法律意识也相对较高。相比较之下，农牧区群众的法律意识就薄弱些。例如，调研员在拉萨市当雄县的农牧区深度观察与调研中了解到：由于守旧的思想观念，束缚着老百姓认识社会、适应社会、改造社会的能力，使其自我维权意识较弱。在平时的生活中显现出一些问题：一是购买商品不主动索要发票，合法权益得不到保证；二是消费过程中，抱着"破财消灾"的思想，明知合法权益受到侵害，却不主张权利；三是不善于利用法律手段维护自身合法权益；四是分不清政府职能部门，遇到消费纠纷就拨打"110"。对比之后发现，在当雄县城及周边的一些农牧民能通过法律来维护自己的切身利益，而在偏远的牧区却还是采取以暴制暴，这与经济文化教育等多方面的因素有关。在平时生活中由于法律意识不强，也会出现一些问题与争执。例如，当雄县的一个农牧村，当地的老百姓全年都以放牧和挖虫草来维持生活。某日，索某及次某两人因挖虫草晚上回家的途中，两人相对而行，由于一方开着远光灯使得另一方看不清路，两人相遇后发生争执大打出手，造成一方重伤。又如，另一则案例：当雄县县城周边的宁中乡白某，某日在茶馆与朋友喝酒时，因酒后兴奋在茶馆嘻吵，遭到旁坐的劝说。白某因此，跑到厨房拿起菜刀就对他人实施伤害，使被害人造成轻伤，案发时因旁观人的及时报警才没有造成严重的后果。此案立案后白某表示后悔，愿意赔偿，希望能够和解。从这两则案例中，我们可以看到：在日常生活的纠纷解决中，如果有正确的法律意识和法治观念，那么就不会出现因小事而伤及他人的情况，更不会触犯法律。

在那曲地区调研、访谈的情况是：一是在2012年8月调研人员对那曲地区那曲县罗马乡的农牧民进行了法律意识专项调查。调查问卷的内容以法律常识为主，主要调查农牧民对法律性质、如何运用法律维护自己的合法权益、以及对一系列违法现象的看法，本次调查：（1）调查问卷题目简单明了；（2）调查过程中深入农牧区，密切联系广大农牧民；（3）采用藏汉两种问卷调查的内容，对于部分文盲采取口头问答后如实填写的方式；（4）深入了一个地区、两个乡、4个农牧村。发放问卷250份，回收有效问卷240份，占比96%，符合抽样调查要求。被调查者中藏族占85%，文盲占16.7%，小学文化程度占28.3%，中学文化程度占44.2%，大专以上占10.8%。在问到"宗教和法律之间的关系如何"时，选择"宗教活动必须符合法律的规定"的占到了48.3%，选择"宗教高于法律"的占到了15.4%，选择"二者等同"的占到了15.9%，选择"不知道"的占到了20.4%。不难看出，被调查者对于法律和宗教二者的关系认知不正确的占到了51.7%，法律意识淡薄，深受传统宗教文化影响，未能形成正确的对法律与宗教之间的关系认识的观念。在问到"觉得法律跟自己的关系如何"时，选择"与自己无关"的占7.08%，选择"密切相关"的占71.3%，选择"没接触过"的占11.7%，选择"其他"的占10%。除正确认识之外，仍有28.7%的人对法律跟自己的关系认识不清，对法律知之甚少。在问到"与他人发生纠纷时选择哪种方式解决"时，选择"使用法律手段解决"的占34.6%，选择"双方协商解决"的占39.6%，选择"找村干部解决"的占18.8%，选择"其他"的占7.0%。这说明在农牧民心目中法律不是首选解决纠纷的方式，法律观念不强。选择双方协商解决的方式，就会容易出现一些刑事案件。例如仇杀、故意伤害等不走法律途径，而进行私了，严重影响西藏法治建设，带来不稳定的隐患。在问到"与他人发生纠纷时依据哪种规定"时，选择"法律、法规"的占48.3%，选择"村规民约"的占16.7%，选择"习惯、习俗"的占25.8%，选择"其他"的占9.2%。这说明虽然农牧区经过普法，广大农牧民的整体法律意识有所提高，但是在解决一些日常生活问题或者纠纷之时还存在一定的问题。一些地方由于交通、文化、语言等相关因素，有的群众法律意识相当缺乏，会出现按照习俗习惯法处理问题而出现的"赔命价"现象，以致刑事案件私了。这会严重制约农牧区的法治文化建设和社会稳定及经济发展。在问到"了解、学习法律基本知识对自己有意义吗"时，选择"有，法律常常帮助我解决实际问题，维护自身权益"的占45%，选择"没有，法律离我很远"的占11.7%，选择"不一定，我基本不寻求法律途径解决问题，除非迫不得已"的占43.3%。这说明：一方面，部分农牧民对利用法律维护自身权益有一定程度认识，同时对法律知识有需求；另一方面，有相当一部分的农牧民对法律认识不清，法律意识淡薄，对法律比较陌生。此外，在调研过程中，调研人员还了解到在当地乡村中还存在着一些习惯法，在群众的生活中发挥着一定的作用。例如，从婚姻方面讲属相相冲忌婚配，在此乡长辈间谈论婚嫁时有不成文的习惯法，就是婚配的男女双方属相相冲就不宜婚配。比如，属相羊与虎相冲，蛇与鼠相冲；从饮食方面讲，禁止村里的人吃狗肉、猫肉。如果村里有人有吃猫或狗肉的现象，便会遭到村里人的排斥、谩骂甚至被驱逐出去；从生产方面讲，禁止在神山圣湖及寺庙旁修筑工事或砍伐树木。如有违反就会遭到村里长辈的歧视及财务赔偿修补；从礼俗方面讲，进入牧民家庭或帐篷，禁止男女混坐，实行男左女右，不然将其视为无理，驱逐出帐篷及房屋。独特的地理环境和独特的宗教文化造成相对封闭的生活群体，虽然农牧区群众法律意识有所提高，但是法治文化建设依然滞后，致使一些传统的习惯法仍然发挥作用，替代了现代法制，迟滞了法治化进程。总的来说，此次问卷调研反映出了农牧区法律意识有一定程度的提高。但是农牧区整体法律意识淡薄，对法律了解甚少，对自身权利、义务认识不清，法治文化建设相对薄弱。

二是课题组成员在 2013 年在那曲县色雄乡达仙村对部分村民进行了访谈。访谈者是藏族课题组成员，被访谈者都是藏族村民。具体访谈如下：在 2013 年 3 月 10 日，第一位访谈的村民个人的基本情况是：男性，38 岁，文盲。问：您知道《宪法》吗？答：只知道《宪法》的名字，内容不清楚，说不出来。问：您知道如何打官司吗？答：不知道。问：如果我欠您 500 元钱，不还您，您怎么办？答：我向乡政府反映。

第二位访谈的村民个人情况是：男性，27 岁，初中文化。问：您家对面山上有一片草场，您家用围栏围起来了。您觉得这块草场属于谁？国家的？乡上的？还是您家的？为什么？答：属于我家的。因为是我家自己围起来的。问：您能说出来几部法律的名字？答：说不出来。问：您知道检察院、法院分别是做什么的吗？答：法院是负责裁决的。比如两个人打架了。检察院，我不知道。问：您知道乡警务室是做什么的？答：负责管理打架，家庭纠纷等。问：您知道《民族区域自治法》吗？答：不知道。问：如果您与别人打架，打伤了别人，别人向您要 5 万元赔偿金，您该怎么办？答：如果伤得不重，只赔几百块；如果一直纠缠，就报告警务室。问：如果我欠您 500 块钱不还，您怎么解决？答：我找政府，政府帮我要这笔钱。

在 2013 年 3 月 13 日，调研人员继续访谈。第三位访谈村民的基本情况是：男，17 岁，文盲，未婚。问：你知道哪些法律？答：不知道。问：你认为多少岁可以领结婚证？答：23、24 岁左右吧。问：男女年龄有区别吗？答：应该没有吧。问：你认为一个男性可以娶两个妻子吗？答：不可以，因为会引发纠纷。问：从法律上说允许吗？答：不太清楚。问：你知道《宪法》吗？答：不知道。问：你知道《义务教育法》吗？答：不知道。问：那你知道你有选举权吗？答：应该有吧。问：12 岁、16 岁和 20 岁的人杀了人，判刑有区别吗？答：有。20 岁的应该重一点，16 岁的比 12 岁的重一点。问：判刑是哪个部门负责，政府、公安还是法院？答：法院。

  第四位访谈村民的基本情况是：男，19 岁，小学文化，未婚。问：你觉得我们平时放牧、建房子等遵守法律吗？答：不知道。问：如果你未婚生了小孩，你是否要给小孩抚养费？答：要给。问：那你打算怎么给？一次性给清还是抚养到一定的年龄？答：一次性给清。（注：这与牧区的风俗习惯有关。在牧区未婚生子，一般由男性一次性给予女性和小孩安抚费，之后小孩由女性抚养）问：假如我去你家玩，你家的狗没有拴起来，把我咬伤了。你是否要赔偿？答：应该赔偿。从这些简单而又深入日常生活的访谈中我们发现：在农牧区，由于文化、经济和普法教育等方面的因素，有一部分群众法律意识相对薄弱，分不清公检法，甚至认为公安独大。农牧民受传统文化影响深远，在解决日常纠纷中会掺杂习惯法的因素。群众法律意识比较单一，只是对关乎切身利益的法律意识有所了解。

  此外，课题组成员在深度观察与调研中，总结那曲农牧区基层的纠纷主要以草场纠纷、家庭纠纷、邻里纠纷和轻微治安案件为主。在草场纠纷中，以牲畜吃草引发的自然村与自然村、行政村与行政村、两乡甚至两县之间的草场纠纷较多。此类纠纷根据矛盾大小，会有当地村委会、乡政府、县政府以及县职能部门组成工作组进行调处，同时也会请本地区有威望的老者或者喇嘛参与调解。当然，在虫草产区，对未约定的草场进行虫草采挖时，也会发生纠纷，解决途径基本与草场纠纷的解决途径相似。在处理家庭纠纷时，因婚姻产生的纠纷较多，在牧区，"事实婚姻"的情况比较普遍，很多群众只有在孩子就学或者需要户口的时候才带着孩子来补办结婚证，对婚姻制度和相关法律规定不够了解。很多群众认为共同居住或者举行结婚仪式就视为结婚，而在解决"离婚纠纷"（同居关系）时，又往往想通过法律途径解决。同时在办理离婚案件或解除同居关系纠纷案件中，对孩子的抚养问题争议较大，特别是男方对孩子是否为自己亲生产生较大的怀疑，很多案件在确定抚养权时，都需要进行亲子鉴定。此类纠纷在乡政府、居委会调解无果的情况下，最终会按照诉讼程序进行解决。由于群众生活水平的不断提高和虫草价格的居高不下，近年来，关于虫草的民间借贷纠纷和买卖纠纷类案件上升较快。由于消费观念不合理，以来年虫草作为抵押的借贷纠纷和买卖纠纷日益增多。很多人以高利借款，或以口头协议签订购买高档汽车或房屋的纠纷较多。在购买汽车时，以分期付款的形式高价买入，超前享受，等来年虫草采挖完毕后还款或抵虫草，在买卖车辆时并不进行车辆过户。在买卖房屋时，不进行不动产登记过户，之后产生纠纷。由于不懂法，在借款时，将房产证或土地使用证进行抵押，不进行抵押登记。总的来说，农牧民对法律了解很少，法律意识令人担忧。农牧民获取法律知识的途径较少，在调查过程中大多农牧民不懂汉语，无法学习。相关藏文翻译的法律书籍比较缺乏，对于文盲的牧民缺少普法讲座等形式的教育。

在山南一些地方观察、走访调研的情况是：虽然群众的法律意识较以前有所提高，但是总的来说，群众在日常生活中用法、守法意识不强。例如，在扎囊县，调研人员发现：一些藏族群众法律意识淡薄，懂法较少。老百姓虽懂得依法办事这四个字，但仅仅只是停留在文字表面，并不懂得也没意识到要去遵守哪个法，依哪部法。老百姓不管遇到什么样的问题，都会打电话报警，请求警察的帮忙。他们请警察只是为他们"和解""调解"（只是老百姓口中的和解、调解），并不知道通过警察进而通过法律手段去维护权利、解决问题。在平时处理治安案件的过程中，案件处理到给当事人送达法律文书的环节时，会有当事人提出异议，表示不同意公安机关的处理意见，但是只是提出异议，并不知道要怎么去实现提出的异议。在案件办理的过程中，一些法律文书拿去让老百姓签字捺手印，老百姓看都不看就捺了。又如，在隆子县的调研情况为：仅有个别乡镇的群众法律意识特别强，尤其是在虫草、草场、婚姻、邻里纠纷等方面。而且法律意识较强的群众主要是年轻人和中年人。在民事案件中，大部分案件以调解方式结案，调解结案率较高。民事案件主要集中于婚姻、抚养、合同以及虫草、草场纠纷方面。刑事案件不多，集中在交通肇事、盗窃方面。草场纠纷主要集中在放牧和虫草采挖季节，针对此类纠纷，大多联合农牧、工商、当地乡镇政府进行调解。调解的依据主要有三点：一是我国《草原法》，二是西藏自治区的《虫草采挖条例》，三是乡镇、村居之间的有关协定。特别是解决草场纠纷时会涉及用原有的习惯来进行矛盾的处理，例如，一场草场纠纷，除了依据上述三点进行调处之外，还会联系当地原有的放牧、采挖虫草的习惯。总体而言，法律意识不强的人群大多为年龄较长、地处偏远村居的农牧民。究其原因：一是年龄较长的农牧民文化水平较低，对于法律法规很少接触，对各项法律法规几乎不知道；二是村居偏远，因为路途遥远，交通不便，偏远村居的农牧民几乎很少出门，即使出一次门，来一次县城也主要是采购生活用品。遇到冬天大雪就要封山，与外界根本无法沟通；三是法制宣传不到位，也是基于路途遥远、交通不便的原因，我们法制宣传的范围也被限制在县城周边几个乡镇，对于偏远乡镇、村居无法包括在内。

在日喀则地区调研的总体情况是：距离市区城镇或者离市区很近的城镇的居民，法律素质高，法律意识强。这与他们的工作、生活、受教育程度、地理位置及法律宣传有关。而在农村，人民群众的法律意识虽有所提升，但还是很薄弱，当地的老百姓对一些关乎自己切身利益的法律还是有所了解，例如婚姻法。但谈起一些大的法律，比如宪法、民法等，老百姓虽然听过，但却不知道具体是干什么的，都知道杀人放火是犯法的，涉及为什么，老百姓就懵懵懂懂，这可能与中华自古以来杀人放火就是犯法的传统观念分不开。近年来，随着西藏的改革发展，政府对法律政策的宣传、每年的普法教育不断加强，人们接触到的部门法也越来越多，但也仅仅是知道了法律这个名称，对法的本质还有作用还是一知半解。如果是地理位置比较偏僻，交通、经济都不发达的牧区，比如仲巴县这样的纯牧业县，因为经济和地理交通等问题，就会存在牧民的法律意识比较淡薄、对外界的信息了解度不高的问题。

在昌都地区的边坝县调研的情况为：群众只对关乎切身利益的法律有所了解，具体表现在人身安全和财产损失这两大块。遇到问题，更多时候是私下调解，通过赔偿经济损失或赔礼道歉的方式解决。刑事案件主要集中在盗窃、故意或过失伤害等方面。群众的法律知识单一，仅仅知道一些伤人、杀人、盗窃、抢劫等法律条文的认识，但认识也并不全面。群众的法治文化比较落后，主要来源于普法宣传。而且，大多数群众的法律意识不强，学习法律氛围不浓，缺乏主动性。

通过以上的分析，总体来讲，法治文化建设的薄弱地方主要集中在面积占全区总面积的90%、人口占全区总人口近80%的广大农牧区。广大的农牧区是西藏建设法治文化的重中之重。

五　法治文化建设方式有待进一步创新

目前，西藏法治文化建设主要依靠普法宣传和2012年开始全区强基惠民驻村工作组的法制宣传、寺庙法治化宣传教育等主要的途径。采取的形式主要有发放法律宣传单、讲解法律知识、举办法制讲座；具备条件的地区例如拉萨市还有法治文艺服务活动，编排小品、相声、舞蹈、歌唱等歌颂民族团结和法制教育类节目；开办电视电台法治栏目、图片展览、开展模拟法庭活动等方式进行法治文化的宣传与建设。我们可以看到西藏各个部门的普法宣传和法治文化建设逐步推进，力度逐渐加大，实实在在取得了一定的效果，西藏群众法律意识较以前有所提高，为法治文化建设奠定了一定的基础。在法治文化建设取得的成绩上是毋庸置疑的。但是课题组在调研过程中发现，法治文化的宣传与建设过程中存在着一定的问题：第一，法制宣传方式比较单一，有待于创新。在调研过程中，我们发现在农牧区有的地方进行法制宣传的时候主要是发放传单和举办法制讲座，并不是具备多种多样形式的法制宣传方式。全区广播法制栏目、电视法制频道栏目、普法网站、普法官方微博、微信数量偏少，不适应全区法治文化建设需要；此外，法治文化公园、法治文化广场、法治文化长廊、法治文艺团体数量也偏少，这些都会影响到法治文化建设；第二，法制宣传的范围受限：条件较好、交通便利的城市、县区都能覆盖。但是由于自然地理条件所限路途遥远、交通不便的偏远乡镇、村居无法包括在内，法制宣传就被限制在县城周边几个乡镇，广播、电视、报刊、网络等媒体的宣传作用没有充分发挥；第三，对法治文化建设与宣传认识不到位。因此导致一些基层机构，仅仅把法制宣传当成了一种常态的工作来做，会出现被动的疲于应付的现象：宣传流于形式。法制宣传简报内容简单地复制制作，而没有采取适合本地情况、因地制宜地制作宣传材料；第四，法治文化建设方式未能符合藏族民众的文化心理。法制宣传过程中除了部分地区探索较好的方式外，大多基层机构在法制宣传过程中主要依靠发放法制宣传单或者手册。群众是被动式的参与，并没有主动参与；农牧民群众喜欢的藏语法制电视节目诸如以案说法、小品、相声等和藏文法治宣传资料类似漫画等缺乏；第五，法制宣传的效果有限。课题组成员在调研过程中发现，尤其是在农牧区，群众的法律意识虽然有所提高，但是整体法律意识不高。群众随着普法教育的推进，对法律的认识仅仅是停留在文字表面，并不懂得也没意识到要去遵守哪部法。出现问题纠纷，不懂得依法维权。甚至有的群众分不清政府职能部门，一遇到纠纷就拨打"110"。

整体的法律意识不高、用法意识不强；第六，基层懂藏汉双语的普法人才比较缺乏。

通过分析藏族民众的文化心理，寻找问题的根源，就不难发现问题之所在。第一，我们回溯西藏教育的概况。藏族文字出现在吐蕃王朝的松赞干布时期。藏文的出现为吐蕃成文法的制定创造了条件。① 但是西藏长期的政教合一的封建农奴制度严重地制约和影响了西藏的社会教育。首先，和平解放前，西藏基本上没有专门的现代意义上的正规学校，寺院佛学教育是教育的主要形式；其次，在主要城镇办有部分规模很小、规格不高的僧官和俗官学校，以及散布于各地的私塾学堂。据资料统计，除大大小小的寺院经堂教育外，当时西藏地方办的学校大约有20所，私塾所馆近百个，在校生最多时未超过1000人。旧西藏的教育大权长期被僧俗农奴主阶级把持，教育目的带有鲜明的阶级性和浓烈的宗教色彩。学校以僧人、贵族、官员子弟为招生对象，以培养西藏地方政府所需的各级僧俗官员为目标。因此，解放前夕，全区儿童入学率不足2%，文盲率高达95%。② 经过60多年社会主义新西藏的教育发展，西藏教育取得举世瞩目的成就。西藏全年教育投入108亿元，增长15%。全区劳动人口人均受教育年限达8.4年。基础教育不断巩固，高中阶段毛入学率达72.23%。农牧民子女高考招生比例增至60%。③ 在2015年，义务教育巩固率达到90%，劳动年龄人口平均受教育年限提高到8.8年。④ 我们可以看到，在建设法治西藏和法治文化过程中，受西藏群众的教育状况影响。第二，我们分析藏族民众的文化心理。藏族民众的文化心理与思维方式受藏传佛教文化的影响。藏传佛教在藏区社会中具有积极作用和消极作用的双重属性。其积极作用在于保障人们的伦理道德，以及对社会公共秩序和个人内心平和等方面，提供一些有益的宗教文化涵养；其消极作用在于它的出世性，由于藏传佛教的主要兴趣在于人类的精神方面或者"生死"问题上，

---

① 徐晓光：《藏族法制史研究》，法律出版社2001年版，第11页。

② 德吉卓嘎：《铭记历史、珍惜现在、展望未来——西藏教育60年发展速记》，《中国党政干部论坛》2011年第8期。

③ 《西藏年鉴2014》，西藏人民出版社2015年版，第18页。

④ 洛桑江村：《政府工作报告——2016年1月27日在西藏自治区第十届人民代表大会第四次会议上》，《西藏日报》2016年2月6日第1版。

尤其是关系人类与来世的关系以及对此所持的宗教信仰倾向。① 且由于过去实行政教合一制度，臣民即是教民，形成了几乎全民信教的特殊状况。同时也形成了藏族民众的盲从、非理性、没有政治意识的文化、意识形态，形成了藏族民众有创造神话传说的天赋与把神话传说当作事实来接受、传播并深信不疑的天然倾向。借用文化人类学的术语，这是一种不同于理性思维的神话思维。② 第三，我们分析藏族传统法律文化的传承形式。在以藏族习惯法为载体的藏族传统法律文化中，在其特殊的历史、地理环境中采取特有的传承形式。除成文文本外，主要形式有格言、谚语、俗语、成语、寓言故事、史诗等。当法律的社会效力严重削减或者无章可循时，格言虽然没有法律的强制力，但是，由于它的群众型、广泛性，人们会自觉地将格言中所倡导的作为约束自觉行为的规范；谚语、俗语、成语是最便于以口承的方式记忆、记录、传承民族民俗、伦理道德、习惯法律的重要载体之一；寓言故事采用含蓄、幽默、犀利且贴近生活的文学形式，在讽刺、揭露、抨击社会阴暗面的同时，又起到宣扬真理、提倡正义、追求和平、传播道德规范的社会功效；史诗如《格萨尔》是研究藏族社会及历史的文化的百科全书，其中对部落之间、部落内部的矛盾和冲突以及解决的途径与方法，体现出了其法律文化的内容。这种在历史长期发展中形成的法律文化传承形式，有其独特的符合藏族民众接受的法律文化心理。③ 第四，我们分析现代法治文化建设中的普法活动效果。目前，普法是我们法治文化建设的主要手段和形式。之所以产生普法工作事倍功半的问题，最主要的原因在于没有从战略的高度看待普法等法治文化的建设。因为当以普法为主要的建设法治文化的形式的时候，首先，要明确在一个法治建设的战略高度，看待以普法为主要手段的法治文化；其次，对于普法而言，最为重要的是对法治精神的宣传和塑造，进而形成公民意识、国家意识和规则意识。而仅仅从形式上向西藏民众发放法律知识手册、提供法律咨询或者方便的阅读法律机会、具体的法律条文规定，这不是法治文化建设中普法的内涵。事实上，对于具体的法律规定没有必要，也不可能每个公民都能清楚地知道每一条法律规定的具体内容。普法

---

① 尕藏加：《藏区宗教文化生态》，社会科学文献出版社2010年版，第2页。
② 徐明旭：《雪山下的丑行：西藏暴乱的来龙去脉》，四川出版集团、四川教育出版社2010年版，第3页。
③ 杨士宏：《藏族传统法律文化研究》，甘肃人民出版社2004年版，第220—230页。

宣传应该是以塑造法律精神、宣传法律原则为内容。第五，法制宣传的方式未能符合藏族民众文化心理。由于独特的历史文化和地理环境，形成藏族民众独特的文化心理，尤其是对现代法治文化的接受，要有一个适合其文化心理的建设方式或者说有一个文化调适直到适应的过程。目前，我们在普法宣传中没有很好地探寻更适宜的方式，依然是简单的发放法律宣传单、讲解法律知识、举办法制讲座等方式。一方面，普法的内涵实质未能把握，因而体现出事倍功半的效果；另一方面，藏族民众以传统的文化心理去面对现代陌生、简单机械宣传的法律，必然很难适应或者接受。所以才会出现课题组成员在调研过程中发现的问题：普法方式单一、生硬，不符合藏族民众的文化心理，普法在个别地方流于形式，普法效果有限。

六 法治文化建设重点不突出

目前，西藏法治文化建设主要依靠普法宣传、2012年开始的全区强基惠民驻村工作组的法制宣传和寺庙法治化宣传教育等途径。采取的形式主要有发放法律宣传单、讲解法律知识、举办法制讲座等；从西藏长治久安和法治西藏建设的长远来看，西藏法治文化建设过程中存在重点不突出的问题。其一，西藏法治文化建设的重点内容不突出。法治文化建设的目的是西藏民众包括僧尼在内都体现出社会公民应有的素质和意识，即能具有公民意识、国家认同和法治理念。大家齐心协力、同舟共济建设新西藏，实现法治西藏，依法治藏，维护西藏稳定和长治久安。但是在法治文化建设过程中，重点内容不突出。在普法或者法制教育过程中，片面地形式上地注重法律文本或者法条的宣传，甚至出现运动式的普法宣传活动。这样会给西藏老百姓留下多少印象和作用？在课题组调研过程中，不难发现经过多年的法制教育和宣传，虽然西藏群众的法律意识有所提高，但是整体还是比较低。尤其是农牧民地区，有些地区的农牧民法律意识淡薄，不懂得作为公民应有的权利和应该履行的义务。出现纠纷依然依靠传统的方式。谈起一些基本的法律，比如宪法、民法等，老百姓虽然听过，但却不知道具体是干什么的，都知道杀人放火是犯法的，至于为什么，不知所以然。反观历次骚乱和暴乱，一些不法僧尼的行为也体现出法治文化建设中应该突出重点，即在西藏法治文化建设中应塑造和培养西藏民众的公民意识、国家认同、社会主义法治精神和法治理念；其二，法治文化建设的重点培养对象不突出。要把握西藏法治文化建设的重点培养对象，就得明确认识到西藏社会的建设主体和不稳定因素之所在。通过重点攻坚,逐步全面推进,才能彻底解决西藏社会不稳定因素,实现法治西藏和长治久安。由于西藏独特的地理环境和历史文化的影响,形成了西藏独特的区情。西藏法治文化建设应该重点培养以下影响西藏未来社会稳定的三类主体:一是,西藏未来发展的建设主导,即我们应该着力培养的西藏青少年;二是,西藏的宗教团体及其宗教职员;三是,西藏广大的农牧区的农牧民。青少年是祖国的未来和建设西藏的栋梁之才。如果在校园教育过程中,缺少法治文化的建设,那对青少年是致命的影响。经过近几年对西藏部分学校的观察和调查,发现西藏校园法治文化建设已有起色,设置了中小学法制副校长、法制辅导员制度和相应的法制宣传教育制度。但是未能把握核心的重要内容:缺少从小培养的公民意识、国家认同和法治规则意识,而只是简单培养学生遵纪守法的意识。西藏历次骚乱和暴乱,不难发现少数不法僧尼的身影。西藏的宗教团体和宗教职员应该是法治文化建设的重点。因为在社会主义西藏,僧尼都是社会主义公民,其宗教活动都必须合法地进行。宗教法治文化建设有起色是从 2010 年 11 月 1 日开始。因为在此日,我国开始实施《藏传佛教寺庙管理办法》,成立寺管会。其中第十一条规定了寺庙管理组织履行法治教育的职责:管理本寺庙教职人员和其他工作人员,组织学习国家有关的法律、法规、规章以及国家的民族、宗教政策,加强民族团结宣传教育,组织开展对教职人员的教育培训;教育引导信教公民遵守国家有关的法律、法规、规章。西藏自治区依法管理宗教事务,扎实推进寺庙管理法治化、规范化。党和政府一系列利寺惠僧政策深得人心,广大僧尼的中华民族意识、国家意识、法制意识和公民意识不断增强。此外,对广大的农牧区尤其偏远地区村落中的僧尼也应该加强法治文化教育和培养。因为即使在法治昌明的现代社会,由于西藏的传统宗教文化和地理位置影响,藏族民众因为习惯性思维和文化心理,在面对现代法治文化时必然会感到陌生而不适应,此时宗教人员的法治文化水平高低直接影响着藏族老百姓的行为,这势必会对西藏社会稳定产生不可低估的影响。广大的农牧区尤其不容忽视,这是西藏人口和区域面积所占比重最大的地方。西藏的法治社会和依法治藏,离不开对广大农牧民法治文化建设和培养。目前,农牧区的法治文化因各种因素相对薄弱。虽然在 2012 年全区强基惠民过程中,驻村工作组对当地的百姓普法教育有一定的促进作用,但是整体还是薄弱,而且也存在着本身工作组成员法律水平参差不齐的问题,导致教育效果受到影响。国家行政机关的公职人员法治文化水平的高低,影响着其依法行政的自觉性,影响着老百姓对法治和政府的公信力;国家司法机关法治文化建设的好坏,影响着老百姓对正义、公正、平等的认识和法律信仰的有无。总之,在西藏法治文化建设中,对法治文化建设的重点内容和重点培养主体,有的方面是认识不到位而忽视了,有的方面是认识到了,也正在努力建设改变,但还是存在着一定的问题。

七 西藏地方法制建设需要进一步完善,并要防止狭隘的民族观

西藏自治区的法制建设,取得了长足的进步。自1979年8月14日成立以来,截至2012年12月底,自治区人大及其常委会共立法290件,其中,现行有效法规116件,具有法规性质的决议、决定145件,废止法规文件29件。这些地方性法规的内容涵盖了政治、经济、教育、科学、文化、卫生、资源、环境等社会生活各个领域,为推进依法治藏的战略任务奠定了坚实的法制基础,为保障全区经济社会的跨越式发展和长治久安以及全面建成小康社会发挥了重要的引领和推动作用。① 截至2015年7月,自治区人大及其常委会审议通过地方性法规和有关法规性质的决议、决定共302件。其中,现行有效的地方性法规124件。② 西藏各族人民除了享有宪法和法律规定的普遍性的政治权利,还享有民族区域自治的特殊性的政治权利。但是在推行依法治藏、法治西藏的过程中,西藏自治区法制建设是一个长期和渐进的过程。因为包括西藏自治区在内的中国民族法律法规体系已基本形成以宪法关于民族区域自治的规定为核心,以民族区域自治法为主干,以国务院及其职能部门制定的关于民族区域自治的行政法规和部门规章以及民族自治地方制定的自治条例和单行条例、自治区和辖有民族自治地方的省(市)制定的地方性法规为主要内容的民族法律法规体系。而我国民族法律法规体系建设是一个长期的、开放的、与时俱进的

---

① 田志林:《加快立法速度、提高立法质量——自治区人大加强和改进地方立法工作小记》,《西藏日报》2013年1月7日第6版。

② 西藏自治区人大常委会:《坚持和完善人民代表大会制度 谱写社会主义新西藏民主法治建设的辉煌篇章——纪念西藏自治区人民代表大会成立50周年》,《西藏日报》2015年8月16日第5版。

过程，不会一蹴而就。① 因此，西藏在 2013 年紧紧抓住推进依法治藏、建设法治西藏的重大问题，依法行使立法、监督、决定、任免等职权，制定并落实五年立法规划和年度立法工作计划、监督工作计划，共审议 11 件法规草案、通过 9 件，开展了 31 项监督工作，加强在重点领域即经济社会发展、保障和改善民生、依法行政、简政放权等领域立法。② 到了 2016 年，西藏人大常委会认真落实调整后的五年立法规划，进一步加强重点领域立法。拟制定企业国有资产监督管理条例、见义勇为人员表彰奖励和权益保障条例、抗旱条例等法规，修改消费者权益保护法实施办法、旅游条例、边境管理条例、流动人口服务管理条例等法规，统筹推进人大工作方面相关法规的修改。③ 但是随着富裕西藏、和谐西藏、幸福西藏、法治西藏、文明西藏、美丽西藏的建设推进，西藏自治区的法制建设需要不断地完善。

目前，西藏自治区法制建设还存在着以下几个方面的问题。

其一，应更加强化法制建设的主旨思想，即在符合我国《宪法》《民族区域自治法》《立法法》等法律的规定与精神下，保持法制的统一性，完善自治区内各个民族的合法权益，而不是强化狭隘的民族观，更不是彼此的利益博弈。因为在完善民族区域自治法过程中，如果法制建设主旨思想不强化，容易强化自治区内各个民族的意识，容易造成分化，不利于西藏的稳定与发展，影响西藏的法治建设和长治久安；其二，民族区域自治法有待完善。现在还未制定自治条例，随着经济社会的发展，需要不断完善单行条例；其三，现代法制与藏族习惯法资源整合不够，在西藏出现因文化上的差异和阻隔造成国家法的缺失，从而形成习惯法的生存空间，④ 造成法制规则不统一。在调研过程中，一部分群众已经逐渐地接受并认同国家法的规范，而另一些群众依然墨守并遵循藏族传统的习惯法。一旦发生纠纷，就容易产生依据哪一种规则来处理的问题，而且如果规则

---

① 中国民族报：《中国特色民族法律法规体系已基本形成》（http://www.mzb.com.cn/html/report/235733-1.htm）。

② 《西藏年鉴 2014》，西藏人民出版社 2015 年版，第 11 页。

③ 白玛赤林：《西藏自治区人民代表大会常务委员会工作报告——2016 年 1 月 28 日在西藏自治区第十届人民代表大会第四次会议上》，《西藏日报》2016 年 2 月 13 日第 1 版。

④ 王允武：《民族自治地方社会和谐法治保障若干问题研究》，中国社会科学出版社 2012 年版，第 303 页。

没有统一性或者国家法制没有得到认同，那么即使依据国家法强制处理了，也会埋下隐患。因此，应该进一步研究、发掘藏族传统法律文化中的优秀资源，将其整合到西藏法制建设之中。如此，法治建设借助本土资源，"这是法律制度在变迁的同时获得人民接受和认可、进而能有效运作的一条便利途径，是获得合法性——即人们下意识的认同的一条有效途径"①。

总之，在西藏法治文化建设之中，我们只有立足于自身的不足、正视存在的问题，以开放的心态，兼容并蓄，解决存在问题，更好地建设西藏法治，推进依法治藏，实现西藏的长治久安。

第二节　西藏法治文化建设的困境对西藏长治久安的影响

在党的领导和西藏全区各族人民辛勤劳动以及全国各族人民的关心支持下，西藏目前保持了经济又好又快发展、民生持续改善、生态环境良好、民族团结进步、宗教和睦和顺、社会和谐稳定的大好局面。"安而不忘危，存而不忘亡，治而不忘乱"，为实现西藏的长治久安，我们在贯彻习近平总书记"治国必治边、治边先稳藏"的重要战略思想，贯彻落实俞正声主席"依法治藏、长期建藏"的指示要求过程中，必须逐步塑造群众的法治文化，用法治文化维护稳定。对比西藏建设取得的成就与西藏法治文化建设的困境，我们必须直面问题所在，居安思危，深刻认识法治文化建设存在的问题对西藏长治久安的消极影响。在反分裂斗争形势依然严峻，维护稳定的任务艰巨繁重的时期，法治文化建设肩负着为西藏全区各族人民树立国家意识、中华民族共同体意识和公民意识的重担，承担着形成法治思维和法治行为方式的使命，提供着西藏建设的精神动力和文化先导作用。如不反思和解决法治文化建设存在的问题，势必会影响西藏法治建设进程，势必会影响到西藏的社会稳定和长治久安。

一　影响西藏的稳定与和谐

在西藏全力推进跨越式发展，努力建设富裕、和谐、幸福、法治、文

---

① 苏力：《法治及其本土化资源》，中国政法大学出版社1996年版，第15页。

明、美丽的社会主义新西藏的过程中，法治文化建设存在的问题，影响了西藏的稳定与和谐，影响了西藏的长治久安。

（一）法治文化建设的战略认识不足、规划不到位，妨碍了西藏长治久安战略目标的实现

习近平总书记提出"治国必治边、治边先稳藏"的重要战略思想，指出必须从战略全局高度，谋长远之策，行固本之举，建久安之势，成长治之业。西藏目前经济社会各项事业发展蒸蒸日上，唯独法治文化建设方面相比较而言明显滞后。虽然西藏全区已经有相应的各种普法宣传活动、驻村驻寺的普法任务和逐步推进的法制建设，但是纵观西藏全区的法治文化建设，还是没有提升到一个战略的高度去看待，没有一个全区统一规划、整合资源、分工明确、上下协作、全民参与、共同创建的法治文化建设纲领。法治文化战略的欠缺与"治国必治边、治边先稳藏"和"依法治藏、长期建藏"的重要战略思想认识不相符合。法治文化战略的理想是西藏长治久安。因此对西藏法治文化的建设必须统筹安排、深谋远虑，方能实现西藏的长治久安。

法国的战略家薄富尔警告说过：战略无知即为送命的错误！欲求西藏的稳定与长治久安，必须研究西藏法治文化建设战略价值，战略的无知或者缺失都是致命的错误。而法治文化蕴含着追求公平、正义、自由、民主的法治价值，弘扬着依法治国的法治精神，宣扬着保障公民的权利和规范公权力法治思想，彰显着社会主义法治理念，塑造着公民精神，凝聚着国家意识，聚合着中华民族共同体的认同，铸造着法律信仰，传播着先进的社会主义法治文化种子，孕育着社会稳定和谐、国家长治久安的文化基因。法治文化内在的特质，决定了法治文化的政治性、先进性、导向性、指引性；法治文化一旦嵌入西藏民众心中，它必将作为一面旗帜引领西藏法治建设前进的方向，保障着西藏的长治久安。因此在西藏法治建设和寻求西藏长治久安的重大时期，在属于不同文化实体的人民之间的冲突的时代，在"一切问题，由文化问题产生。一切问题，由文化问题解决"的世界，西藏法治文化建设的战略价值认识不足，势必会影响到西藏的长治久安。目前，对西藏法治文化建设战略性认识不够，导致西藏法治文化建设过程中，出现了除普法办外各个机构积极性不够，对法治文化认识不足，参与积极性不高，没有全区统一规划的纲领，资源整合不强、协调不够、被动参与、积极性不高等问

题,效果有限,严重地制约了法治文化的价值和引导作用,势必会影响到西藏民众的国家意识、公民意识、中华民族共同体意识和法治意识的形成,进而影响到西藏的社会稳定与长治久安。

(二)宗教文化、传统藏族法律文化与现代社会主义法治文化的不协调,影响西藏社会的稳定与和谐

西藏建立社会主义制度以后,废除了政教合一的封建农奴制度。但是藏传佛教经过千百年来的发展与传播,已经在西藏民众心中深深地扎下根基,影响着西藏民众的文化心理和西藏社会的稳定。从佛教文化发展来看,其并不是封闭的。佛教文化传入中原后,与中国本土的儒学、道教相融合;佛教传入西藏,在早期、中期也不是封闭的,但到了后期,则明显地形成了一个封闭的体系。我们也应承认,藏传佛教后弘期到来后,尤其是政教合一的封建农奴制形成后,西藏文化事实上以佛教文化为主导形成了一个相对完备的体系,社会生活的各个领域都被纳入这个体系中。因而藏传佛教文化形成了一个封闭、单一的文化体系。① 藏传佛教在社会稳定和谐建设中有其行善持戒的伦理道德规范作用,但也有其消极的一面:残存着政教合一的封建农奴制度的文化思想。由于藏传佛教的"信仰高于理性,来世重于现世"特性,也就是说藏传佛教通过把本土的苯教的灵魂不死、灵魂转移的观念同佛教的因果报应、生死轮回、超度来世的观念结合在一起,形成了藏族的非理性的、盲从的、无政治意识的、无集体意识的文化心理结构和非理性的思维方式。达赖反动集团无非一方面想恢复并继续政教合一的封建农奴制度,另一方面又利用西藏几乎全民信教而又缺乏政教分离观念(中世纪的政教合一在西藏有根深蒂固的传统)的特点,故意违背政教分离的原则(所有西方民主国家的立国原则),把佛教里根本没有的"西藏的独立"说成是佛的旨意,混淆视听,从而使许多藏人不假思索地支持西藏独立。这样的人心和民意根本不可能作为改变国际公认的西藏主权归属的依据。② 但是广大的西藏民众由于对现代法治文化的陌生或者启蒙较浅,依然固守着传统的文化,因而容易被达赖反动集团的宣传误导,产生错误的认识。反观发生在拉萨的"3·14"暴乱事件

---

① 牛治富:《文化及"3·14"事件背后的文化冲突及其实质(二)》,《西藏发展论坛》2009 年第 2 期。

② 徐明旭:《雪山下的丑行:西藏暴乱的来龙去脉》,四川出版集团、四川教育出版社 2010 年版,第 12 页。

中，以哲蚌寺为主的三大寺喇嘛为什么不甘心在寺庙里吃斋念佛，而要违背佛教戒律，带头实行打砸抢烧？一句话，以哲蚌寺为主的少数寺庙经师、喇嘛们不甘心失去"政教合一"制度时代的特权地位。① 更是在现代社会主义法治之下，违背了国家法律，更未能形成正确的法治及文化观念，这些都会影响着西藏的稳定与和谐。对西藏民族来说，心中固存的单一、封闭的传统文化必然和现代法治文化产生认识与接受上的冲突。但是现代法治文化与传统文化的对立与冲突不可怕，不同文化本身就有差异，最为关键的是在主流价值文化的指引下，调协形成共识。因而如果传统的宗教文化与现代法治文化调协的效果欠佳，就会体现在西藏民众的心理和行为上，一旦产生对立和冲突，就会影响着西藏社会的稳定与和谐。

藏族传统法律文化蕴含着一定的价值，具有优秀的本土资源，发挥地方性知识的作用，弥补国家制定法的不足。但是其与现代法治思想的相悖性，封建农奴制度的残余性，对妇女权益的漠视等消极性方面，与现代法治文化产生着冲突。由于现代普法活动的深入，形成了这样的格局：法律意识强的群众遵守现代法律处理纠纷，法律意识淡薄的固守藏族习惯法处理矛盾。在这种情况下，由于国家法在民族自治地方的实施，也带来了少数民族成员法观念的变化，在特定少数民族内部，一些成员仍然在遵循本民族的习惯法传统，另一些成员则认同国家法的规范意义。在这种情况下，如果具有不同法观念的成员之间发生纠纷，依据什么规则来解决双方冲突，已成为需要认真对待和解决的问题。② 如果依据现代法制解决问题，对于没有接受现代法治文化的群众来说，在内心依然认为不公，反而更会促使其归向传统的宗教文化与习惯法文化，会埋下矛盾的隐患。如果依据习惯法处理，对信赖现代法治的群众来说是个打击，失去对现代法治的信赖甚至信仰，会破坏法治的建设。最典型的例子莫过于藏族习惯法中的"赔命价"制度。此外课题组成员在调研过程中，出现在那曲虫草产区的问题，也是生动的写照：由于虫草的价格高，而且没有正确的法治文化观念和消费观念的指引，部分群众养成了好吃懒做的习性，牧民不再务牧，只依靠虫草。存在着好吃懒做、攀比的现象，形成了畸形的消费观

---

① 牛治富：《文化及"3·14"事件背后的文化冲突及其实质（二）》，《西藏发展论坛》2009年第2期。

② 王允武：《民族自治地方社会和谐法治保障若干问题研究》，中国社会科学出版社2012年版，第306页。

念。在虫草买卖时，部分群众被利益迷惑了双眼，在资金运转不开的时候，借"高利贷"，高于银行利率甚至百倍；而在借贷发生的时候不能订立合同、协议，只进行口头约定。在虫草买卖时，也是以口头协议为主。从而产生各类纠纷。很多人走向了民间借贷的路子（高利贷），牧民群众有一定的法律意识，但懂法的能力低。由于急于用钱，对约定的借款利率满不在乎，在后来还款时，才觉得无力偿还，最终不能承受走上诉讼之路。在法院审理案件过程中，对于支付利息的判决，即使是依法公正判决，群众由于欠缺法律知识，对此依然存在很大的意见，认为法院判决不公平。最大的问题就在于缺少法治文化的指引，即使实现了公正合法的裁判，依然没有解决好矛盾。在不懂法的群众心中还是埋下了隐患。可见，制度的刚性并不能完全解决内心的认识问题。只有靠软性柔和的法治文化的熏陶与培养，形成主流价值判断，才能真正从群众的内心和行为上解决矛盾纠纷问题。

总之，宗教文化与藏族传统法律文化与现代法治文化的差异，如果未能很好地协调、调适好，就会产生西藏传统文化与现代法治文化的对立与冲突，埋下不稳定的隐患，必然会对西藏的社会稳定与和谐产生消极的影响。

二 迟滞西藏法治化进程

在努力建设富裕、和谐、幸福、法治、文明、美丽的社会主义新西藏过程中，法治西藏、依法治藏是西藏社会发展稳定和谐的根本保障。法治作为一种与人治相对立的治理国家、管理社会的方法原则和组织形式，已被大多数人认同，基本的观点也日趋一致。我们有理由认为，中国法治社会的形成有赖于经济市场化、政治民主化、市民社会的成熟、意识理性化、法治信仰以及职业法律家群体的形成等一系列条件。[①] 在西藏，法律制度的推行，法治治理方式的实施，离不开社会主义法治文化的指引。社会主义法治文化是先导，没有社会主义法治文化的熏陶，没有处理好社会主义法治文化与宗教、传统藏族法律文化的关系，没有法治文化提供政治民主思想、意识的理性化、法治的信仰和公民意识，一切法律制度都是空

[①] 何勤华、任超：《法治的追求——理念、路径和模式的比较》，北京大学出版社2005年版，第112—113页。

谈，法治社会就无法实现。也只有通过社会主义法治文化的熏陶与培养，广大的西藏民众才能有意识地去接纳、认同现代法治，进而信仰法治。因而西藏法治文化建设的困境问题，如果不能很好地解决，无疑会迟滞西藏法治化进程。

我们不妨从当代社会矛盾问题和西藏社会的信仰及西藏法治文化现状等方面去认识法治文化建设的困境对西藏法治化进程的影响。西藏社会目前保持了经济又好又快、民生持续改善、生态环境良好、民族团结进步、宗教和睦和顺、社会和谐稳定的大好局面。但是反分裂斗争形势依然严峻，维护稳定的任务艰巨繁重。我们更不能忽视西藏社会矛盾纠纷状况问题。西藏社会矛盾纠纷现状主要体现在以下几个方面：一是矛盾纠纷的类型多样化，但比较集中。随着社会主义市场经济的发展，西藏的案件类型主要集中在民商事案件。充分发挥民商事审判在促进经济社会发展、维护社会公平正义等方面的职能作用，西藏在2013年审结民商事案件15766件，结案标的9.74亿元。依法平等保护市场主体合法权益，审结各类合同纠纷4204件；服务城镇化建设，依法审理和化解土地征收补偿、农田水利建设、农产品生产流通、土地承包流转等涉农纠纷351件；调解矿产资源、旅游市场、民间借贷、消费品流通等领域引发的纠纷730件；全面加强知识产权司法保护，审结专利、商标、著作权、反不正当竞争等知识产权案件12件；审结抚养、赡养、继承等婚姻家庭案件2310件；审结拖欠农民工工资、工伤赔偿、劳动争议、道路交通、人身损害赔偿等案件1030件；审结就业、教育、医疗、卫生、社会保障等民生案件830件；刑事案件方面，依法严厉打击杀人、抢劫、绑架、强奸等严重暴力犯罪和有组织犯罪、黑恶势力犯罪、多发性侵财犯罪，共审结刑事案件1104件，判处罪犯1320人；为了维护社会的公平正义与稳定，依法对十四世达赖集团、境内外敌对势力制造的各种分裂破坏活动和危害国家安全的犯罪行为旗帜鲜明地进行打击。① 这样顺畅地发挥法治的解决纠纷和治理社会的功能，无疑对西藏社会法治进程具有巨大的推动作用。尤其是西藏已经逐步发展起来的市场经济，已经在改变着西藏传统的社会经济结构。而市场经济是法治经济、诚信经济。法治是维护经济发展、处理矛盾纠纷、维护

---

① 索达：《西藏自治区高级人民法院工作报告》（http：//www.xizangrd.gov.cn/Articles/5177-1.htm）。

公民权益最突出、最合理也是最合法化的方式。但是，令人担心的问题是，矛盾纠纷问题处理如果游离于法治之外，也就是法治文化建设的困境所体现的，这无疑会迟滞西藏的法治进程；二是，矛盾纠纷比较集中。民商事方面的主要集中在：婚姻家庭案件、劳动纠纷、工伤事故、道路交通、人身损害赔偿、草场纠纷、矿产资源纠纷、民间借贷、就业、教育、医疗、卫生、社会保障等案件；刑事案件主要集中在多发性侵财犯罪、严重暴力犯罪和有组织犯罪、黑恶势力犯罪案件；三是，西藏社会矛盾纠纷具有季节性与地方性特性。拖欠民工工资类纠纷多发生于每年的11、12月份；有关工伤类纠纷案件多发生于9、10月份；有关虫草采集许可证的发放、采集、销售等纠纷多发生于每年的5、6月份。西藏的社会矛盾纠纷呈现较强的地方性。第一，纠纷主体大多是外来人员之间、外来人员与当地老百姓之间；第二，许多纠纷争议的标的远离城市，远离当事人居住地；第三，因采集林下资源、虫草、交易虫草而发生的纠纷为数不少；第四，因矿产资源的开采、征地补偿等而发生的纠纷不少；第五，许多普通矛盾纠纷容易转化为械斗乃至刑事犯罪案件。[①] 这不难看出矛盾发生的规律性。如果矛盾处理缺少法治文化内化的行为，即使是简单的矛盾也会演化成复杂的矛盾，进而会影响社会稳定。这就需要法治文化的建设，突破其建设过程中的困境，让法治文化深入老百姓的心中，让老百姓在融合了传统优秀本土化文化资源与现代法治文明的社会主义法治文化指引之下，形成公民意识、理性意识和法治意识，适应现代法治主流的社会规则。既能推动西藏法治进程，又能让西藏百姓安享现代法治文明成果。

　　反观西藏社会人生信仰具有的特点是：信仰多元化、信仰缺失或信仰困惑（在年轻人较为严重）、信仰的矛盾化（信仰马克思与宗教感情并存）、信仰的庸俗化（相信权位、金钱和享乐）、主流信仰的边缘化倾向（形成了一元主导与多元并存的格局，共产主义等主流人生信仰有被边缘化的倾向）。两个比较重要的群体的信仰状况：一是青少年的信仰：信仰宗教占有较大比例，对马克思主义不是完全信服，持一定的怀疑。但其信仰并没有完全确立，信仰可塑性较大；二是农牧民群众的信仰状况：生活在西藏广大农牧区的绝大部分农牧民群众信仰藏传佛教，其人生信仰的基

[①] 唐小民、佘毓惠：《西藏社会矛盾纠纷的预防和解决》，《西藏发展论坛》2011年第4期。

本特点是轻今生、重来世；同时受市场经济的冲击，大部分人的观念中，勤劳致富、改善生活，追求现代生活的意识也在不知不觉中增强，其中大多数人比较信任中国共产党，对走社会主义道路充满信心。总体上来说，农牧民群众的信仰集中，大部分信奉藏传佛教。同时，也信仰社会主义，拥护共产党，甚至把毛主席当作神灵来信仰和供奉，悬挂三代领导画像，在维护国家统一方面也具有朴素的但却坚定的立场。[①] 在2008年拉萨的"3·14"打砸抢烧事件背后的"文化冲突"是"政教合一"的封建农奴制文化与"政教分离"的人类文化大方向的冲突。[②] 在宗教文化、传统法律文化和现代法治文化多元文化相互交织对立冲突中，法治文化的主流价值亟待凸显出来。因为法治文化的建设、培养与塑造，可以逐步地廓清西藏民众的价值观念、厘清信仰误区、正确处理矛盾纠纷，培养其政治民主观念、公民意识、理性意识、法律信仰，按照法治主流的交易规则来行事。如果没有现代法治文化嵌入每个西藏民众的心中，没有更新法律观念，法治无从谈起，现代化的成果难以进入民间社会，西藏社会也更容易产生混乱。

目前西藏法治文化建设存在的问题：占西藏人口与地域面积比例最多的农牧区的法治文化建设比较薄弱，农牧民法律意识虽有一定程度的提高，但是整体法治文化偏低。在农牧区除部分纠纷解决采取司法途径外，其余仍然按传统的习惯的方式解决，与现代法治化方式相脱节。法治文化建设的形式和手段单一，未能符合藏族群众的文化心理，这些都影响着法治文化建设的效果；在外来人员与当地老百姓之间产生的纠纷，如果没有法治文化的指引，那么很容易产生矛盾、产生狭隘的民族观。整体上的法律意识的欠缺，公民精神的不足，国家意识的不突出，中华民众共同体意识的淡薄，这些都需要通过法治文化来塑造和解决。这也是达赖集团利用我们法治文化建设的薄弱，提出"大藏区"的"高度自治"。这貌似是尊重国家主权和领土完整，但实质上完全违反了我国宪法和法律，与我国国情相背离，极具欺骗性和迷惑性，也违背了藏传佛教的根本利益。西藏百姓如果没有法治文化的熏陶与培养，容易产生混淆，误入歧途，引起社会

[①] 牛治富、房玉国、唐章全：《当代西藏社会人生信仰及其实践特点的调研报告》，《西藏发展论坛》2007年第2期。

[②] 牛治富：《文化及"3·14"事件背后的文化冲突及其实质》，《西藏发展论坛》2009年第1期。

的不稳定。总之，这些方面都反映出西藏社会发展急需现代文化的指引，尤其是要走上法治化的道路，现代法治文化的建设急需加强。法治作为人类社会治理的一种理想，已经成为当今世界最突出的治理模式。法治是产生于一定时代的产物，法治是由特定的社会塑造的。法治是保障西藏社会稳定与长治久安的基础，也是促进西藏社会进步、保障人民福祉、发展经济的关键因素，更是合法化最突出的治理理想。法律制度是硬性的，法治文化是软性的，法治理想是美好的。如果没有法治文化盘活每一个西藏民众的心，再好的理想都无法通过设计的制度来实现。例如课题组在调研中，有的牧区人民的法律意识整体处于薄弱状态，有的甚至还是采取以暴制暴的方式维护自己的权益；思想观念墨守成规，自我维权意识较弱。在平时的生活中也能体现：一是购买商品不主动索要发票，合法权益得不到保证；二是在消费过程中，抱着"破财消灾"的思想，明知合法权益受到侵害，却不主张维护权利；三是不善于利用法律手段维护自身合法权益；四是分不清政府职能部门，遇到消费纠纷或者简单的纠纷就拨打"110"。甚至也会出现有一定的法律意识，但是没有内化成行为的方式。例如，在长途公交运输中，商务车在限速公路上超速也是例子。承运司机明知超速会被罚款，却利用超速一截、停留一截的方式，来逃避处罚。这样不仅是拿自己和乘客的生命当儿戏，更是违反了法律法规。如此一来，再好的法律制度，如果没有每个公民的遵守、对法律的信仰，也是没用的。法治文化建设存在的问题，无疑会从群众思想认识的模糊、群众行为的传统固化、非法律化、对法律权威的漠视、法制推行缓慢等方面迟滞西藏法治进程。因此，在西藏经济社会发展的过程中，法治文化须突破困境，必须嵌入每个西藏民众即每个社会公民的心中，法治化的内生型的西藏稳定才能实现，才能实现西藏各族相互了解、相互尊重、相互包容、相互欣赏、相互学习、相互帮助，在各民族中牢固树立国家意识、公民意识、中华民族共同体意识和法治意识，实现新西藏建设的理想，实现各族人民安居乐业、共享现代文明成果。

三 阻碍西藏跨越式发展

西藏目前正在全力推进跨越式发展和长治久安。进入21世纪，西藏的发展进步驶入历史快车道。2010年1月，中央召开第五次西藏工作座谈会，会议提出西藏下一步发展的目标，即到2015年，保持经济跨越式发展势头，农牧民人均纯收入与全国平均水平的差距显著缩小，基本公共服务能力显著提高，生态环境进一步改善，基础设施建设取得重大进展，各民族团结和谐，社会持续稳定，全面建设小康社会的基础更加扎实；到2020年，农牧民人均纯收入接近全国平均水平，人民生活水平全面提升，基本公共服务能力接近全国平均水平，基础设施条件全面改善，生态安全屏障建设取得明显成效，自我发展能力明显增强，社会更加和谐稳定，确保实现全面建设小康社会的奋斗目标。西藏迎来更美好的发展前景。① 跨越式的发展需要市场经济的发展，而契约性的法治是各个社会利益群体共同面对且须接受的一种双赢的共同秩序。要遵循市场经济规律，发展市场经济，必须跟市场的游戏规则即法治规则相一致。"法律平等是通过两种伟大的理性力量，即市场经济的扩展和社会组织活动的官僚化实现的。他们取代了那种以私权或授予垄断化封闭组织的特权为基础创设法律的特殊方式"②。西藏的跨越式发展既离不开保障市场经济运行的法律制度，也不离开弘扬市场经济运行规则的法治文化提供精神动力和文化先导。当社会经济主体具备了法治文化提供的精神动力和文化价值指引，在社会经济活动中才能遵守规则，发生纠纷依法处理，整个社会才能形成合理的法治秩序，推动社会经济、生态、公共服务、稳定、民族团结等各个方面和谐有序的发展。在西藏跨越式发展的过程中，经济发展虽然明显，但是法治文化建设存在一定的问题，会反过来制约经济发展，阻碍西藏跨越式的发展。随着市场经济的深入发展，交易程度的深化、社会生活的多样化与复杂化、利益的纠葛、矛盾的产生，在西藏跨越式发展的过程中要厘清问题、解决纠纷、处理矛盾，必须不仅要有一套明确的法治规则，更要有遵从法治规则的社会经济参与主体。如果法治文化建设问题不解决，那么作为社会经济参与主体的西藏民众，就无法按照市场的法治规则要求进行有序合理的社会经济活动，势必产生问题与矛盾纠纷，容易产生无序与混乱，甚至引起社会不稳定。

相对来说城镇法治文化建设稍好一些，农牧区的法治文化建设薄弱

---

① 国务院新闻办公室：《西藏的发展与进步》，《人民日报》2013年10月23日第14版。
② ［德］马克斯·韦伯：《论经济和社会中的法律》，张乃根译，中国大百科全书出版社1998年版，第129页。

一些。西藏农牧区主要是从事农牧业生产，家庭是生活生产的最基本的单位。农牧区无论是地域面积还是人口都占西藏的绝大部分。传统的农牧区生活生产方式具有以下几个特征：个体的手工劳动方式、以血缘和地缘关系为主的社会交往、低水平的物质生活、贫乏的文化生活、根深蒂固的传统习俗。改革开放以来，随着经济改革的深入，西藏农牧区生活方式的变革也大大加速，主要表现在：物质生活从温饱向小康或逐渐富裕型转化、经济生活从自给型向市场型转化、生活结构从物质型向物质文化结合型转化，总体上由乡村型向城乡型转化。[①] 在这个转变的过程中，法治文化建设没有及时跟进，会阻碍着西藏跨越式的发展。在调研过程中，发现农牧区整体法律意识淡薄。可喜的现象是一些地方的农牧民群众参与市场经济活动较多，群众法律意识特别强（主要是中青年人群）。群众对法律意识比较单一，只是对关乎切身利益的法律意识有所了解，具体表现在人身安全和财产损失两大块。法治文化建设存在的问题主要体现在：法律意识淡薄，市场经济观念不强。民事案件主要集中于婚姻、抚养、合同以及虫草、草场纠纷方面。在涉及婚姻抚养方面，错误地认为同居、生了小孩，就是夫妻，认为举办了结婚仪式就是夫妻。等到发生纠纷时，处理抚养与财产问题，就会产生认识与法规处理上的偏差，产生一些不必要的隐患；在市场交易过程中，比如虫草的买卖、汽车的买卖、借贷纠纷等方面的问题，由于没有正确的市场和法治观念，在虫草的买卖过程中不及时订立书面合同，明确各自的权责，就容易产生纠纷；汽车交易时，由于不懂法，不订立车辆买卖合同，不对车辆进行过户，就产生各种矛盾纠纷；由于虫草的经济利益驱使，而且没有正确的法治文化观念和消费观念的指引，部分群众中存在着好吃懒做、攀比的现象攀升，形成了畸形的消费观念；对民间借贷牧民群众有一定的法律意识，但懂法的能力低。由于急于用钱，对约定的借款利率满不在乎，到后来还款时，才觉得无力偿还，最终不能承受走上诉讼之路。在法院审理案件过程中，群众对于支付利息的判决即使是依法公正判决，但群众由于欠缺法律知识，对此依然存在很大的意见，认为法

---

① 牛治富、房玉国、唐章全：《当代西藏社会人生信仰及其实践特点的调研报告》，《西藏发展论坛》2007 年第 2 期。

院判决不公平；在调研过程中发现个别地方的群众，在市场经济活动中存在着地方保护，如面对外来建筑承包企业，凡本村有的石料、施工设备、运载汽车只能使用本村的，不允许企业使用自身雇佣等情况，除本村没有的之外；甚至出现这种现象：由于不懂得用法律维护自身权益，往往使用家族势力进行解决纠纷。这些现象体现出来的问题就是在市场经济建设和社会发展的过程中，法治文化建设滞后，没有随同跟进。正是法治文化存在的困境，未能很好地给社会经济主体的法治文化指引和提供建设市场经济的精神动力。因而很难形成一个群众认为合理、法治内在要求平等公正的法治秩序，产生纠纷解决方式不违法，简单问题复杂化，处理结果异样化，利益纠葛隐患化。这会严重影响到新西藏的建设与发展以及长治久安。

第五章　长治久安战略视角下西藏法治文化建设的完善思路与具体对策

如今人类生活在一个多元文化冲突的多极世界，而且东西方交流日益密切。法治作为人类社会治理的一种理想，旨在寻求秩序良好的社会。法治已经成为当今世界最突出、最合理、最合法的治理模式。我国正处于法治社会建设的新阶段，欲求安全与发展，欲求"建久安之势，成长治之业"，必须深谋远虑研究、制定战略。在党的领导下，实行依法治藏，依法维护稳定、反对分裂。保障西藏各族人民自由、平等和尊严，经济发展，政治进步，文化繁荣，社会和谐，生态良好，人民生活幸福安康，实现团结、民主、富裕、文明、和谐、法治的社会主义新西藏的治理状态的西藏长治久安，是国家的大战略。本着长治久安的全局观、战略观，我们须建设法治西藏。而这有赖于培育法治文化，从而奠定好深层文化的根基。因为西藏是在较浓厚的传统伦理社会背景下建设现代法治社会，更需要发挥法治文化的先导与支撑作用。西藏民众因文化心理的惯性，既会固守不合时宜的传统文化，又会对现代法治文化感到陌生而不予接纳，所以即使再完善的法律规范制度也无法实现法治。因此必须先培育法治深层次的法治文化根基。这样法治才能实现追求良好社会秩序的价值目标，才能变成社会的现实。基于长治久安的视角，我们就必须审视、完善西藏法治文化建设，因地制宜地提出西藏法治文化建设完善的思路与具体对策。

第一节　长治久安战略下西藏法治文化建设的完善思路

西藏的长治久安不仅关系着西藏各族人民的幸福安康，更关系着国家统一、社会稳定和中华民族的根本福祉。法治西藏旨在寻求西藏秩序良好的社会状态，而西藏的长治久安实际上就意味着在稳定的良好社会秩序保持长久不变的状态下，保障西藏各族人民自由、平等和尊严，保障经济发展,政治进步、文化繁荣、社会和谐、生态良好、人民生活幸福安康,实现团结、民主、富裕、文明、和谐、法治的社会主义新西藏。可见,法治是实现西藏长治久安的根本保障。但是,要实现法治社会离不开西藏各族民众作为公民具有的法治文化的支撑和法治精神的驱动。尤其是西藏正处于走向法治社会的起步阶段,而且在较浓重的传统宗教文化伦理的背景下建设法治,就更需要建设法治文化,从而充分发挥西藏民众作为社会公民具有法治文化的特有功能。"同时,建立法治国家光有法律规范体系的重构和完善是不够的,更重要的是法律规范内在价值的转型和时代精神的确立,而这一过程没有公民文化的功能作用是难以实现的。也就是说,只有表现为全民的民主自觉参与,才能确保良法的永恒性,才能树立起法律在国家和社会中的至上权威,才能培育法治的深层文化根基,法治才能化为活生生的社会现实"①。因此,推行法治西藏、依法治藏,实现西藏的长治久安,就必须从长治久安战略的视角下完善西藏法治建设的思路。

一 西藏法治文化建设的总思路

建设西藏法治文化,充分发挥法治文化的功能和价值,是推进依法治藏、实现西藏长治久安的最为关键性的环节。只有法治文化共同的魂,才能让西藏各族人民自觉主动地参与西藏法治建设,维护西藏的稳定与繁荣,实现西藏各族人民安居乐业、共享文明成果的长治久安。欲求法治西藏和长治久安的西藏,必须有一个基于高度全局认识的法治文化战略。战略的无知即为致命的错误。针对目前西藏法治文化建设没有一个全区统一规划、整合资源、分工明确、上下协作、全民参与、共同创建的法治文化建设纲领,拟提出法治文化建设完善的总思路。西藏法治文化建设的总体思路是:在长治久安战略视角和文化战略的高度上,重新认识和规划西藏法治文化建设。首先,从认识上明确法治文化建设是一项战略性、系统性、长期性、全民参与性的工程;其次,制定统一规划、整合资源、分工明确、上下协作、全民参与、共同创建的法治文化建设纲领;最后,在纲领中明确法治文化建设的战略价值、实现的目标、建设的原则、法治文化的内容、法治文化的建设方式、明确法治文化建设的责任、评估与改进法治文化建设的方案。

---

① 刘雪松:《公民文化与法治秩序》,中国社会科学出版社 2007 年版,第 249 页。

二 西藏法治文化建设的完善具体思路之一：重新认识和定位西藏法治文化建设战略工程

现代法治作为一种系统的秩序化生活状态，它并不仅仅是一种制度设计，也是一种文化模式。因为法治秩序建立在法治理念、法律制度、法律行为、法律意识等等有机整合的基础上。① 西藏正处于跨越式发展的时期，这也是西藏处于社会转型的时期走向法治。这对西藏来说，面临着藏族传统文化道德伦理价值与现代法治的价值、遗留的封建农奴等级权力观念与人民民主观念、不合时宜的传统习惯与现代法律制度、纠纷解决的传统方式与现代法治精神的要求等方面相背离的紧迫问题。诚如韦伯指出的，只有确立其对统治合法性的信仰，才会使社会成员对现存制度予以认可而得到维系。② 而法治不是单纯的以国家强制力的显现效力，而是要依赖于绝大部分作为公民的社会成员能够对法律制度体现出的法治予以信仰，从而认同和自愿地服从。而现实是"许多致力于实现现代化的发展中国家，正是经历了长久的现代化阵痛和难产后，才逐渐认识到：国民的心理和精神还被牢固地锁在传统意识中，构成了对经济与社会发展的严重障碍"，"如果一个国家的人们缺乏一种赋予这些制度以真实的生命力的广泛的现代心理基础，如果执行和运用着这些现代制度的人，自身还没有从心理、思想、态度和行为方式上都经历一个向现代化的转变，失败和畸形发展的悲剧结局是不可避免的。再完美的现代制度和管理方式，再先进的技术和工艺，也会在一群传统人的手中变成废纸一堆"。③ 因此，法治在生活中的实现，尤为重要的是要把纸面上的法律变成现实中活生生的事实。而这一切就需要我们加强西藏法治文化的建设。

习近平总书记指出：团结统一的中华民族是海内外中华儿女共同的根，博大精深的中华文化是海内外中华儿女共同的魂，实现中华民族伟大复兴是海内外中华儿女共同的梦。共同的根让我们情深意长，共同的魂让我们心心相印，共同的梦让我们同心同德。亨廷顿震聋发聩地指出"文

---

① 刘雪松：《公民文化与法治秩序》，中国社会科学出版社2007年版，第17页。
② [德] 马克斯·韦伯：《经济与社会》（下），林荣远译，商务印书馆1998年版，第85—86页。
③ [美] 英格尔斯：《走向现代化》，载徐学《世纪档案——影响20世纪世界历史进程的100篇文献》，中国文史出版社1996年版，第435页。

化有其考虑的价值，文化认同对于大多数人来说是最有意义的东西"，"在当代世界，文化认同与其他方面的认同相比，其重要性显著增强"。① D. 保罗·谢弗警醒地指出在所有的理论和实践中，在所有的社会理论和实践中，只有文化提供了这个指引未来的灯塔。综上所述，我们不难看出文化在社会中具有重要的地位和战略价值。因此，建设法治西藏、实现西藏社会的稳定与长治久安，法治文化建设工程必须重新认识和定位。只有把法治文化建设上升到战略的高度，才能站位全局高瞻远瞩地做好法治文化建设的战略工程，克服以往仅仅限于普法等工作的效果不佳的困境。如此方能长远地推进西藏的法治进程，才能更好地实现西藏的长治久安。因此，要从长治久安和文化的战略高度，重新认识清楚法治文化建设的战略价值，即法治文化是法治和长治久安的内在根基。通过法治文化的引导，使得西藏民众能清楚认识到：我们建设新西藏的事业、国家各项基本制度和党的领导都是为西藏人民谋求正义与幸福的所在。同时通过法治文化的建设与培养，形成"公民大众对于民族国家及其文明价值的忠诚和倚重"，"民族国家通过维护国家利益和公民权益对此做出回应和回报，便是确立自己的合法性，从而发动信仰机制的前提；也只有当民族国家及其法律对于国家利益和公民权益保持清醒的自觉状态，并且具有保护这一利益的能力之时，人们才会对她心向往之，从而认同乃至护持这种合法性。这样的民族国家及其法律，才会对于自己的公民形成足够的精神感召力和价值凝聚力，从而形成民族国家经由法律纽带，将全体国族成员联为一体、上下呼应、同仇敌忾的集团局面。实际上，这也就是所谓的民族精神所在，而构成'综合国力'的重要指标"②。可见法治文化必将对西藏的长治久安具有重要的价战略价值。

重新定位法治文化建设战略工程，即法治文化建设既是西藏法治进程的支撑，更是西藏长治久安的重要的支柱。它是一项全区统一规划、整合资源、分工明确、上下协作、全民参与、共同创建、兼容并包、承前启后的系统性、持续性、立体性、全方位的战略性工程。"只有在现代化和法治化进程中塑造社会成员的公民性品格和意识，确立公民道德信念和法律信仰相整合的现代主体精神，实现由臣民—市民—公民的角色转变，才能

---

① ［美］塞缪尔·亨廷顿：《文明的冲突与世界秩序的重建（修订本）》，周琪等译，新华出版社2010年版，第4、6、108页。

② 高鸿钧等：《法治：理念与制度》，中国政法大学出版社2002年版，第134—135页。

把法律制度和法律规范有效地内化为社会成员的价值选择、伦理信念和行为要求，使社会成员能够内在自觉地遵纪守法，从而使'纸上的法律'变成生活中的'活法'。这也才能克服转型期的价值真空和社会失范现象，使法治最终成为社会现实"①。因此，必须重视西藏法治文化建设战略工程。

总之，我们只有战略性地重新认识和定位西藏法治文化建设工程，才能避免以往西藏法治文化建设的困境，提升西藏法治文化建设的效果，推进西藏法治进程，维护西藏长治久安。

三 西藏法治文化建设的完善具体思路之二：制定西藏法治文化建设战略纲领

有一个战略性的纲领统领，就会立足西藏区情、统筹全局、统一规划、整合资源、分工明确、上下协作、全民参与、共同创建、兼容并蓄，更好地指导西藏法治文化建设，为法治西藏、依法治藏提供内在文化的根基和精神动力。例如，江苏省区域法治及法治文化建设就是一个很好的例证。从20世纪90年代开始，江苏省已经开始探索具有地方特色的法治建设之路。在2003年11月17日，时任江苏省省委书记的李源潮在全省立法工作会议上第一次郑重提出建设法治江苏的战略目标，对依法治省提出了更高的要求，经过8个多月的深入调查研究，江苏省委于2004年颁布了全国第一部省级区域法治建设的纲领性文件——《法治江苏建设纲要》，成立了依法治省领导小组，下设办公室及依法行政、公正司法、法制宣传、依法经营、基层民主、新闻宣传六个协调指导分支机构，明确了职责、议事、分工、督办、报告、培训、联络员等工作制度，落实了领导责任和工作责任，完善了法治建设工作组领导机制，形成了层层有压力、人人有责任、各方促落实的局面。省政府及时制定《全面推进依法行政、建设法治政府的实施意见》，省人大、省政协、省法院、省检察院和工、青、妇等群众团体以及各省辖市、区县有关部门，围绕建设法治江苏找准位置，明确职能，形成齐抓共管的合力，依法治省跨入一个全新的发展阶段。经过法治建设的规划与发展，江苏的民主政治建设快速发展，依法治省工作稳步推进，地方立法步伐明显加快，司法和行政执法改革不断深

---

① 刘雪松：《公民文化与法治秩序》，中国社会科学出版社2007年版，第19页。

化，法治观念逐步深入人心，各项事业初步纳入法治化轨道，有力地促进了全省经济社会的全面协调法治。① 2011年初，江苏省委办公厅、省政府办公厅转发《关于加强社会主义法治文化建设的意见》，进一步完善了法治文化建设的长效机制建设，健全了组织领导体系，有效激励了各级党委政府把法治文化建设作为一项系统性、基础性社会工程纳入"法治城市"、"法治县（市、区）"、"法治乡（镇）"、"民主法治村（社区）"及"依法行政示范单位"创建活动。年底又出台了《关于大力推进社会主义法治文化建设的实施意见》，在全省全面实施组织保障体系完善、建设能力提升、作品创作繁荣、传播体系优化、法治文化惠民"五大行动"，进一步健全组织架构、完善政策措施、细化目标任务。江苏省以法治文化建设引领法制宣传教育工作，以文化的力量影响和推动全社会崇尚法律、遵守法律，为促进法治江苏建设，全面建成更高水平的小康社会，开启基本实现现代化新征程，提供强大内在动力和有力的精神支撑。②

因此，对于西藏法治文化建设来说可以通过两种方式来制定法治文化建设的纲领。其一，立足于全区的法治建设纲要的规划中，把法治文化建设作为其中一个重要的部分；其二，就是直接制定《西藏法治文化建设纲要》。不管哪种方式，对西藏法治文化建设来说就是要在长治久安战略的高度上形成西藏区情、统筹全局、统一规划、整合资源、分工明确、上下协作、全民参与、共同创建、兼容并蓄的法治文化建设纲领。其中包含的重要内容有：法治文化战略价值、实现的目标、建设的原则、法治文化的内容、法治文化建设方式、明确法治文化建设的责任、评估与改进法治文化建设的方案等。其中要统一协调全区各个机构、部门、团体和群众对法治文化战略价值的认识；实现的目标可以分为：总的目标、阶段性的目标、长期目标等；法治文化建设的原则可按照全民参与原则、统筹规划原则、因地制宜原则、上下协调原则、权责明确原则等原则指导法治文化建设；法治文化建设的主要内容不是体现在具体的法条之上，而是体现在社会主义国家的公民意识、国家认同意识、中华民族共同体认识、法治规则意识，形成法治理念和法治思维方式。克服狭隘的民族观，形成既是社会

---

① 龚廷泰等：《法治文化建设与区域法治——以法治江苏建设为例》，法律出版社2011年版，第18—19页。

② 法制网：《全面加强法治文化建设》（http：//epaper.legaldaily.com.cn/fzrb/content/20120607/Articel11005GN.htm）。

主义法治公民的理念和行为方式，又是形成中华民族共同体中 56 个民族一分子的理念；法治文化建设方式应该改变以往单一的方式，按照传统与现代结合的方式，以群众喜闻乐见和易于接受的方式进行法治文化建设；明确法治文化建设各个层级、部门的责任，定期评估并结合问题改进法治文化建设。

秩序良好的社会是理想社会的特征体现，法治文化战略规划纲领的制定与实施无疑对法治西藏和长治久安产生重大的影响。西藏法治建设的进程，离不开法治文化建设纲领的统领与指引。建设西藏法治文化的根本目的是为了保障西藏能更好地实现法治西藏，通过依法治藏维护西藏的稳定、发展与长治久安。只有形成良好的法治文化氛围，法治西藏和长治久安才能在我国法治建设的新时期得以彰显和实现。

第二节　长治久安战略下西藏法治文化建设的路径分析

经过 60 多年的发展，现在的西藏与 20 世纪 50 年代以前的处于封建农奴社会相比有着天壤之别。如今在社会主义道路上，西藏人民获得了自由、平等和尊严，充分享受着现代文明成果。目前，西藏保持了经济又好又快、民生持续改善、生态环境良好、民族团结进步、宗教和睦和顺、社会和谐稳定的大好局面。西藏的长治久安不仅关系着西藏各族人民幸福安康，而且关系着国家统一、社会稳定和中华民族的根本福祉。当经济发展到一个相对比较高的水平，人们的财富积累随着经济水平的发展达到一定程度之时，人们的价值取向和行为方式也会随之发生深刻的变化。此时，文化的价值尤其是法治文化价值亟待凸显，否则会失去发展前进的动力和方向。甚至会出现经济有一定的发展，但是法治文化发展滞后，人们依然固守不合时宜的传统文化，那么势必背离现代市场经济发展内在的客观要求，会严重阻碍经济社会发展，影响社会稳定。法治文化的建设就是为法治西藏建设提供内在根基，为西藏社会稳定与长治久安提供文化和精神支撑。法治文化建设作为西藏长治久安战略中最为基础和最为重要的一环，探寻西藏法治文化建设的路径极为关键。沿着契合西藏区情和法治西藏建设需要的路径，无疑会确保团结、民主、富裕、文明、和谐、法治的社会主义新西藏目标的实现，维护西藏社会稳定与长治久安。

一 引导宗教文化与法治文化相适应——在主流法治文化的指引下发挥宗教文化的积极作用

在西藏，法治建设与社会稳定以及长治久安等问题，无法回避或者说要处理好的最关键的问题就是宗教文化问题。因为在西藏宗教文化对广大的藏族同胞产生了重大的影响。按照马克思恩格斯文化观的观点，即文化作为上层建筑之一，它产生于一定的经济基础之上，又被该经济基础所决定。在20世纪50年代以前，西藏实行政教合一的封建农奴制度。"西藏政教合一制度内部的根本缺陷是：一方面，宗教至上被人们普遍接受；另一方面，在什么是对宗教有益的界限上往往各抒己见，争论不休"，"所以宗教和寺院就成为西藏社会进步的沉重桎梏"[①]。到了建立社会主义新西藏，西藏宗教存在的经济基础发生了根本改变。西藏实行人民民主制度，废除政教合一的制度，奉行宗教信仰自由政策，实现了政治和宗教相分离。通过社会主义经济制度的建立和宗教制度的改革，藏传佛教不再是统治阶级压迫、剥削人民的工具，成为信教群众自办的宗教事业。因此，藏传佛教在合法的基础上正常开展宗教活动。宗教人员成为社会主义公民，其合法的信仰得到法律保障与尊重。其在世俗的社会生活中的行为，因其是社会公民的行为，既享受法律保障的权利，又要履行法律规定的义务，更不能违背法律的规定，否则要承担相应的法律责任。

纵观古今中外的宗教发展历史，任何宗教必然随着社会的变化而变化，随着社会的发展而发展。否则，这一宗教将不可能存在。藏传佛教也不例外。其实回溯藏传佛教的历史，藏族佛教的存在与发展也是一个不断适应西藏当时社会文化并进行不断调适的过程。可见，藏传佛教为了适应社会发展，从教规、教义、仪轨、神灵崇拜等多方面进行了主动的改革。藏传佛教具有与时俱进的社会功能。而这，正是当今藏传佛教能够适应社会主义社会的学理所在。[②] 藏传佛教文化有其积极的社会功能，也有其与现代社会主义法治不相适应的一面。面对两种文化的冲突问题，我们必须

[①] [美] 梅·戈尔斯坦：《喇嘛王国的覆灭》，杜永彬译，中国藏学出版社2005年版，第33—34页。

[②] 多尔吉、刘勇、王川：《藏传佛教的文化功能与社会作用》，中国藏学出版社2011年版，"前言"第1—2页。

进行相应的引导与调适。

第一，积极引导藏传佛教的世俗化，适应社会主义法治的客观要求。

所谓的藏传佛教的世俗化，就是要求藏传佛教由封闭和神圣过渡到开放和世俗，由出世走向入世，走多元化、个性化、理性化的发展道路，使宗教与现代社会相结合。宗教要更加关注现世的生活，肯定现世人生的意义，享受人生的欢乐，运用人的知识来造福人类。① 按照马克思主义文化观，文化具有现实性、开放性和跨越性。其现实性是基于现实的个人的活动及其所创造出来的物质生活条件；其开放性是立足于文化作为一种社会历史现象，受多种因素的制约，因而促进其发展的因素也是多元的；在人类文化发展史上，存在着落后地区向先进地区学习并实现跨越发展的可能性。② 因而任何一种文化都不可能具有永恒的健全性，在历史发展中其不断适应时代发展或圆满解决当下人类问题而主动、积极和宽容地吸纳其他不同文化的元素或成分，从而构建新的人类文明与和谐社会。③ 当且仅当一个民族的传统文化与现实的文化的本质和发展方向相一致时，此传统文化才能成为这个时代社会文化的有机组成部分。

旧西藏社会经济发展缓慢的原因，除了特殊的自然环境因素外，不可忽略的一个因素就是长期以来藏传佛教中的盲目服从性、非理性意识形态。由于藏传佛教的"信仰高于理性，来世重于现世"特性，也就是说藏传佛教通过把本土的苯教的灵魂不死、灵魂转移的观念同佛教的因果报应、生死轮回、超度来世的观念结合在一起，形成了藏族的非理性性、盲从的、无政治意识、无集体意识的文化心理结构和非理性的思维方式。达赖利用自身特殊的身份，利用西藏几乎全民信教而又缺乏政教分离观念（中世纪的政教合一在西藏有根深蒂固的传统）的特点，故意违背政教分离的原则（所有西方民主国家的立国原则），把佛教里根本没有的"西藏的独立"说成是佛的旨意，混淆视听，从而使许多藏人不假思索地支持西藏独立。这样的人心和民意根本不可能作为改变国际公认的西藏主权归

---

① 多尔吉、刘勇、王川：《藏传佛教的文化功能与社会作用》，中国藏学出版社 2011 年版，第 192 页。

② 孙代尧、何海根：《马克思恩格斯的文化观及其当代价值》，《理论学刊》2011 年第 7 期。

③ 尕藏加：《藏区宗教文化生态》，社会科学文献出版社 2010 年版，第 3 页。

属的依据。① 任何宗教的发展都是与具体的社会环境不断调适并取得相适应的结果。在随着科学技术的发展、社会政治经济的发展与进步、人们的生活方式和相互关系以及思想意识与价值观念的变迁，西藏不可避免地要随着祖国的社会现代化进程和法治进程，步入新西藏的民主、法治和稳定的现代化进程。而且在西藏从传统的旧的社会转向现代的法治社会，无法避免地面临着传统的宗教文化伦理道德价值与现代法治价值、严格的等级观念与民主法治观念、特权与平等、人治与法治的冲突与对立，甚至出现相背离的现象，这严重地制约着西藏的法治化进程。

因此，在藏传佛教世俗化的过程中，坚持遵守我国宪法和法律的规定，奉行宗教信仰自由政策，对藏传佛教不合时宜、落后迷信的教义作出适应当代社会主义社会发展客观需求的革新与阐释。"藏传佛教理性化要求宗教自身现代化，使其适应现代社会信徒的需求，大胆突破中世纪的教条主义，引导信徒肯定今世、尊重人格、尊重人生、尊重良心、尊重妇女的尊严、尊重婚姻的神圣、尊重工作的高尚、尊重个性自由的价值；引导信徒积极努力，追求幸福，创造财富与智慧；引导信徒提高信仰层次，摒除封建迷信，以实现藏传佛教"弘法利生""庄严国土、利乐有情"的使命。②

因此，宗教的世俗化既是藏传佛教立足于社会主义现代化进程中不断适应发展的一种方式，又是在法治化进程中与法治文化调适融合的一种自我完善的方式，更是促进藏传佛教自身的发展而不被时代和社会所淘汰的一种方式。从宗教传统文化的根本性入手，解决其世俗化的问题，才能从宗教方面解决西藏民众对西藏社会稳定的认识，不盲从，理性地认识和看待分裂的行为，坚决维护西藏的稳定与发展。

第二，培养宗教爱国守法人士和宗教团体，发挥其积极作用，鼓励其积极参与法治文化建设与宣传。回顾、分析西藏历次骚乱和暴乱，不难发现带头闹事者都有一些违法的僧尼人员。由于信教的群众文化素质较低，深受宗教束缚，很难理性、正确地看待和认识达赖反动集团的分裂行径，易受蛊惑和挑唆，这对藏传佛教的发展和西藏社会的稳定造成了严重的影

---

① 徐明旭：《雪山下的丑行：西藏暴乱的来龙去脉》，四川出版集团、四川教育出版社 2010 年版，第 12 页。

② 多尔吉、刘勇、王川：《藏传佛教的文化功能与社会作用》，中国藏学出版社 2011 年版，第 194 页。

响。因此，应该形成长效的培养机制：积极引导宗教人士和团体爱国守法，拥护社会主义和党的领导，合法开展宗教活动；积极培养宗教爱国人士和宗教团体，培养其中华民族共同体意识、国家认同意识、公民意识、法治意识，发挥其对广大信教群众的积极引导作用；鼓励、支持宗教人士与团体学法、守法、宣传法律，并能作为社会公民主动积极参与对广大信教群众的法治文化的宣传与教育。尤其是加强对处于乡村基层的僧尼的积极引导与爱国法治教育，并对爱国守法的宗教人士进行培养，形成基层爱国守法的坚实的力量，发挥其对广大乡村民众的积极影响。目前，西藏依法管理宗教事务，扎实推进寺庙管理法治化、规范化。寺庙"六建""六个一""九有""一覆盖""一创建""一教育""一工程""一服务""三保一低"等措施全面落实。此外，还应该加强宗教人士在爱国守法的法治文化建设与宣传中，以身作则，言传身教。在寺庙的文化书屋中增放法律文本或者法律宣传读物。

第三，积极挖掘藏传佛教文化的优秀资源，契合到法治文化建设中。

千百年来，藏传佛教文化形成了有其优秀的文化资源的内涵。结合现代社会主义法治的客观要求，通过对藏传佛教的教义、教规的整理、挖掘与阐释，找出藏传佛教契合法治文化建设需要的优秀文化资源。"社会生活这两个方面处于紧张之中：宗教之语言和神秘的一面与法律之结构性和理性的一面彼此形成挑战。然而，他们又互相渗透。任何一种法律制度都与宗教共享某种要素——仪式，传统，权威和普遍性——人们的法律情感得以培养和外化。否则，法律将退化为僵死的法条。同样，任何一种宗教内部也都具有法律的要素，没有这些，它将退化为私人的狂信"[①]。例如，持戒才能守法的实例就是很好的佐证。作为藏传佛教萨迦派祖寺的萨迦寺，在2012年法制宣传月活动中，首次提出了只有持戒才能守法的观点，第一次很好地将持戒和守法的概念系统化，僧人在个人体会中写道："如果僧人能够持戒，那么永远没有可能触犯法律，法律是人的道德最低底线，而藏传佛教僧人必须奉行的戒律是人的最高道德要求，因此持戒是僧人自身最大的保护。"经师扎西加措深有感触地说。事实上，在萨迦寺完成的先进僧尼持戒守法教育活动中，通过严格僧尼日常修持戒律的做法，巧妙地巩固僧尼的法律意识和大局意识，确保每名僧尼爱国守法、修身持

[①] [美]伯尔曼：《法律与宗教》，梁治平译，中国政法大学出版社2003年版，第41页。

戒，切实增强了萨迦寺的模范作用。① 通过持守宗教的清规戒律，才能有规则意识，才能在世俗的生活中遵纪守法、爱国行善。藏传佛教文化中形成的优秀资源诸如慈悲为怀、不杀生、不偷盗、不邪淫、不妄语、不说离间语、不恶口、不绮语、不贪欲、不瞋恚、不邪见等戒律，可以契合到现代法治文化建设中的保护动植物资源和环境生态的环保法、训诫违法乱纪行为，禁欲的思想可以起到社会稳定的作用。宣扬苦海无边、回头是岸，使之痛改前非、重新做人。总之，"扬善惩恶、热爱和平、守法自律、关爱人生、主张团结、宽容理解、爱心奉献、造福社会、众生平等、主张行善、反对暴力"等宗教伦理道德中所提倡的积极因素，均是藏传佛教文化作为一种精神资源的优秀内核，这些积极的因素值得深入发掘与弘扬，作为世俗道德的补充。② 总之，积极挖掘和整理藏传佛教文化优秀的文化资源，契合到法治文化建设之中，并能广泛地宣传，可以培养广大的宗教人士和信教群众在世俗生活中爱国守法、合法开展宗教活动的规则意识，作为社会的公民维护国家的稳定与统一，捍卫国家的法治秩序。

二 整合藏族传统法律文化优秀资源，融合到现代法治文化建设之中——消除藏族传统法律文化与现代法治文化的隔阂与冲突

以藏族习惯法为载体的藏族传统法律文化，融合了藏族的宗教习俗、道德规范、伦理价值、文化观念等传统内容，形成了藏族地区社会成员共同遵守的行为准则和法律观念，并以习惯法为载体传承下来。藏族习惯法以"缘起、因果论"的哲学观作为理论基石，作为维护藏族社会传统价值观念和秩序稳定的民族精神内核，对藏族社会具有强大的规范、控制作用。由于藏族习惯法处于国家法的规范和约束之下，从文化的角度看，它处于一种非主流文化状态。③ 由于藏族民众对现代法治文化的陌生和遵循藏族习惯法的文化惯性心理，对西藏法治建设产生不容忽视的消极作用。

---

① 魏山：《西藏模范寺庙典型事迹：僧人感悟持戒才能守法》（http://www.chinatibetnews.com/news/2014/0102/1314718.shtml）。

② 多尔吉、刘勇、王川：《藏传佛教的文化功能与社会作用》，中国藏学出版社2011年版，第225页。

③ 索南才让：《藏传佛教对藏族传统习惯法的影响研究》，民族出版社2011年版，第81页。

但是，以藏族习惯法为载体的藏族传统法律文化作为一种地方性知识，作为一种法律文化，有其优秀的本土的文化资源。"事实上，在国家大法难以完全渗透到的角落，家族法、习惯法、民间法、宗教法，或者其他风俗习惯都对建立与维持一定的秩序起了重要的乃至主要的作用。藏族等少数民族习惯法和民间法数量众多，形式多种多样，历史悠久，特色鲜明，密切联系社会生活，服务社会生活，具有深厚的群众基础，在该族中起着相当有效的调整作用。它们的存在有其必要性与合理性，不仅需要以理性的态度对待，而且值得认真加以研究总结，因为它们最能反映中华法系本土性的特征"①。"正是由于一个社会中的现代法治的形成及其运作需要大量的、近乎无限的知识，包括具体的、地方性知识，因此，如果试图以人的有限理性来规划构造这样一个法治体系，可以说是完全不可能的。正是在这里，知识论再一次提出了利用本土资源，重视传统和习惯建立现代法治的必然性"②。藏族习惯法优秀的法文化因子，将成为西藏法治及法治文化建设有益的本土资源。按照马克思主义的开放融合的文化发展观，我们必须整合藏族传统法律文化的优秀文化资源，革除其落后与现代法治文化不相符合的糟粕，调适藏族民众对现代法治文化的心理认同，消解藏族习惯法文化的不利的惯性心理认同，如此才能在西藏广大藏族民众心中播下现代法治文化的种子。

依循哈贝马斯的"授予性"认同与"获得性认同"的思路，人类对规则的认同也可以划分为两种主要模式：超验模式与经验模式。超验模式是借助人们对某种神灵的信仰或对某些超验事物的笃信而使其产生对规则的认同，它通过信仰，并以不断宣扬和重申的方式来解决认同问题，此种认同方式是"授予性"的。超验模式首先借助神灵信仰来实现认同，此外还借助某些超验事物来实现人们对规则的认同。③ 以藏族习惯法为载体的藏族传统法律文化体现了对其规则认同的超验模式的特点。但是，任何一种文化的发展和变化都要符合时代的客观要求，坚持开放融合的理念，否则会被时代所淘汰。超验模式已经不适应当代世界理性发展的要求，不可能奢望神灵去解决问题。藏族传统法律文化在现代法治进程中，必须把

---

① 隆英强：《社会主义法治建设与藏族法律文化的关系研究》，中国社会科学出版社2011年版，"序"第1—2页。

② 苏力：《法治及其本土化资源》，中国政法大学出版社1996年版，第6、19页。

③ 黄金兰：《法律移植研究——法律文化的视角》，山东人民出版社2010年版，第214页。

自己优秀的文化资源融合到现代法治文化之中，弃掉其糟粕部分。这样现代法治文化融合藏族传统法律文化的优秀内核，既可以便于藏族民众容易接受的现代法治文化，又能使藏族传统法律文化在现代法治发展过程中得到继承和发扬。

因此，在西藏法治文化的建设过程中，首先，应该把藏族传统法律文化中的优秀资源继承过来并和现代法治文化融合后顺畅地表达出来。例如：藏族习惯法中的善恶、美丑、是非观念基本契合法治文化价值目标和社会秩序要求；将习惯法生态环境保护中的文化资源，整合到现代环境法治文化之中；纠纷解决调解制度，可以按照现代法治的要求，完善规范化；把"赔命价"中合理的文化资源内化在现代刑事法治文化之中。因此，在西藏法治文化建设之中，对优秀的本土化传统法律文化资源进行梳理、研究、甄别，将其整合到现代法治文化之中；其次，在具体到法治文化的建设与宣传过程中，再告诉藏族民众现代法治文化其中的内容是对应传统法律文化中优秀的资源，而且是进一步的规范与发展而来，如此能消除文化认同的冲突与隔阂。因为藏族民众熟悉的传统的法律文化内容得以继承和发扬，顺着这座桥梁，随着现代法治文化的建设，才会逐渐地基于内心的意愿习得、接受现代法治文化，并成为法治共同体中的具有法治意识的社会公民；最后，对藏族传统法律文化中不合时宜、须被时代所淘汰的诸如人治为主、等级制度、重神轻人、排他性和保守性及赔命价等消极因素内容，坚决剔除，并及时用体现现代文明成果的法治文化引导与培养。

正如苏力先生所言：中国的法治之路必须注重利用中国的本土资源，注重中国法律文化的传统和实际。西藏的法治建设，不能只局限于表面上，必须从深层次的法治文化上解决。西藏法治文化的建设，不能全盘或者简单地否定以藏族习惯法为载体的传统法律文化。我们应该吸取藏族习惯法合理的文化因子，用现代的法治文化指引人们，用法治之下现代科学的法律制度体现出符合藏族人民心理需求和价值观念及与法律思维相符合的且是现代法治体现出来的价值追求。

三 提高群众参与法治文化建设的主动性、积极性，形成法治建设共识

我国从普法教育到社会主义法治理念的形成，再到法治文化的凝练，

从倡导民主法制建设到法治国家、法治政府和法治社会为一体的法治建设新阶段，取得了举世瞩目的成就。作为现代的法治是一种秩序和制度的架构，是一种价值的选择与追求，也是一种公民现实生活运作的状态及机理，更是一种公民法治文化的塑造。对我国来说，在转型时期要迅速实现法治现代化进程，以政府主导推进法治现代化的模式是必不可少的。因为经济文化等因素的制约，仅仅依靠自发机制无法满足对现代法治文化迅速生成的需要。"一个现代的、理性的、法治的政府对推进法治现代化是十分必要的。但是，在这一过程中，如果不能正确看待和处理公民、社会与政府的关系就会导致对公民主体意识的冲击。因为这种现代法治模式因为过分突出政府作用而导致公民对权力的崇拜与依附，形成公民的拯救型而非自救型的人格，使公民误认为建设法治国家完全是国家的任务和行为，与己无关。作为国家权力行使者的政府亦误以为政府是法治的主体，依法治国即依法治民，公民是被管理者，并只有服从义务，这种错误的思想观念与现代法治国家所应当具有的公民主体意识存在着明显的矛盾与冲突。"[①] 反观我们的法治文化建设，主要依靠普法教育，公民缺少主动性与积极性，契合了上述的非自救型人格。而普法教育的重点一直放在对现行法，特别是对实体法的内容教育与遵守上。这导致民众被动地接受法治文化宣传与教育，毫无主动性和积极性可言。法治文化建设的效果大打折扣。西藏的法治文化建设面临的和需要解决的问题是西藏民众对法治文化建设的主动性与积极性的问题。在调研过程中发现，大多数群众对法治文化比较陌生，而且都是被动接受普法教育宣传，甚至出现对法治文化建设冷漠或抵触。而一部分群众尤其是中青年，文化素质较高、法律意识较强，就会主动积极地寻求法律来维护自身利益，解决纠纷。所以一些普法宣传和法治文化建设较好的地方，群众对关系自身利益的例如婚姻、抚养、虫草纠纷等方面的问题，就会遵守法律制度从而合法地解决矛盾纠纷。这无疑会积极促进公民意识的形成、法治观念的塑造和法治文化的点滴积累。西藏是一个宗教氛围和传统文化浓厚的社会。西藏法治建设和法治文化的培养并不是要消灭宗教，而是要追求和营造在法治秩序下合法开展宗教活动，维护西藏的稳定与繁荣。对西藏不稳定的根源性因素，如果能通过引导宗教人士接受法治文化的熏陶与培养，激发其作为社会公民的

[①] 刘雪松：《公民文化与法治秩序》，中国社会科学出版社2007年版，第166页。

主动性与积极性，维护合法安定的秩序，就能更好地开展合法的正常的宗教活动。因此，在寺庙中僧众才会有"守法才能与持戒相通"的深刻认识。那么宗教与法治、僧人与公民等问题就能合法合理地协调处理好。因此，在西藏法治和法治文化建设中，必须采取合理的方式提高群众参与法治和法治文化建设的主动性与积极性。

首先，加强寺庙法治文化建设，积极引导宗教文化与社会主义法治文化相适应。积极开展模范寺庙暨爱国守法先进僧尼创建评选活动，形成对寺庙和僧尼的爱国守法长效激励机制，激发僧尼作为社会公民所具有的爱国守法、热心公益、以身示范、言传身教的积极性和主动性。依照我国宪法、法律的规定，国家保护合法的宗教活动，实行宗教信仰自由政策。因此，加强寺庙法治文化建设并不与宗教信仰自由相冲突，而是对宗教合法正常活动更好地予以法律明确的保护。有了法治文化的指引，宗教才能与社会主义相适应，宗教文化才能与法治文化相协调，如此才能促进藏传佛教在社会主义法治秩序之中获得更好的、更健康的发展，保持正确的方向。此外，由于藏族民众对藏传佛教的虔诚信仰，寺庙及僧尼的爱国守法、以身示范、言传身教的作用非常重要。应该积极开展对寺庙和僧尼的法治文化建设与培养，积极表彰模范寺庙和爱国守法僧尼，重点培养爱国僧尼，形成一种长效的法治文化培养机制，并在法治文化的引导下合法正常开展宗教活动，弘扬爱国守法、热心公益，引导众生为善爱国。

其次，从民众最关心的切身利益出发，通过法治文化的引导，激发其参与法治文化建设的主动性和积极性。

再次，在基层法治文化建设中，形成和培养一批骨干的法治文化传播与示范的模范群众。例如，在每一个村子中，对法治文化建设认识明确、法律意识强烈、公众威信较高的骨干群众，重点培养与积极引导及奖励。此外，可以让受教育的群众子女，在家中进行法治文化的引导与建设。

最后，在法治文化建设中，采用群众喜闻乐见、易于接受的方式如传统与现代文化传播的形式，让群众参与其中、乐在其中、受益其中、法治观念形成其中。

总之，一个法治社会的建设需要有法治的共识。只有当每个个体形成与社会共同体休戚与共的法治意识时，法治建设才能推进，法治文化才能凝聚每个个体的力量，切实维护社会稳定、保障个体权益。

四 在法治文化建设中，尤为关键的是引导和塑造好正确的法律意识形态，树立社会主义法治理念

西藏的法治文化建设是事关法治西藏、依法治藏和长治久安等重大问题的一项战略性事业。如果没有正确的方向和理念，法治文化建设就会出现偏差，甚至会进入误区。因此，在西藏法治文化建设中，关键的是引导和塑造好正确的法律意识形态，树立社会主义法治理念。对于法律意识形态，有的学者认为法律意识形态是从特定的价值观出发，系统看待法律性质、法律内容、法律活动的意识部分；任何法律意识形态总是作为法律文化的一部分而存在，并由具体物质生活条件决定的；在一个社会的范围内可以存在多种法律意识形态，不同的法律意识形态维护不同的利益和权力的运作，但维护国家权力运作的法律意识形态往往构成这个社会的主流法律意识形态；[①] 有的学者认为法律意识形态是具有价值判断性或者政治倾向性的系统法律思想。从涵义上看，法律意识形态就是反映特定群体共同法律价值观或者具有政治倾向性的系统法律思想或理论，换句话说，法律意识形态是在一定群体中流行的关于法律问题的具有价值属性或者政治倾向性的系统思想或者理论。[②] 总之，法律意识形态是包含价值判断和政治倾向等特定价值观的法律意识；是从这个特定价值观出发，系统认识法律性质、法律内容、法律活动的意识部分，维护国家权力运作的法律意识形态构成这个社会的主流法律意识形态。它决定了国家法治建设的方向。我国法治文化建设之下的法律意识形态就是坚持人民民主、坚持社会主义制度、坚持党的领导的法律意识。因此，群众在法治文化之下的法律意识形态的有无、是否符合国家社会的主流形态，决定了西藏法治建设的方向和西藏的未来。在法治文化建设过程中，首先，要正确引导群众、塑造起正确的法律意识形态。这就涉及对社会主义制度、人民民主和党的领导的认同和在此基础上形成的价值观指导下的法律意识。因此，结合宪法教育，澄清法律意识形态问题，树立起社会主义法治理念，形成从法律意识形态到社会主义法治理念的进阶性认识。我国社会主义法治文化的核心内容是社会主义法治理念。社会主义法治理念包含着依法治国、执法为民、公平

[①] 吕明：《法律意识形态的语义和意义》，北京师范大学出版集团、安徽大学出版社 2007 年版，第 48—49 页。

[②] 孙春伟：《意识形态领域的法律意识形态探析》，《理论月刊》2012 年第 6 期。

正义、服务大局、党的领导。依法治国是社会主义法治理念的核心内容,执法为民是社会主义法治理念的内在要求,公平正义是社会主义法治理念的价值追求,服务大局是社会主义法治理念的重要使命,党的领导是社会主义法治理念的根本保证。这五个方面相辅相成,从整体上体现了党的领导、人民当家作主和依法治国的统一。社会主义法治理念是社会主义法治文化的重要组成部分。对于妨碍或者错误的非主流法律意识形态例如对"3·14"打砸抢烧事件和达赖集团的分裂违法行为,必须清楚地认识并予以批驳,树立社会主义法治的主流法律意识形态。

五　强化西藏自治区立法机关、执法机关、司法机关法治文化的建设

古希腊哲学家柏拉图说过,人们必须制定法律并且要遵守法律,否则他们的生活就像是最野蛮的兽类一样。坚持依法治国基本方略、维护宪法和法律权威,是西藏人大及其常委会的重要任务。西藏人大及其常委会随着西藏经济社会发展的需要,需及时制定、完善立法规划,科学立法,提高立法质量。在推进依法治藏、建设法治西藏的重大问题上,西藏人大及其常委会依法行使立法、监督、决定、任免等职权。西藏自治区立法机关拥有自治条例、单行条例立法、一般地方性法规立法和变通或补充规定的立法等立法权。因而,对西藏自治区立法机关的法治文化建设需要不断地强化。因为要使立法真正能解决西藏实际问题,维护最广大群众的利益,得到人民群众的拥护,只有不断加强法治文化建设,提高立法机关及代表的法治素质,集中民智、汇聚民意才能制定出符合西藏地方建设需要的高质量的良法。因此,对西藏地方立法机关的法治文化建设可以采取以下强化方式:第一,提高代表的法治学习和研究能力,强化其法治思维和法治方式的能力;第二,注重民主立法文化建设。坚持问法于民,在拓展人民有序参与立法途径、畅通民意表达渠道过程中强化法治文化建设;第三,加强法治监督文化的建设。推进依法治藏、建设法治西藏,全面深化西藏改革、推进西藏发展稳定,对西藏法治建设提出了更高的要求,西藏民族区域自治地方立法机关需不断强化自身法治文化。

执法机关的根本任务不但要使得每一部法律法规能得到严格的执行,而且要在公平公正的严格执法中给予民众利益最有利的保护、树立法律的尊严、强化法律的权威。德国思想家耶林说过,执法的人如果变成扼杀法律的人,正如医生扼杀病人,监护人绞杀被监护人,是天下第一等罪恶。

在西藏法治和法治文化建设的进程中，执法者所具有的品质直接影响着西藏民众对公正的看法、对法律的尊严和权威的认识。目前，西藏个别政府机关和公务人员存在着一定程度的法治观念淡薄、行政效能较低、服务意识较差、工作作风不良等问题，这些不适应法治西藏、依法治藏的要求，必然会影响群众对法律的权威和政府的公信力的看法。因此，必须强化执法机关法治文化建设。第一，强化执法人员的法律知识和法治思维。不断提高执法人员的法治素养，强化其法治思维和法治方式，不断提高其社会管理的法治思维能力；第二，强化依法行政的意识。严格依法行政，建立权责统一、权威高效的行政执法体制；第三，规范执法行为，细化量化执法裁量权，公正文明对待当事人，严格落实行政执法责任；第四，强化接受监督法治文化培养。建设、培养和强化自觉接受人大法律监督、工作监督和政协民主监督及人民群众的监督文化。

公平正义是司法的灵魂。司法机关法治文化水平的高低，直接影响着司法案件公平正义能否体现。如果司法公正，就正如习近平总书记所指出的"努力让人民群众在每一个司法案件中都能感受到公平正义"，那么司法公正就会引领人民群众对公正的认识、对法律的信赖。如果司法不公正，就如培根所言是从致命的源头上的破坏社会公正。因此，必须强化司法机关的法治文化建设。这样，一方面可以强化司法机关工作人员的法治素质、保障司法公正，另一方面可以通过司法文化的彰显引导群众形成对法律、公正的正确的看法。所以，一方面强化司法机关的法治文化建设，让法治文化内化为司法机关人员的认同，在作出司法行为时，能公正司法且不受外界压力的影响。实现司法机关人员的内心对法律的信仰跟外在的司法行为达到相一致，实现司法公正的本质；另一方面，让司法机关的法治文化彰显公正，并能感召公众产生对司法机关的信赖和对法律的信仰。"正因为法院是以公正的判决实现对公平正义的诠释，从而向社会昭示公平、正义的模式，这种集法院文化中的道德观念和价值取向于一体的群体精神意志必将对社会公众产生广泛的、现实的、潜移默化的影响，使社会公众自觉以法院昭示和倡导的公平正义方式为参照，调整自己的行为，以与社会主流意志相一致"①，成为先进的、健康的法治文化由法院所展现的作用。检察机关对于法治文化的认同，自觉成为法治文化的一部分，从

---

① 刘雪松：《公民文化与法治秩序》，中国社会科学出版社2007年版，第158页。

而公正合法地履行监督职责。而对社会公众则彰显了司法公正的力量,从而使公众进一步产生对司法制度的认可、尊崇法律,从而实现法治文化的建设与发展,最终推进法治进程。

六 完善民族区域自治地方法制

西藏作为民族区域自治地区,民族区域自治地方法制的建设事关西藏的法治建设进程和西藏社会和谐稳定。针对民族区域自治地方存在着的法律法规协调性不足、法律规范政策化严重和民族区域地方法制的不完善,西藏自治区应该从以下几个方面完善:第一,明确西藏法制建设的主旨思想:在符合我国的宪法、民族区域自治法、立法法等法律的规定下,保持法制的统一性,完善自治区内各个民族的合法权益保护,以现代国家公民权的视角,在法律的框架内来处理包括少数民族同胞在内所关心的民生、文化等问题。坚持社会公平与特殊保护原则,实现各个民族平等、互助、团结、和谐的发展。因此对每个民族来说,首先重要的是法律规定的国家公民身份,应该享受平等的待遇。作为中华民族成员共同体的一分子,平等享受权益。对于民族区域自治地方涉及社会发展差距问题的经济、教育、科技等领域的规则属于国家法统一的中心范畴。① 如果在某些特殊领域需要国家的帮助,各个少数民族也是基于法律规定的公民身份得到帮助。因此,西藏自治区地方法制的完善,是在矛盾和纠纷解决中是保护全体公民的权益,当然包括少数民族同胞作为中华民族共同体成员、作为国家公民的身份合法平等的权益和也是基于中华民族成员、公民的身份需要特殊保护的权益。既不是强化狭隘的民族观,更不是各个民族彼此的利益博弈。第二,整合藏族习惯法优秀资源,统一规则。在市场经济发展的时代潮流中,市场的主导力量决定了市场交易过程中平等权利的要求。市场经济的要求体现在法律上就是法治经济。在这种背景下,西藏自治区的群众必须适应市场交易主流的规则要求。否则,现代化的成果难以更好地进入普通居民。因此,深入分析和甄别正当、有效、优秀的习惯法资源,融合到现代法制之中。对需要改进的习惯法,根据现代法治的要求及时改进再融合。对应当废除的习惯法,应该及时清理出去,如此西藏民众才能更

---

① 王允武:《民族自治地方社会和谐法治保障若干问题研究》,中国社会科学出版社2012年版,第308页。

新法律观念，适用统一规则，解决纠纷矛盾。如此法治建设借助本土资源，"这是法律制度在变迁的同时获得人民接受和认可、进而能有效运作的一条便利途径，是获得合法性——即人们下意识的认同的一条有效途径"①。故应以现代立法理论和我国的宪政制度为依托，完善民众自治地方自治立法制度，以提升国家法的道德的合理性，满足统一规则的现实需求。②西藏自治区立法机关拥有自治条例、单行条例立法、一般地方性法规立法和变通或补充规定的立法权，随着西藏自治区社会经济的发展，因地制宜，及时制定、完善法律制度，科学立法，提高立法质量。

综上所述，随着时代的发展、社会的变迁，当且仅当一个民族的传统文化与现实主体文化的本质和发展方向相一致时，此传统文化才能成为这个时代社会文化的有机组成部分。当市场经济的大流滚滚而来，西藏自治区经济社会随之发生变化。当法治成为一种价值秩序追求和文化的诉求之时，我们必须立足于时代发展的潮流，立足于西藏的区情和本土资源，坚持马克思主义的开放融合的文化发展观，既要吸收先进文化和文明的精华，又要尊重文明和文化多样性，从法治文化的理念、制度等多方面入手，联合西藏各族群众共同参与、共同建设法治文化，为西藏自治区的法治昌明、社会稳定、经济繁荣发展、长治久安提供强有力的、内在的法治文化根基的支撑。

第三节 长治久安战略下西藏法治文化建设的具体对策

立足于西藏法治文化建设对西藏的长治久安战略价值，结合西藏自治区的实际区情以及西藏法治文化建设存在的问题，从西藏法治文化建设的重点培养对象、重点内容、重点区域、适应性及多样化的建设方式、建立基层法治文化建设等方面提出具体对策，以期有益于西藏法治和法治文化建设。法治文化建设不是一蹴而就的。我们必须坚持马克思主义的融合开放的文化观，立足于大众、尊重文化的多样性、吸收一切文化的精华、处理好宗教文化与法治文化的关系、协调好藏族传统法律文化与法治文化的关系，在生活工作学习中从小事细节做起，点点滴滴地积累、培养与凝

---

① 苏力：《法治及其本土化资源》，中国政法大学出版社1996年版，第15页。
② 王允武：《民族自治地方社会和谐法治保障若干问题研究》，中国社会科学出版社2012年版，第307页。

炼。如此，西藏法治文化终会培养起来，推进法治西藏的进程，实现西藏社会的法治昌明、繁荣稳定、长治久安。

一　从法治文化的角度出发，建设西藏法治文化

（一）确立西藏法治文化建设的重点培养对象

西藏法治文化建设必须着眼于西藏社会经济文化等方面的稳定与发展，要在有限的法治文化建设资源范围内取得良好的效果，必须把握法治文化建设过程中所需要解决的最主要的问题。从长远的长治久安战略出发有重点有梯度地确立培养对象，然后通过重点对象辐射带动一片，形成良好的法治文化氛围，推进法治西藏的建设进程，实现西藏社会的稳定与长治久安。

第一，对宗教人士开展社会主义法治文化培养，形成守法持戒相得益彰的正确认识，以身作则、以身示范带动信教群众爱国守法、开展正常合法的宗教活动。首先，在寺庙依法建立法治文化培养与建设的园地。通过开辟专门的园地，有针对性地向僧尼宣传并培养其公民意识、国家认同、中华民族共同体意识和法治意识，懂得其作为国家公民的权利、义务。目前，西藏依法管理宗教事务，扎实推进寺庙管理法治化、规范化。结合提出的有领袖像、有国旗、有道路、有水、有电、有广播电视、有电影、有书屋、有报纸的做法，强化其中的法治文化内容。从国旗、法治读物、电视广播影视节目等一系列的法治文化形式与内容，建立一块法治文化建设与宣传的专栏，采用的方式有定期法治宣传教育，针对性地向僧尼宣传讲解《宪法》《民族区域自治法》《刑法》《国家安全法》《集会游行示威法》《治安管理处罚法》《文物保护法》《宗教事务管理条例》等相关法律法规；定期召开专题宣讲，通过以案说法启发教育；召开座谈会的形式，交流学习法治文化；采用现代的微信、微博、短信等平台，传播法治文化内容。在符合法律规定的情况下，积极引导宗教人士观摩、学习司法机关的司法活动。例如，法律允许的旁听审判活动、观摩学习实务部门等。以便于宗教人士处理好宗教与法治、信仰与世俗事物的关系，形成社会公民的意识、对国家和对党的认同；其次，正确处理法治文化与宗教文化关系，积极引导宗教文化与法治文化相适应。在合法正常的宗教活动中、在精神信仰的领域，那是佛教文化作用的领域；但是作为社会公民的宗教人士，其在世俗生活中就要受法治文化的引导。因为作为世俗生活的

社会公民，既享有法律赋予的权利，又要履行法律规定的义务。守法持戒相得益彰，认清达赖反动集团的违背我国宪法、法律规定的分裂本质；再次，积极开展模范寺庙暨爱国守法先进僧尼创建评选活动，形成对寺庙和僧尼的爱国守法长效激励机制，激发僧尼作为社会公民所具有的爱国守法、热心公益、以身示范、言传身教的积极性和主动性。重点培养爱国守法的高僧大德僧。从城市的寺庙的僧尼到乡村的僧尼，要培养出有代表性的有影响力的爱国守法持戒的宗教人士，发挥良好的示范带头效应。再让这些高僧大德模范之师，对僧尼进行法治文化示范性的言传身教；最后，鼓励宗教人士积极参与法治文化的建设与对信教群众的示范教育。宣扬爱国守法、弘扬积善行德、"弘法利生"、"庄严国土、利乐有情"。此外，还要加强专业懂藏语的寺庙法治文化人才的培养，加强适合寺庙的法治文化教育的案例、资料的藏汉汇编，以及寺管工作人员的法治文化培训。

第二，对学校的学生在教育培养过程中，重点加强其法治文化素质的培养。从小到大、不间断、系统地形成正确的公民意识、国家认同、中华民族共同体意识和法治意识，并内化为其行为的指导。小学生、中学生和大学生这个受教育的群体，是西藏未来发展的精英分子和骨干力量，也是活跃的法治文化的传播者。在学生们一步步的成长过程中，法治文化培养如果能很好地灌输与培养，那么长大成才后必将成为法治建设的主体，会长远影响着法治西藏的进程和西藏的长治久安。学生群体的法治文化教育从小就应该开始培养，每个环节都不能偏废，而且应该成为法治文化建设的重点对象，不应该忽视。因此，要形成一个全方位、立体、多层次的培养机制。在原来已经确立的法制副校长、法制辅导员制度上，做到分阶段、分层次和保障人财物的基础上，校园法治文化的建设必须按因地制宜、因材施教、形式多样、生动活泼、理论与实务互动有效、分阶段进行的原则进行。在小学阶段，针对小学生的特点，采用图文并茂的书籍、网络媒体、电影电视、国旗国徽党旗等实体象征，从小培养、灌输规则意识、公民意识和国家认同以及宪法精神理念。可以选择一些符合法律规定、适合小学生旁听的案件在校园里公开审判或者模拟审判，让幼小的心灵产生共鸣。笔者曾经带着学生在某小学开展过模拟审判活动，对小孩子的影响是直观有益的。在中学生和大学生阶段，应该逐步加强法律规则意识和法治精神理念的培养。通过相关的课程教育、电影电视、网络媒体、社会实践活动或者校园社团的法治文化活动等，突出此方面的培养，形成法律思维。同样可以与司法实务部门建立互动学习交流机制。司法实务部门可以通过给学生举办法律实务讲座、进行合法合规的校园真实案例审判、服刑人员现身说法教育等方式送法进校园；学生可以到司法实务部门参观、了解、旁听案件的审判和实习。每学期假期开展送法下乡、法制宣传等法律实践活动，强化学生的法律意识，形成法治思维，塑造法治观念，达到具备公民意识、国家认同和法治意识。笔者曾经参与和见证过在中学、大学校园进行合法合规的刑事案件的公开审判，主要是青少年的犯罪，对参与过审判的学生震动和影响很大，教育意义深远。加强青少年法治教育基地的建设，争取每一所学校都有自己的教育基地。除此之外，还可以探索更好更多的创新培养方式。

第三，强化西藏自治区的地方立法、执法、司法等机关工作人员法治文化素质，形成彰显公平正义的正面示范作用。法治西藏，就是为了追求法治所要实现公平、正义、自由、民主的社会主义法治价值，依法治藏，实现西藏良好的法治秩序，维护西藏的稳定与长治久安。因此，对于西藏自治区地方立法、执法、司法各个环节的机关人员的法治文化素养提出了更高的要求。因为只有具备法治文化素养、认同法治文化，才能从源头上保障在地方法制建设中制定良善的法律，在执法过程中合法行政、在司法中公正司法，彰显法治的公平正义，体现执法为民、司法为民。这必将对社会公众产生广泛的潜移默化的影响，使社会公众自觉以昭示和倡导的公平正义方式为参照，调整自己的行为，与社会法治主流意识相一致。此外，还应该加强对律师执业群体的法治文化建设。因为律师在执业过程中素质的高低，直接影响着当事人和群众对法律的看法，会产生传播效应。因此也应该同时在强化律师职业素质的基础上，强化其法治文化素养。

第四，培养、提高基层法治文化宣传建设人员的法治文化水平。农牧区面积占西藏全区总面积的90%，农牧区人口占全区总人口的近80%，这一客观现状要求我们在面对广大农牧民群众宣传法治文化时，必须重视培养、提高基层的法治文化宣传人员的法治文化的水平和素质。因为如果宣传人员自身素质不过关，那么法治文化建设的效果就大打折扣，而且群众对法律就会产生怀疑，甚至会出现因对国家法的陌生、迟疑和阻隔，造成习惯法回潮的不良影响。这会影响到西藏的法治进程和社会的稳定。

第五，加强专业人才队伍建设。目前，基层懂藏汉双语的法治文化建设人才比较缺乏。加大这方面人才的培养与经费的投入，保证形成专业的人才队伍梯队，实现法治文化建设的法治宣讲团、基础人才和志愿者三位一体的人才队伍建设。

（二）明确西藏法治文化建设的重点内容

西藏法治文化建设过程中，并不是要求每个人对每部法律文本或者法律条文都很熟悉，这是不客观的，也是不现实的。因为现代法治下法律制度完备、庞杂，每个人不可能穷尽。同时法律服务机构完备，也使得公民完全可以通过市场服务来获得法律服务。但是前提是公民应具有相应的法治文化所要求的意识和精神。反观我们现行的普法教育过程中，重点过于强调对现行法尤其是对实体法的知晓和遵守。笔者认为，法治文化培养的重点内容应在于法治文化所蕴含的公民意识、国家认同、中华民族共同体的认同、党的认同和法治精神、法治思维及行为方式上。法治意识和精神培养要重于形式。

1. 强化公民意识

法治国家意味着对人的主体地位的重视和对法治文化的尊重。公民意识作为法律文化的组成部分是法治社会法律秩序内化的关键，法治国家不仅要以法律为基础，更要以具有法治精神的公民意识为基础。法治国家的实现是要把法治观念融入到公民的血液中去，特别是对于中国公民，普遍面临着传统社会心理结构的转型与调试的问题。[①] 公民是指具有某个国家国籍的自然人，它作为法律概念，体现了个人同某个国家之间的法律关系。我国宪法规定，凡具有中华人民共和国国籍的人都是中华人民共和国公民。中华人民共和国公民在法律面前一律平等。国家尊重和保障人权。任何公民享有宪法和法律规定的权利，同时必须履行宪法和法律规定的义务。法治国家的基本单位构成就是公民。公民意识是社会意识形态之一，是公民对自己在国家中的地位即对自身权利、义务及主体地位的自我认识。公民意识包括公民的主体意识、公民的权利意识和公民的社会责任意识。公民的主体意识的内涵就是对国家与公民之间关系的正确认识，即公民作为与国家相对应的概念无论在法律上、制度上，还是在现实的政治生活中，应该具有的和被充分肯定的法律人格及尊严。公民的权利意识是指公民在法律上应该享有的权利，在法律面前一律平等，反对特权。公民的社会责任意识是指公民对自己应当承担的社会义务的认可，以及公民对社

[①] 魏健馨：《论公民、公民意识与法治国家》，《政治与法律》2004年第1期。

会基本义务的遵守和执行。公民的社会责任意识是公民意识的理性化体现，目的在于保证社会的秩序状态。①

我国社会主义公民意识就是我国公民基于公民的身份在社会主义国家中的地位，即享有的权利义务和主体意识的自我认识。公民意识是法治国家的先决条件，法治国家追求的最终价值和实现的社会秩序就是确认和保护公民的权利，保障权利实现运转顺畅。对于西藏建设法治西藏、推行依法治藏、建设法治文化而言，必须强化西藏民众的公民意识。首先，要强化西藏民众的公民主体意识。因为西藏社会处于转型的跨越期，而且西藏脱离封建农奴制度时间也不过60多年，所以形成了西藏民众包括宗教人士和广大农牧民在内的主体意识缺失。由于遗留的封建农奴制等级观念和臣民思想，在某种程度上影响和制约着西藏法治化进程。因此，必须强化并确立西藏民众的社会主义公民的主体意识，应该明白我国宪法法律规定应该具有的法律人格及尊严，弥补西藏传统文化公民意识的缺失；其次，培养西藏民众的合法的权利观。在合法维护自己权利的同时，对他人的正当合法权利也予以尊重，形成权利相互性的公民观。在西藏市场经济建设过程中，群众的法律意识有所提高，人们的权利意识有了很明显的变化。在课题组调研中发现部分群众也敢于运用法律维护自己的合法权益，这是一个巨大的进步；最后，通过一系列的法治文化建设与培养制度的安排，强化西藏民众作为公民的社会责任意识，即明确其作为社会主义国家的公民，法律规定的其应该履行的义务；对其承担的义务积极履行和遵守法律的规定，体现公民的社会责任。总之，在西藏要实现跨越式的发展、推行依法治藏、建设法治西藏，法治文化建设的重要内容就是培养西藏民众的现代社会主义公民的意识。一旦民众拥有公民意识，而且公民意识蔚然成风，那么法治西藏和长治久安就会实现。

2. 国家认同、中华民族共同体的认同、党的认同

休·希顿-沃森指出："一个国家是一个法律上的政治性组织，拥有要求公民对其顺从和忠诚的权力。"② 国家认同是指社会成员因隶属于国家而产生的归属认知和感情依附。我国宪法序言中指出：中华人民共和国是全国各族人民共同缔造的统一的多民族国家。平等、团结、互助的社会

---

① 魏健馨：《论公民、公民意识与法治国家》，《政治与法律》2004年第1期。

② [英]休·希顿-沃森：《民族与国家——对民族起源与民族主义政治的探讨》，吴洪英、黄群译，中央民族大学出版社2009年版，第1页。

主义民族关系已经确立,并将继续加强。在维护民族团结的斗争中,要反对大民族主义,主要是大汉族主义,也要反对地方民族主义。国家尽一切努力,促进全国各民族的共同繁荣。在西藏法治社会建设过程中,我们首先立足于公民意识强化的基础上,进一步强化对全国各族人民共同缔造的统一的多民族国家的认同。因为公民忠诚的对象是当前的国家,以法律的、政治的、道德的契约为依据,内涵和目标十分明确,是立国的基础,公民的境况直接影响国家的稳定、凝聚和发展。① 通过加强法治文化建设,例如,通过法规政策规定的作为公民统一规范的行为要求,对诸如国旗、国歌、国徽、升旗仪式、国家庆典、司法机关活动、中国历史文化课程等等灌输国家认同的归属感。

中华民族共同体的认同是指全国各族人民对隶属于中华民族共同体产生的归属认知和情感依附。在中国漫长的历史长河中,各族儿女相互交融、相互依存、相互促进、密切联系,形成了休戚与共的多元一体的历史文化格局。这不仅形成了中国辉煌的历史,更为中华民族在当今的伟大复兴奠定了共同体认同的坚实的基石。在我国宪法法律中规定各民族一律平等,形成各民族平等、团结、互助的新型民族关系。中华民族是一个多元一体的概念,其中,不同民族都有自己独特的文化,但是既然任何一个民族都是中国和中华民族的平等成员,所有不同民族之间的文化共同性应该大于差异性。统一国家内部的民族,有着共同的利益和共同的政治制度。换句话说,政治制度和经济利益这些框架性的要素已经转变为真实的历史存在物即形成国家的认同,从而使得国家内部的各族人民在传统中获得了自己的身份或者认同,并且形成了不同民族之间文化共同性的基础。② 因此,在西藏法治文化建设中中华民族共同体的认同必须加强,从共和国的历史活动中、从法治建设中生成和提取共同体意识。

在我国宪法序言中明确指出:1949年,以毛泽东主席为领袖的中国共产党领导中国各族人民,在经历了长期的艰难曲折的武装斗争和其他形式的斗争以后,终于推翻了帝国主义、封建主义和官僚资本主义的统治,取得了新民主主义革命的伟大胜利,建立了中华人民共和国。从此,中国

---

① 都永浩:《民族认同与公民、国家认同》,《黑龙江民族丛刊》2009 年第 6 期。
② 韩震:《论国家认同、民族认同及文化认同——一种基于历史哲学的分析与思考》,《北京师范大学学报》(社会科学版)2010 年第 1 期。

人民掌握了国家的权力，成为国家的主人。在西藏进入现代文明60多年的时间里，西藏人民在党的领导下从农奴翻身当主人，享受现代文明成果。西藏发生了翻天覆地的变化，取得了举世瞩目的成就。这得益于党的正确领导。对党的认同，应该是法治文化建设中的一项重要内容。在西藏法治和法治文化建设中，要形成对党的领导认同，坚持党的领导、人民民主、依法治国三者的统一。

总之，在我国多民族的国家中，在建设西藏法治文化过程中，为了国家的统一和民族的团结，必须在强化公民意识和党的认同基础上把国家认同放在首位。"在国家进入高度发达、富裕和完全民主、法治的社会以后，民族身份对个人没有积极意义，任何一个人以公民身份可以公平、平等地享受一切公民权利。在公民认同和归属感取得高度的统一时，各民族就有可能融为公民共同体，在中国就是中华人民或中国人民"，"公民化国家的构建过程，就是累积真正的国家共同认同的过程"①。

3. 社会主义法治的规则意识、法治思维方式和法治方式

在西藏法治文化建设中，注重对西藏民众的法治规则意识的培养。在采用普法等各种形式的法治文化建设方式过程中，培养西藏民众在遇到矛盾纠纷、利益冲突的时候要有法治的规则意识。对西藏民众在处理具体问题的时候，首先要让西藏民众明白以暴制暴、以不合法的方式处理，既不合法又不能很好地维护自己的权益。而要按照法律的途径去处理，寻求相关国家机关合法维护自己的权益，懂得自己作为公民所具有的权利和义务。所以在遇到矛盾问题、利益纠纷的时候，通过法治文化建设树立西藏民众的法治规则意识。此外，在法治意识中注意意识形态问题的引导。法律意识形态是包含价值判断和政治倾向等特定价值观的法律意识。它决定了国家法治建设的方向。我国法治文化建设之下的法律意识形态就是坚持人民民主、坚持社会主义制度、坚持党的领导的法律意识。对于妨碍或者错误的非主流法律意识形态例如对"3·14"打砸抢烧事件和达赖的分裂违法行为，必须清楚地认识并予以批驳，树立社会主义法治的主流法律意识形态。

党的十八大报告中提出：提高领导干部运用法治思维和法治方式深化

---

① 都永浩：《民族认同与公民、国家认同》，《黑龙江民族丛刊》2009年第6期。

改革、推动发展、化解矛盾、维护稳定的能力。当法治成为治国理政的基本方式的时候,目的是在寻找出一个适合我国社会风俗民情的社会治理模式。法治思维就是指人类符合法治的精神、原则、理念、逻辑和要求的思维习惯和程式,它是对于法治比较理性的认知过程,它是一个动态的过程。因此,法治思维是一种在于促进法治解决意向的心理逻辑、一种法治规则理性逻辑、一种保障人权的价值判断、一种习惯思维。① 在本质上区别于人治思维和权力思维,其实质就是各级领导干部想问题、作决策、办事情,必须时刻牢记保护人民权利和尊重保障人权,必须始终坚持法律面前人人平等,必须自觉接受监督和承担法律责任。② 对西藏经济社会发展过程中出现的各种矛盾和稳定问题,西藏各级领导干部必须在西藏法治和法治文化建设过程中,养成法治思维和运用法治方式,化解西藏社会矛盾,维护西藏稳定,推动西藏经济发展。

(三) 攻坚西藏法治文化建设的重点区域和部门

法治文化建设过程中,由于资源的有限性和矛盾的凸显性,按照马克思主义哲学矛盾观,我们应该有意识有重点地抓主要矛盾集中的区域。因此,法治文化建设应该加强以下的重点区域和部门。

第一,寺庙。目前,西藏全区共有大小寺庙和宗教活动场所 1700 多处,僧尼 46000 多人。③ 西藏已经建立了社会主义制度,西藏僧尼成为我国的公民,寺庙管理法治化、规范化,形成了在合法的范围内开展正常的宗教活动,以寺养寺。鉴于西藏几乎是全民信教,宗教在藏族人民心中有崇高的地位。而且也是达赖反动集团鼓动挑唆、渗透作祟的地方。因此,必须对寺庙的僧尼加强社会主义法治文化的建设和培养,如此才有西藏社会的稳定和谐,也能更好促进西藏的法治建设进程。应该形成一套系统、规范、形式多样化的寺庙法治文化培训机制。

第二,学校。学校为了社会建设的主人和精英分子。因此关系着西藏未来发展如何,法治西藏建设进程以及新西藏目标能否实现,都在于平时对学校的学生法治文化熏陶与培养。这是专业人才队伍建设的重地,不可

---

① 韩春晖:《社会管理的法治思维》,法律出版社 2013 年版,第 2、10—12 页。
② 袁曙宏:《全面推进依法治国》,载《十八大报告辅导读本》,人民出版社 2012 年版,第 221 页。
③ 黎华玲:《西藏百姓宗教信仰现状:家家供佛 僧尼近五万》(http://fo.ifeng.com/news/detail_ 2014_ 03/17/34853428_ 0.shtml)。

偏废。

第三，广大的农牧区。广大的农牧区不仅区域面积占西藏面积最大，而且人口占西藏人口的80%。这也是西藏法治文化建设的薄弱地区。在第六次全国人口普查中，城镇家庭户人口占家庭户总人口的20.46%，乡村家庭户占79.54%。在家庭户中，城市家庭户为9.40万户，镇家庭户为12.13万户，乡村家庭户为45.56万户。西藏家庭规模以3人户比重最高，占总户数的16.22%；"五人户、六人户"大户型在山南、那曲和阿里地区相对较为集中。"七人以上户"较多分布在昌都地区。家庭结构的变化由2000年的"中小型家庭为主，大家庭逐渐减少"逐渐变化为2010年的"小型家庭增幅加快，大家庭持续减少、家庭结构日趋简单，类型多元化"。西藏农牧区家庭结构也呈现了逐步"小型化"的特点。① 针对这些状况，必须有针对性地加强对西藏农牧区法治文化建设。

第四，西藏的各级机关单位。这些单位是公权力的享有者和行使者。十八大报告提出的提高领导干部运用法治思维和法治方式深化改革、推动发展、化解矛盾、维护稳定能力，就是针对公权力享有者和行使者在法治社会建设过程中的要求。所以，必须加强各级机关单位的法治文化建设，形成良好的法治文化氛围，推动西藏法治社会进程，形成社会管理法治化，达到良好的发展稳定的秩序。

（四）采用适应性、多样化、层次性的法治文化建设方式

2014年4月21日习近平总书记强调"加强法制宣传工作，要创新宣传形式，注重宣传实效"。西藏法治文化建设，要结合西藏的区情和现状，因地制宜、大胆创新，采取适应性、多样性和层次性的法治文化建设的方式，最终落脚点在于法治文化建设的效果上。所以西藏法治文化建设采用的方式，总体上来说就是要结合现代方式与传统方式，适应西藏的需求，适合西藏民众的文化心理和思维方式，通过顺应性的方式引导西藏法治文化建设。总体上来说，可以通过传统文化传承方式挖掘传统法律文化优秀资源内容和灌入现代法治文化内容进行培养建设，采用现代法治文化建设的方式，例如电视广播影视网络媒体、文艺演出、文化系列丛书、挂图、专栏、互动参与司法活动等，具体分析如下。

---

① 土多旺久：《从"六普"资料分析西藏家庭规模变化及特征》，《西藏发展论坛》2012年第5期。

西藏校园法治文化建设采用的方式有：形成法治文化建设方式的阶段性与连续性。对学生分阶段从小就采取法治文化挂图、漫画、故事、讲座、演讲等，形成对诸如国旗、国歌、国徽、升旗仪式、国家庆典、司法机关活动等正确的认识，从小形成公民意识、国家认同、中华民族共同体认同、党的认同等；建立学生法治文化的辅导员机制。加强与法院、检察院、监狱、看守所、戒毒所、少管所等部门的互动联系，建立学生法治教育基地。通过参观、旁听审判、审判进校园、定期讲座、法律知识竞赛、演讲、征文活动、定期文艺演出等活动，强化学生的法治意识和法治文化素质。对大中专学生在上述基础上，强化其法治精神、法治理念，提高其法治文化素质，加强其送法下乡实践活动。建立校园法治文化专栏和开辟专门的园地，形成长期建设机制。

在立足于牧区群众最关心、最直接、最现实的问题基础上结合法治文化教育，对农牧区法治文化建设采用的方式：可以采用西藏民众易于适应的传统文化方式，比如把融合了传统优秀法律文化资源的现代法治文化内容采用格言、谚语、寓言故事等传统形式，贴近百姓的文化心理需求和思维方式，慢慢引导。或者采用传统文化方式例如藏戏的新内容演示，对《格萨尔史诗》《文成公主》等的法律文化功能方面的挖掘与开发等。采用现代的法律文化形式有：利用现代的电视广播影视、故事、小品、合法的公开审判、文艺表演、网络等形式传播现代法治的公民意识、国家认同、中华民族共同体的认同、党的认同。建设乡村城镇的法治文化专栏和法治文化园地。结合农牧区的具体情况，编制适宜的法治文化读本和法律口袋书，贴近百姓的需求和关心的利益例如财产纠纷、婚姻、务工、虫草等方面问题，以故事、案例、藏汉双语版的法律知识读本，通俗易懂的语言（藏语、汉语）等方式加强宣传与教育。发挥懂法的中青年和接受教育的农牧民子女的引导与示范作用。建立法治文化建设示范村。

对西藏的城镇方面的法治文化建设，采用的方式有：编制系列的法治文化丛书例如《法治故事》《法治剧本》《公务员法治征文》《法治漫画》《法治摄影》《法治历史名人故事》《领导干部法治读本》等；建设法治广场、法治公园、法治社区、法治宣传栏等法治文化建设示范点；加强电视、广播、报刊法治专栏建设，建设法治文化专用网站；充分利用现代网络信息技术，利用短信、微信、微博等开通法律服务短信平台等；形成城镇地方特色的法治文化品牌，突出每个地方因地制宜的内容；组织文化汇演、影视剧展播、观摩司法审判等活动建设法治文化。建立民主法治示范社区、村镇。

(五)建立法治文化培养的长效机制

西藏法治文化建设是一项基础性、渐进性、长期性、战略性的重大工程。从西藏法治文化建设的权责绩效方面，形成西藏法治文化建设的长效机制，而不是运动式的一闪而过。建议在西藏全区形成区、市、县成立法治文化建设协调领导办公室，成员涵盖党政宣传部门、司法行政、教育、文化、经贸等职能部门，形成统筹全局、统一规划、整合资源、分工明确、上下协作、全民参与、共同创建、兼容并蓄、整体推进的法治文化建设。在建设过程中，定期检查、评估和考核及改进，做到权责绩效统一。形成普法宣传员、联络员、宣讲员、志愿者、大学生法律人才等人才网络，建立法治辅导员、基层法治文艺团体，不断更新创新法治文化内容及宣传手段。建立从法制图片、法治报刊书籍、法律服务、普法讲座、法治文化演出到普法网站、法治广播电视节目、微信、微博、短信等平台、法律服务机构等全方位的培养机制。注重基层法治文化长效机制的建设。最终发挥法治文化建设的长效机制作用，能使百姓群众更加注重运用法律解决矛盾纠纷、处理利益纠纷问题；使得各级部门更加自觉地运用法治思维和法治方式，管理经济、文化和社会事务，深化改革、推动发展、化解矛盾、维护稳定。

(六)因地制宜、定位明确，注重法治文化建设实效

西藏自治区地域广阔、地理条件不一，法治文化建设应该因地制宜、定位明确，突出法治文化建设的实效。

对于寺庙法治文化建设这块阵地，应该明确两点：其一，积极引导宗教文化与社会主义法治文化相适应；其二，依法治寺，合法开展宗教活动，引导僧尼形成并增强公民意识、国家意识、中华民族共同体意识和法治意识，自觉抵制分裂祖国活动，维护社会稳定和寺庙的稳定。因而，对寺庙法治文化建设应该结合寺庙的具体情况，开辟法治文化建设园地，注重寺庙法治文化建设人才的培养，编制符合寺庙法治文化建设的材料，采取以案说法、座谈会、交流会、观摩公开审判、现身说法等方式，通过现代的微信、微博、短信等形式，重点内容以《宪法》《民族区域自治法》《刑法》《国家安全法》《集会游行示威法》《治安管理处罚法》《文物保护法》《宗教事务管理条例》等相关法律法规为主，突出宪法意识、爱国

意识、统一意识和民族团结意识，塑造公民意识、国家意识、中华民族共同体意识和法治意识，维护社会稳定和长治久安；联动寺管工作人员的法治文化建设相辅进行。

对城区法治文化建设，重点突出公共场所的法治文化建设的示范与辐射作用。通过建设法治公园、法治文化广场、法治文化长廊、公共场所的电子屏、公共交通工具的移动电视、公共区域场所的固定宣传设施等，实现法治文化的渗透与潜移默化及有效的覆盖。

对农牧区法治文化建设，在立足于牧区群众最关心、最直接、最现实的问题基础上因地制宜结合多样化的创新形式进行法治文化建设与教育。针对不同的涉及外出务工、虫草采集、边防口岸、婚姻问题、交通等实际情况，应该有重点针对性地进行相应的法治文化建设与教育。并以群众易于接受、喜闻乐见的方式去进行法治文化建设，注重实效。

二 从西藏地方性因素出发，建设西藏法治文化

法治西藏不是一朝一夕就能建成的。它需要在依法治藏的过程中培育与建设法治文化，并受其潜移默化、耳濡目染并内化为行为的准则。考量到西藏国家因素与自治地方因素、民族因素与法治因素、经济因素与法治因素、历史因素与现实因素，从而采取以下措施建设西藏法治文化。

（一）贯彻民族区域自治，依法治藏

民族区域自治制度是维护中华民族利益和实现民族复兴的一项基本制度。经过实践检验，西藏民族区域自治制度维护了祖国统一和民族团结，实现边疆治理和民族治理，是依法治藏的最佳选择。

1. 尊重民族文化，完善《民族区域自治法》配套法规建设

"依法治藏，就是要维护宪法法律权威，坚持法律面前人人平等。"① 这也意味着法律是治理西藏最基本的方式。西藏社会一切问题的处理都必须依据法律进行规范与处理。根据我国《宪法》《民族区域自治法》，西藏实现民族区域自治。我国《民族区域自治法》第十九条规定：民族自治地方的人民代表大会有权依照当地民族的政治、经济和文化的特点，制定自治条例和单行条例。自治区的自治条例和单行条例，上报全国

---

① 《习近平在中央第六次西藏工作座谈会上强调依法治藏富民兴藏长期建藏，加快西藏全面建成小康社会步伐》，《人民日报》2015 年 8 月 26 日第 1 版。

人民代表大会常务委员会批准后生效。自治州、自治县的自治条例和单行条例上报省、自治区、直辖市的人民代表大会常务委员会批准后生效，并报全国人民代表大会常务委员会和国务院备案。第七十三条规定：国务院及其有关部门应当在职权范围内，为实施本法分别制定行政法规、规章、具体措施和办法。自治区和辖有自治州、自治县的省、直辖市的人民代表大会及其常务委员会结合当地实际情况，制定实施本法的具体办法。目前，西藏自治区尚未制定出自治条例，有民族区域自治特殊性的单行条例并不多。

法治西藏的要求，应落实制定自治条例和进一步完善具有民族特色、契合西藏发展需要的单行条例。而要真正地完善民族区域自治法规的配套法规，则必须尊重民族文化、考虑民族心理，制定出切合实际的自治条例和单行法规。众所周知，西藏地理上封闭、环境脆弱、经济欠发达且长期受宗教文化影响。从1961年民主改革完成到现在，嵌入式的政治、经济和法律制度与原有的社会生活方式相互冲突、磨合，而恶劣的自然条件大大减缓了这一替代过程，时至今日"非典型二元结构"依然尚未消除。在此条件下，越是充分考虑民族文化和民族心理的法律，被接受的程度就越高，也就越容易执行。[①] 因此，充分考虑民族心理与民族文化包括藏族习惯法在内的影响，从西藏民族区域自治的自治条例和单行条例立法源头上，既要奠定法治西藏的理念，又要契合西藏的发展需要。

2. 基于中央立法和政策精神，细化为西藏特色的地方法制

目前，虽然初步形成了体现民族区域自治原则、具有鲜明西藏地方特点的地方性法规体系，但是西藏细化中央立法和政策精神的地方法制化不足。依法治藏，建设西藏法治政府和法治社会，就需要逐步形成法治思维、塑造法治文化和依法办事的理念。从西藏来看，中央立法的地方化程度远远不够，该细化的没有细化，一定程度上严重影响到西藏经济发展与社会稳定。但就西藏工作座谈会而言，中央对西藏发展的支持力度一次比一次大；但从立法的角度审视，西藏至今尚未根据工作座谈会的精神和政策进行经济立法或者其他方面的立法。[②] 如果没有利用好的中央政策，形

[①] 贺新元：《和平解放以来民族政策西藏实践绩效研究》，社会科学文献出版社2015年版，第370页。

[②] 贺新元：《西藏跨越式发展与长治久安的前沿问题研究——"3·14"事件反思下的西藏治理》，中国藏学出版社2014年版，第187页。

成依法治藏的思维与习惯,那么就会影响到西藏的发展与法治建设。因此,基于中央第六次西藏工作座谈会的精神和中央立法西藏化,结合西藏的区情,应进一步细化为具有现实与长远意义的西藏地方法制。这是一个法治思维与法治习惯渐进的过程,更是法治文化发挥作用的过程。今后,西藏立法工作应围绕着西藏经济社会发展与稳定,始终树立法治思维和法治方式,提高立法质量。

3. 加强重点领域的法治建设

习近平同志在十九大报告中强调,中国特色社会主义进入新时代,我国社会主要矛盾已经转化为人民日益增长的美好生活需要和不平衡不充分的发展之间的矛盾。当前西藏的社会主要矛盾依然是人民日益增长的美好生活需要和不平衡不充分的发展之间的矛盾。同时,西藏还存在着各族人民同以达赖集团为代表的分裂势力之间的特殊矛盾。这就决定了西藏工作的中心任务必须是推进经济跨越式发展和社会长治久安。因此,应推进重点领域的法治建设。

其一,推进寺庙管理的法治化进程。宗教在西藏具有长期性、群众性和复杂性。尤其是在西藏经济社会的转型期,由于宗教渗透到民族文化、民族心理和民族意识中,极容易被民族分裂分子有效利用。藏区不稳定的总根源在境外的达赖集团,而境内不稳定能量的储存点、爆炸点则在藏传佛教的重点寺庙。长期以来,西藏对寺庙的爱国主义教育和管理工作是卓有成效的。[1]

目前,西藏的宗教管理国家层面的法规主要有:《宗教事务条例》(国务院在 2005 年 3 月 1 日颁布)、《藏传佛教活佛转世管理办法》(国家宗教事务局在 2007 年 7 月 13 日颁布)和《藏传佛教寺庙管理办法》(国家宗教事务局在 2010 年 9 月 29 日颁布)。依据上述法规,西藏自治区政府于 2007 年 1 月 1 日制定了《西藏自治区实施〈宗教事务条例〉办法(试行)》,西藏自治区民族宗教事务委员会于 2012 年 7 月 2 日制定了《西藏自治区实施〈藏传佛教活佛转世管理办法〉实施细则》。在"3·14"事件之后,西藏自治区陆续颁布了《西藏自治区藏传佛教活动场所管理组织章程(试行)》、《关于落实地(市)、县(市、区)党政主要负

---

[1] 叶小文:《中国破解宗教问题的理论创新和实践探索》,中共中央党校出版社 2014 年版,第 146 页。

责人寺庙管理责任制的意见》、《关于加强与创新社会流动从事宗教活动人员服务管理的意见》、《关于开展和模范寺庙暨爱国守法先进僧尼创建评选活动的意见（试行）》、《西藏自治区大型宗教活动管理办法》等。在推进寺庙法治化进程中，取得可喜成绩的同时，还存在着一些问题：比如，立法缺乏创新与地方特色，导致法规公式化和重复化。在国家上位法出台后，西藏宗教事务立法相对滞后，迟迟出台不了实施细则。驻寺干部权益有待完善。①

因此，应从以下几个方面推进寺庙的法治化进程，并培育好寺庙的法治文化：第一，深入了解寺庙及宗教活动场所实际情况，发现问题、总结规律。比如，僧尼请假制度问题：全区无统一的执行标准，审判权限在各地区、各寺庙存在不统一性；请假制度存在较多不切实际处，趋于过严。在此基础上，通过专家团队法理的理论分析与研究，通过听证等方式广泛征求意见，制定出切合实际、高质量的寺庙管理地方法规。② 第二，调动僧尼持戒守法的积极性，以身示范。可考虑从这几个方面着手：一是加强佛教与法律的相通的教育，引导僧尼正确地认识国法。例如，佛教的戒律和世间的法律都有着强制性的效用。法律的制定出发点都是对"恶"的防范，是以理性的方式维护道德性的底层。而佛教戒律则立足于善恶不二、缘起性空的真如实相，二者的共性都是服务于人。世间法律对于佛教的"法"虽然起到的是底层与外围的作用，但是照样可由外而内地影响佛法的施张，这是我们必须承认的。心性自觉与制度外护、道义自觉与法治保障，应该成为民心稳定、社会和谐的双重保障。社会的法律也可以保障佛教。③ 僧尼能依律持戒，就不会违法。因此，应该改变传统的、过于生硬的说教，从此方面入手，改善僧尼普法与管理工作的效果。二是调动僧尼参与寺庙法规建设的积极性。比如，在制定《寺庙管理规章制度》时，应让更多的僧尼或僧尼代表参与制定工作，鼓励他们从传统的《寺规》中挖掘有效的做法。如此一来，既能激发僧尼的积极性与主动性，

---

① 次旦扎西、顿拉：《西藏佛教寺院事务管理研究——以拉萨三大寺为例》，社会科学文献出版社 2016 年版，第 243—243 页。

② 次旦扎西、顿拉：《西藏佛教寺院事务管理研究——以拉萨三大寺为例》，社会科学文献出版社 2016 年版，第 243—243 页。

③ 明贤法师：《佛教的"法"与世间"法律"不同的价值》（http://fo.ifeng.com/a/20151212/41522197_0.shtml）。

又能吸收部分有利于寺庙法治管理的积极因素，从而让更多的僧尼自觉接受与维护《寺庙管理规章制度》，使加强与创新寺庙管理工作推向政府主导、干部管理、僧侣参与的和谐管理模式。① 三是在依法前提下，积极引导藏传佛教自律并与社会进步相适应。总之，通过以上方式切实增强广大僧尼的中华民族意识、国家意识、法治意识和公民意识。

其二，加强市场经济的法治建设。西藏当前的主要矛盾，决定了西藏要极力发展市场经济。因为西藏的发展与稳定离不开一定的物质基础。市场经济的实质是法治经济。需要不断提高市场经济法治建设，同时不断地通过市场经济活动、法治文化的宣传，逐步地提高西藏农牧民的市场观念意识，建立市场规则和法治规则意识。针对目前西藏经济社会转型与二元结构，可采取培育法治文化的方式：一方面，引导农牧民形成商品观念意识和市场经济意识；另一方面，注重对与农牧民利益密切相关的法律法规的宣传与讲解，让其在市场经济活动中直接感受与体验法律法规带来的利益，从而增加法治文化的可接受度。除此之外，还应进一步完善市场经济立法。

其三，推进生态环境保护法治建设。西藏是国家重要生态安全屏障，要坚持生态保护第一。要加大对青藏高原空气污染源、土地荒漠化的控制和治理，加大草地、湿地、天然林的保护力度，就必须不断完善生态环境保护法规，实行依法治理。在已经制定环境保护条例、野生动物保护法实施办法、水法实施办法、草原法实施办法、矿产资源管理条例、森林法实施办法、湿地保护条例等法规的基础上，按照国家上位法的制定与修订，以及《西藏生态安全屏障保护与建设规划》的精神，及时完善地方性环境保护法规，形成完善的、系统的地方性环境保护法规体系。

（二）推进法治政府建设，依法行政

法律的生命力和权威性在于实施。在法治轨道上开展工作，展示守法诚信的法治政府，方能体现法治的要义。目前，根据北大法宝的检索显示，地方性法规和地方性规章为363个，最多的是地方性规范性文件，为2251个。大量的规范性文件是以通知、意见等方式存在的。法律法规少而行政性规范文件多，其好处是给地方管理者在执政执法时带来更多的灵

---

① 次旦扎西、顿拉：《西藏佛教寺院事务管理研究——以拉萨三大寺为例》，社会科学文献出版社2016年版，第274页。

活性、裁量权及裁量空间。给执政与执法者带来了自由与方便，那就不可避免地会给社会公众带来利益的损害。这与现代法治国家建设格格不入。① 因此，在建设西藏法治政府的过程中，应从以下几个方面着手建设法治文化：

其一，按照法治建设的要求，转变理念与思维，依法而治。这就意味着，西藏在法治政府建设过程中，要依照国家的法律、上位法的规定，制定地方性规章，而要大幅度地减少地方性规范性文件，符合法治政府建设的要求。

其二，要大力建设政府法治文化，奠定法治政府的基础。政府法治文化是融注在西藏每一名公务人员内心与行为中的法治理念、法治思维、法治精神等。目前，还有一部分西藏公务人员还没有形成社会主义法治要求的法治理念与法治思维，造成行政效能低下、群众观念和法治意识不到位，影响法律实施的效果与法律的权威。这对政府工作人员来说，就需要全面提升自身的法治素质，形成政府法治文化。因为依法治国的过程实质就是一个以法治文化代替人治文化的过程。在这个过程中，一个战略性的问题，就是培育具有法治精神、法治理念和法治思维的领导层及工作人员的问题。② 因此，对西藏公务人员，尤其是基层公务人员，应从法治理念与精神层面确立"依法行政"，并将其内化为日常行政行为。进一步将法治精神和行为注入制度与组织之中。此外，还应强化物态化的法治文化建设。可采取定期培训机制，通过培训、考核、总结、评比等方式，营造依法行政的法治文化，鼓励依法行政的行为。

（三）结合西藏本土有益的法制资源与现代法治文化，培养公民法治文化

"坚持把全民普法和守法作为依法治国的长期基础性工作，深入开展法治宣传教育，引导全民自觉守法、遇事找法、解决问题靠法。"③ 在和平解放前，由于西藏民众受藏传佛教影响，政教合一的封建农奴制又从思想文化上阻隔着西藏与内地的交流，再加之达赖集团的分裂活动等因素，

---

① 贺新元：《西藏跨越式发展与长治久安的前沿问题研究——"3·14"事件反思下的西藏治理》，中国藏学出版社2014年版，第187页。
② 王运声、易孟林主编：《中国法治文化概论》，群众出版社2015年版，第226页。
③ 《中共中央关于全面推进依法治国若干重大问题的决定》，《人民日报》2014年10月29日第1版。

导致西藏民众对法治与法治文化比较陌生。西藏法治文化建设将是一项长期工程，需要逐步地、点点滴滴地融入到西藏民众的思想和行为之中。结合西藏地方性因素，可以从以下几个方面培养西藏民众的法治文化。

其一，依法继续加强基层民主建设，让西藏民众在参与中培养民主法治意识。基层民主建设直观地影响着西藏百姓对民主与法治的认识。因此，应该顺着这条线来加强民主法治及法治文化建设。首先，在建立村民/居民代表议会制度前，基层政府应先普及最基础的民主法治及相关的法规，晓以利害，告知其权益，奠定好西藏百姓的民主法治的意识；其次，对已建立村民/居民自治组织的，在村设立公开栏，一方面公开村务工作，保障群众的知情权、参与权、决策权、监督权；另一方面，继续普及与村民自身利益密切相关的，维护国家统一、民族团结的法律法规；最后，在村/社区设置民主法治文化室，选择与当地百姓文化水平相符合的民主法治读物，而且要用藏汉双语、图文并茂、通俗易懂的方式，贴切地传递民主法治思想。此外，还可以定期不定期地通过一些文艺演出、电影播放等方式进行法治文化教育。

其二，挖掘优秀文化资源，探索规律，以西藏百姓能接受的方式嵌入到法治文化教育与宣传中。西藏民众深受藏传佛教文化影响，因而对新型法治文化的接受有一个由陌生到感性认识再到理性认识直至接受的过程。因此，西藏法治文化建设不能简单而粗犷地进行，否则适得其反。应从这几个方面进行：首先，宣传教育时注重佛教持戒与法律的相通性教育、法律保障合法的宗教信仰自由，引导民众接受法律；其次，把藏族习惯法中优秀的资源，比如生态保护、调解等方面融入到现代法治文化的交易之中，便于西藏民众接受；再次，注重高僧大德的法治宣传与示范作用，引导西藏民众爱国守法、遵法守纪；最后，在百姓日常经济生活中，因势利导，以案说法，引导其形成自觉守法、遇事找法、解决问题靠法的思维与行为方式。

其三，注重基层双语人才的培养。在基层部门工作的汉族工作人员基本上不能用藏语宣传，藏族工作人员能用藏语与群众交流，但不能翻译汉文宣传材料。因此，这就极大地制约了民主法治宣传的效果。基层藏汉双语人才的培养，关系到民主法治建设的成效，应注重双语人才，并在解决语言的问题上，强化其法治文化素质。

结　　语

　　古希腊哲学家柏拉图指出：人们必须制定法律并且要遵守法律，否则他们的生活就像是最野蛮的兽类一样。对于人类社会来说，"一种文明的理想、一种把人类力量扩展到尽可能最高程度的思想、一种为了人类的目的对外在自然界和内在本性进行最大程度控制的理想，必须承认两个因素来达到那种控制：一方面是自由的个人主动精神、个人的自发的自我主张；另一方面是合作的、有秩序的、组织起来的活动。如果我们想要保持对自然和本性的控制，使之前进，并流传下去，那么对这二者都不应该加以忽视"①，制定法律、遵守法律是幸福和秩序的基础。但是寻求一个真善美和公平正义秩序的社会，离不开法治。"法治应该包含两重含义：已经制定的法律获得普遍服从，而大家所服从的法律又应该本身是制定得良好的法律"②，法治作为人类社会治理的一种理想，已经成为当今世界最突出、最合理、最合法化的治理模式。对于利益"一个法律制度通过下面一系列办法来达到，或无论如何力图达到法律秩序的目的：承认某些利益；由司法过程（今天还要加上行政过程）按照一种权威性技术所发展和适用的各种法令来确定在什么程度内承认与实现那些利益；以及努力保障在确定限度内被承认的利益"③，通过法治对社会进行控制，实现社会公平正义价值，达到良好和谐的社会秩序。

　　当今世界正进入一个文化冲突和对抗的时期，"在这个新的世界里，最普遍的、重要的和危险的冲突不是社会阶级之间、富人和穷人之间，或其他以经济来划分的集团之间的冲突，而是属于不同文化实体的人民之间

---

① ［美］罗斯科·庞德：《通过法律的社会控制》，沈宗灵译，商务印书馆 2013 年版，第 62 页。
② ［古希腊］亚里士多德：《政治学》，吴寿彭译，商务印书馆 1965 年版，第 199 页。
③ ［美］罗斯科·庞德：《通过法律的社会控制》，沈宗灵译，商务印书馆 2013 年版，第 33 页。

的冲突。部落战争和种族冲突将发生在文明之内。"① 文化成为关系国家安全战略性的问题。我们"抑或将法律仅仅看成有关调整争端的规则，而不是一种社会及其成员预想其自身及彼此联系的范畴——简而言之，如果人们将生活及其联结割裂开来，而不曾通过文化本质一体化的视角将他们重新联结起来，那么，我们对于'世界如何构成'这一问题的仓促理解甚至或固执己见将会使我们放弃从更大的范围来理解世界"②。法治文化成为未来道路的一盏明灯，指引人们追寻法治治理的社会梦想。法治社会离不开作为法治价值和精神体现的法治文化深层次的引导和支撑。

"法治的特定价值基础和价值目标是达到某种法律秩序，即在社会生活的各个方面均法律化、制度化，法律主体的权利义务明确化，其行为运行秩序化"③，在我国建设法治新阶段新时期，法治文化成为指引法治进程必不可少的战略因素。如今西藏人民获得了自由、平等和尊严，充分享受着现代文明成果。在建设法治西藏、推进依法治藏的历史进程中，达赖集团的分裂活动是影响西藏稳定、发展、繁荣和长治久安的最根本的因素和最大的障碍。法治西藏是保障西藏的发展与进步，实现西藏各族人民的共同愿望和追求正义与幸福的生活的历史必然。法治文化必将引导西藏未来继续发展，保障西藏人民享有既有的文明成果。

本文通过溯流文化和法治的涵义，沿着①文化包括法律→②文化中有法律→③文化中的法律→④法律是一种文化→⑤法律文化→⑥法治文化，探寻出我国法治文化的涵义，即我国法治文化是具有中国特色的社会主义法治文化，既体现人类社会法治文明共通的智慧结晶，又体现社会主义中国法治特色文化。社会主义法治文化是由显性的制度性法治文化和隐性的精神性法治文化及执法、守法、用法的法律行为共同构成的一种文化现象和法治状态。我国社会主义法治文化的核心内容是社会主义法治理念。社会主义法治理念包含着依法治国、执法为民、公平正义、服务大局、党的领导。总之，我国的法治文化体现的价值和功能即它蕴含着追求公平、正义、自由、民主的法治价值，弘扬着依法治国的法治精神，宣扬

---

① ［美］塞缪尔·亨廷顿：《文明的冲突与世界秩序的重建（修订本）》，周琪等译，新华出版社2010年版，第6页。
② ［美］劳伦斯·罗森：《法律与文化——一位法律人类学家的邀请》，彭艳崇译，法律出版社2011年版，第2页。
③ 苏晓宏等：《法治的向度与文化视域》，法律出版社2013年版，导论第1页。

着保障公民的权利和规范公权力法治思想，彰显着社会主义法治理念，塑造着公民精神，凝聚着国家意识，聚合着中华民族共同体的认同，铸造着法律信仰，传播着先进的社会主义法治文化种子，孕育着社会稳定和谐、国家长治久安的文化基因。法治社会离不开作为法治价值和精神体现的法治文化深层次的引导和支撑。

  通过课题组成员与相关调研人员多次深入西藏基层与西藏各个实务部门调研、访谈，立足于法治文化对西藏的长治久安战略的必要性分析、可行性分析、西藏法治文化建设取得的成就与以藏族习惯法为代表的藏传统法律文化的关系，认为法治文化在西藏必然能建成；融合了藏族传统法律文化的现代法治文化，不仅使得藏族传统优秀的法律文化成为这个时代法治文化的有机组成部分，而且为法治西藏建设提供内在根基，为西藏社会稳定与长治久安提供文化和精神支撑。在提出规划西藏法治文化建设纲领的思路下，从理念和制度等方面提出法治文化建设路径和具体对策。用法治文化增加西藏民众的公民意识、国家认同、中华民族共同体的认同和党的认同，廓清达赖集团分裂的本质，坚决维护祖国统一、民族团结和西藏的和谐稳定。用法治文化引领和支撑西藏法治建设，实现西藏社会治理的法治和长治久安的梦想，一个团结、民主、富裕、文明、和谐的社会主义新西藏必然会阔步前进，昂首挺胸以崭新的面貌展现在世界面前。

附　　录

附录一　法律意识调查问卷

（请在您所选的选项上划√，谢谢您的合作！）

1. 您的性别是_____
（1）男　　　　　　　　（2）女

2. 您的年龄是_____（请填写）

3. 您的民族是_____（请填写）

4. 您的籍贯是_____（请填写）

5. 您的文化程度是？
（1）小学　　　　　　　（2）初中
（3）高中　　　　　　　（4）大专以上
（5）文盲

6. 您认为法律是用来？（多选题）
（1）管理国家、社会　　（2）惩罚犯罪
（3）指引、帮助老百姓　（4）评价、教育
（5）其他_____（请注明）

7. 您觉得法律跟自己的关系如何？
（1）与自己无关　　　　（2）密切相关
（3）没接触过　　　　　（4）其他_____（请注明）

8. 您认为宗教和法律之间的关系是？
（1）宗教高于法律　　　（2）宗教活动必须符合法律的规定
（3）不知道　　　　　　（4）二者同等

9. 您所知道的法律知识主要来源于？（多选题）
（1）广播、电视、报纸　（2）学校教育

（3）家庭教育　　　　　（4）普法宣传

（5）其他＿＿＿＿＿＿（请注明）

10. 您对我国的哪部法律最了解？

（1）宪法　　　　　　（2）民法

（3）刑法　　　　　　（4）婚姻法

（5）其他＿＿＿＿＿＿（请注明）？

11. 您认为《民族区域自治法》《民族自治条例》和您有关系吗？

（1）有　　　　　　　（2）没有

（3）不知道

12. 您知道自己有哪些法律规定的权利与义务吗？

（1）知道，我的行为就是根据这个来确定

（2）大体知道我有什么权利义务

（3）我只是知道不犯法

（4）不知道，做人靠良心，那些无所谓

13. 您与他人发生纠纷以后，您会选择哪种方式解决？

（1）使用法律手段解决　（2）双方协商解决

（3）找村干部解决　　　（4）其他＿＿＿＿＿＿（请注明）

14. 您处理与他人的纠纷时，依据哪种规定？

（1）法律、法规　　　　（2）村规民约

（3）习惯、习俗　　　　（4）其他＿＿＿＿＿＿（请注明）

15. 对自己的法律意识的评价？

（1）知法、懂法且守法，法律意识强

（2）能够守法，法律意识一般

（3）不懂法，觉得自己没有什么法律意识

（4）意识淡薄，麻痹了

16. 法治的基本内涵包括？（多选题）

（1）依法治国　　　　　（2）执法为民

（3）公平正义　　　　　（4）党的领导

17. 您觉得了解、学习法律基本知识对自己有意义吗？

（1）有，法律常常帮我解决实际问题，维护自身权益

（2）没有，法律离我很远

（3）不一定，我基本不寻求法律途径解决问题，除非迫不得已

18. 您认为通过哪种方式能提高法律意识？（多选题）
（1）提高科学文化素质
（2）加快经济文化发展
（3）加大普法宣传
（4）其他_____（请注明）

附录二　访谈提纲

一　各级党委、人大、政府、司法部门、企事业单位访谈提纲

1. 西藏社会稳定的总体情况？
2. 西藏长治久安的意义？
3. 目前西藏长治久安存在的问题和面临的主要困难有哪些？
4. 西藏法治建设的总体情况如何？
5. 如何认识法治？法治与西藏长治久安之间的关系如何？
6. 如何认识法治文化？法治文化与西藏长治久安之间的关系如何？
7. 立法、执法、司法、守法过程中法治文化建设如何？
8. 宗教文化与法治文化的关系？
9. 藏族习惯法与法治文化的关系？
10. 如何处理宗教信仰与法律信仰问题？
11. 如何认识西藏历次骚乱与"3·14"打砸抢烧事件的违法性？
12. 如何认识达赖集团提出的"大藏区"违法性？
13. 如何看待依法治藏，依法维稳？
14. 西藏法治文化教育与法治理念培养如何？
15. 如何让西藏百姓接受社会主义法治理念？
16. 如何提高运用法治思维和法治方式化解社会矛盾、维护社会稳定？
17. 法治文化建设对西藏长治久安的意义如何？
18. 西藏法治文化建设途径有哪些？

二　乡镇、农牧区藏族群众访谈提纲

1. 西藏社会稳定及带来福祉的认识？

2. 对西藏历次骚乱与"3·14"打砸抢烧事件的违法性认识?
3. 法律与宗教之间的关系如何?
4. 对各级国家机关的职能认识如何?
5. 对我国法律了解的情况?现代法律意识如何?
6. 藏族习惯法在现实生活中的影响?
7. 财产纠纷、婚姻纠纷、虫草纠纷、草场林场纠纷处理方式?
8. "赔命价""赔血价"情况如何?
9. 接受的法制宣传教育有哪些?
10. 喜欢哪种法治文化宣传方式?
11. 群众的公民意识?
12. 群众对国家认同如何?

参考文献

一 著作

常丽霞：《藏族牧区生态习惯法文化的传承与变迁研究——以拉普楞地区为中心》，民族出版社 2013 年版。

陈步雷：《法治化变迁的经验与逻辑：目标、路径与变迁模型研究》，法律出版社 2009 年版。

陈庆英：《藏族部落制度研究》，中国藏学出版社 2002 年版。

邓伟志主编：《变革社会中的政治稳定》，上海人民出版社 1997 年版。

多尔吉、刘勇、王川：《藏传佛教的文化功能与社会作用》，中国藏学出版社 2011 年版。

费孝通：《乡土中国》，人民出版社 2012 年版。

冯天瑜主编：《中华文化辞典》，武汉大学出版社 2001 年版。

尕藏加：《藏区宗教文化生态》，社会科学文献出版社 2010 年版。

高鸿钧等：《法治：理念与制度》，中国政法大学出版社 2002 年版。

高其才：《中国少数民族习惯法研究》，清华大学出版社 2003 年版。

龚廷泰等编：《法治文化建设与区域法治——以法治江苏建设为例》，法律出版社 2011 年版。

韩春晖：《社会管理的法治思维》，法律出版社 2013 年版。

何勤华、任超等：《法治的追求——理念、路径和模式的比较》，北京大学出版社 2005 年版。

贺新元：《西藏跨越式发展与长治久安的前沿问题研究——"3·14"事件反思下的西藏治理》，中国藏学出版社 2014 年版。

贺新元等：《和平解放以来民族政策西藏实践绩效研究》，社会科学文献出版社 2015 年版。

胡惠林：《中国国家文化安全论（第二版）》，上海人民出版社 2011 年版。

华热·多杰：《藏族古代法新论》，中国政法大学出版社 2010 年版。

黄金兰：《法律移植研究——法律文化的视角》，山东人民出版社 2010 年版。

江祖：《西藏未解之谜———部关于西藏的大百科全书》，中国广播电视出版社 2009 年版。

柯卫、朱海波：《社会主义法治意识与人的现代化研究》，法律出版社 2010 年版。

李林、冯军主编《依法治国与法治文化建设》，社会科学文献出版社 2013 年版。

梁漱溟：《东西文化及其哲学》，商务印书馆 1999 年版。

梁治平：《清代习惯法：社会与国家》，中国政法大学出版社 1999 年版。

梁治平：《寻求自然秩序中的和谐》，中国政法大学出版社 2002 年版。

刘雪松：《公民文化与法治秩序》，中国社会科学出版社 2007 年版。

刘志扬：《乡土西藏文化传统的选择与重构》，民族出版社 2006 年版。

刘作翔：《法律文化理论》，商务印书馆 1999 年版。

隆英强：《社会主义法治建设与藏族法律文化的关系研究》，中国社会科学出版社 2011 年版。

吕明：《法律意识形态的语义和意义》，北京师范大学出版集团、安徽大学出版社 2007 年版。

吕志祥：《藏族习惯法：传统与转型》，民族出版社 2007 年版。

吕志祥：《藏族习惯法及其转型研究》，中央民族大学出版社 2014 年版。

钮先钟：《西方战略思想史》，广西师范大学出版社 2003 年版。

庞朴：《文化的民族性与时代性》，中国和平出版社 1988 年版。

钱穆：《文化学大义（新校本）》，九州出版社 2012 年版。

宋春香：《法治文化论——一个法治话语的视角》，中国政法大学出版社 2013 年版。

宋月红：《当代中国的西藏政策与治理》，人民出版社 2011 年版。

苏力：《法治及其本土化资源》，中国政法大学出版社 1996 年版。

苏力：《送法下乡——中国基层司法制度研究》，北京大学出版社 2011 年版。

苏晓宏等：《法治的向度与文化视域》，法律出版社 2013 年版。

索南才让：《藏传佛教对藏族传统习惯法的影响研究》，民族出版社 2011 年版。

汤唯等：《当代中国法律文化——本土资源的法理透视》，人民出版社 2010 年版。

王立民：《法文化与构建社会主义和谐社会》，北京大学出版社 2009 年版。

王森：《西藏佛教发展史略》，中国社会科学出版社 1987 年版。

王允武主编：《民族自治地方社会和谐法治保障若干问题研究》，中国社会科学出版社 2012 年版。

王运声、易孟林主编：《中国法治文化概论》，群众出版社 2015 年版。

武树臣：《中国法律文化大写意》，北京大学出版社 2011 年版。

夏勇：《文明的治理——法治与中国政治文化变迁》，社会科学文献出版社 2012 年版。

谢晖：《法律信仰的理念与基础》，山东人民出版社 1997 年版。

辛向阳：《政府理论第一篇：解读洛克〈政府论（下篇）〉》，山东人民出版社 2003 年版。

徐明旭：《雪山下的丑行：西藏暴乱的来龙去脉》，四川出版集团、四川教育出版社 2010 年版。

徐晓光：《藏族法制史研究》，法律出版社 2001 年版。

徐学初编：《世纪档案——影响 20 世纪世界历史进程的 100 篇文献》，中国文史出版社 1996 年版。

杨士宏：《藏族传统法律文化研究》，甘肃人民出版社 2004 年版。

叶小文：《中国破解宗教问题的理论创新和实践探索》，中共中央党校出版社 2014 年版。

余英时：《士与中国文化》，上海人民出版社 1987 年版。

张济民主编：《藏族习惯法通论》，青海人民出版社 2002 年版。

张济民主编:《青海藏区部落习惯法资料集》,青海人民出版社1993年版。

张济民主编《诸说求真——藏族部落习惯法专论》,青海人民出版社2002年版。

张骥等:《中国文化安全与意识形态战略》,人民出版社2010年版。

赵旭东:《法律人类学研究与中国经验》,北京大学出版社2011年版。

郑杭生主编:《社会学概论新修(第三版)》,中国人民大学出版社2003年版。

中共中央文献编辑委员会编:《邓小平文选》(第二卷),人民出版社1993年版。

中国藏学中心:《50年真相:西藏民主改革与达赖的流亡生涯》,人民出版社2009年版。

周赟:《法理学》,清华大学出版社2013年版。

洲塔:《甘肃藏族部落的社会与历史研究》,甘肃人民出版社1996年版。

John Rawls, Political Liberalism, New york: Columbia University Press, 1996.

John Lewis Gaddis, Strategies of Containment, New York: Oxford University Press, 1982.

二 译著

[美] 爱德华·泰勒:《原始文化》,连树声译,上海文艺出版社1992年版。

[加] 保罗·谢弗:《文化引导未来》,许春山、朱邦俊译,社会科学文献出版社2008年版。

[美] 伯尔曼:《法律与宗教》,梁治平译,中国政法大学出版社2003年版。

[美] 伯尔曼:《信仰与秩序》,姚剑波译,中央编译出版社2011年版。

[美] E. 博登海默:《法理学——法律哲学与法律方法》,邓正来译,中国政法大学出版社2004年版。

［英］哈耶克：《自由宪章》，杨玉生等译，社会科学文献出版社1999年版。

［德］何意志：《法治的东方经验——中国法律文化导论》，李中华译，北京大学出版社2010年版。

［德］黑格尔：《法哲学原理》，范杨、张企泰译，商务印书馆1961年版。

［德］卡尔·拉伦茨：《法学方法论》，陈爱娥译，商务印书馆2003年版。

［美］克利福德·吉尔兹：《地方性知识——阐释人类学论文集》，王海龙等译，中央编译出版社2000年版。

［美］克莱德·克鲁克洪等：《文化与个人》，高佳等译，浙江人民出版社1986年版。

［美］朗·L. 富勒：《法律的道德性》，郑戈译，商务印书馆2005年版。

［美］劳伦斯·罗森：《法律与文化——一位法律人类学家的邀请》，彭艳崇译，法律出版社2011年版。

［法］卢梭：《社会契约论》，何兆武译，商务印书馆1980年版。

［美］罗斯科·庞德：《通过法律的社会控制》，沈宗灵译，商务印书馆2013年版。

［英］罗杰·科特威尔：《法律社会学导论》，潘大松等译，华夏出版社1989年版。

［德］马克思：《黑格尔法哲学批判》，中共中央马克思恩格斯列宁斯大林著作编译局译，人民出版社1962年版。

［德］马克思、恩格斯：《马克思恩格斯选集》第2卷，中央编译局翻译，人民出版社1995年版。

［德］马克斯·韦伯：《经济与社会》（上），林荣远译，商务印书馆1998年版。

［德］马克斯·韦伯：《经济与社会》（下），林荣远译，商务印书馆1998年版。

［德］马克斯·韦伯：《论经济和社会中的法律》，张乃根译，中国大百科全书出版社1998年版。

［德］马克斯·韦伯：《新教伦理与资本主义精神》，于晓等译，三联

书店 1987 年版。

［英］马林诺夫斯基：《文化论》，费孝通等译，中国民间文艺出版社 1987 年版。

［美］梅·戈尔斯坦：《喇嘛王国的覆灭》，杜永彬译，中国藏学出版社 2005 年版。

［法］孟德斯鸠：《论法的精神》，张雁深译，商务印书馆 1963 年版。

［美］塞缪尔·亨廷顿：《文明的冲突与世界秩序的重建（修订本）》，周琪等译，新华出版社 2010 年版。

［美］塞缪尔·亨廷顿、劳伦斯·哈里森主编：《文化的重要作用——价值观如何影响人类进步》，程克雄译，新华出版社 2010 年版。

［英］泰伊·伊格顿：《文化的理念》，林志忠译，巨流图书公司 2002 年版。

［美］唐·布莱克：《社会视野中的司法》，郭星华等译，法律出版社 2002 年版。

［英］托马斯·潘恩：《潘恩选集》，马清槐等译，商务印书馆 1981 年版。

［英］休·希顿-沃森：《民族与国家——对民族起源与民族主义政治的探讨》，吴洪英、黄群译，中央民族大学出版社 2009 年版。

［古希腊］亚里士多德：《政治学》，吴寿彭译，商务印书馆 1965 年版。

［奥］尤根·埃利希：《法律社会学基本原理》，叶名怡、袁震译，中国社会科学出版社 2011 年版。

［德］尤尔根·哈贝马斯：《合法化危机》，刘北成、曹卫东译，上海人民出版社 2000 年版。

三 论文

班班多杰：《论藏传佛教的价值取向及藏人观念之现代转换》，《世界宗教研究》2001 年第 2 期。

陈仲：《论法治文化的作用机理》，《河北学刊》2011 年第 3 期。

德吉卓嘎：《铭记历史、珍惜现在、展望未来——西藏教育 60 年发展速记》，《中国党政干部论坛》2011 年第 8 期。

都永浩：《民族认同与公民、国家认同》，《黑龙江民族丛刊》2009

年第 6 期。

费孝通：《反思·对话·文化自觉》，《北京大学学报》1997 年第 3 期。

高永久、朱军：《论多民族国家中的民族认同与国家认同》，《民族研究》2010 年第 2 期。

韩震：《论国家认同、民族认同及文化认同———一种基于历史哲学的分析与思考》，《北京师范大学学报》（社会科学版）2010 年第 1 期。

后宏伟：《藏族习惯法中的调解纠纷解决机制探析》，《北方民族大学学报》（哲学社会科学版）2011 年第 3 期。

胡卫萍：《从"法制"到"法治"——毛泽东、邓小平法律思想比较分析》，《江西社会科学》2003 年第 10 期。

华热·多杰：《藏传佛教的世俗化及其动因刍议》，《中国藏学》2009 年第 2 期。

华热·多杰：《浅谈藏区环保习惯法》，《青海民族研究》2003 年第 7 期。

李成业：《西藏自治区党委常委会决定在全区开展深化创先争优强基础惠民生活动》，《西藏日报》2009 年 9 月 21 日。

李德顺：《法治文化论纲》，《中国政法大学大学学报》2007 年第 1 期。

李林：《社会主义法治文化建设的几个问题》，《中国党政干部论坛》2012 年第 6 期。

李林：《中国语境下的文化与法治文化概念》，《新视野》2012 年第 3 期。

刘斌：《当代法治文化的理论构想》，《中国政法大学大学学报》2007 年第 1 期。

刘红旭：《西藏大学生的社会认知状况调查》，《中国青年研究》2012 年第 12 期。

刘红旭：《族群社会化：族群身份生成的社会机制》，《黑龙江民族丛刊》2013 年第 3 期。

刘作翔：《法治文化的几个理论问题》，《法学论坛》2012 年第 1 期。

陆震：《长治久安：当代中国面对的艰难课题》，《现代国际关系》2004 年第 3 期。

《民主改革以来西藏妇女社会地位变迁研究》课题组：《西藏牧区妇女社会地位的变迁——以西藏那曲地区聂荣县为例》，《西藏研究》2010年第6期。

穆赤·云登嘉措：《被误解的文化传统——论藏族'赔命价'的内涵》，《甘肃理论学刊》2012年第6期。

穆赤·云登嘉措：《藏区习惯法"回潮"问题研究》，《法律科学》2011年第3期。

牛绿花：《少数民族习惯法：构建西部和谐社会的法治源泉———种法律人类学的阐释》，《武汉科技大学学报》（社会科学版）2009年第2期。

牛治富：《文化及"3·14"事件背后的文化冲突及其实质》，《西藏发展论坛》2009年第1期。

牛治富：《文化及"3·14"事件背后的文化冲突及其实质（二）》，《西藏发展论坛》2009年第2期。

牛治富、房玉国、唐章全：《当代西藏社会人生信仰及其实践特点的调研报告》，《西藏发展论坛》2007年第2期。

时殷弘：《国家大战略理论与中国的大战略实践》，《现代国际关系》2004年第3期。

史长青：《调解与法制：悖而不离的现象分析》，《法学评论》2008年第2期。

史金波：《西藏宗教信仰和西藏人权问题》，《民族研究》1997年第4期。

孙春伟：《意识形态领域的法律意识形态探析》，《理论月刊》2012年第6期。

孙代尧、何海根：《马克思恩格斯的文化观及其当代价值》，《理论学刊》2011年第7期。

孙悟湖、周拉、索次：《从萨迦寺、仁钦岗寺与周围社区互动关系看藏传佛教信仰的现代转换》，《西藏研究》2010年第6期。

孙育玮：《"和谐社会法治文化"命题的理论与实践》，《法学》2006年第6期。

索南才让：《试谈藏族习惯法的概念及性质》，《西南民族大学学报》（人文社会科学版）》2012年第12期。

唐小民、佘毓惠：《西藏社会矛盾纠纷的预防和解决》，《西藏发展论坛》2011年第4期。

土多旺久：《从"六普"资料分析西藏家庭规模变化及特征》，《西藏发展论坛》2012年第5期。

王洪莉、桂梁：《民间法：一种法的社会学视角》，《东方论坛》2004年第4期。

王玉琴、德吉卓嘎、袁野：《藏族民间调解的脉动》，《西藏大学学报》（社会科学版）2011年第4期。

卫绒娥、杜莉梅：《西藏传统法律文化对现代社会的影响》，《西藏大学学报》（哲社版）2005年第2期。

魏健馨：《论公民、公民意识与法治国家》，《政治与法律》2004年第1期。

姚大志：《打开"无知之幕"——正义原则与稳定》，《哲学文化》2001年第3期。

张千帆：《法律是一种理性对话——兼论司法判例制定的合理性》，《北大法律评论》第5卷第1辑，法律出版社2003年版。

张文显：《法治的文化内涵——法治中国的文化建构》，《吉林大学社会科学学报》2015年第4期。

后　　记

　　本书是我主持的 2012 年国家社科基金青年项目研究的结晶。我于 2010 年硕士毕业，转型当高校教师。我怀着敬畏之心，带着一丝忐忑，从此走上了高校教学科研之路。凭着对法治文化的兴趣与边疆稳定问题的思考，我于 2012 年申请并获得国家社科基金项目的立项，并在同年进入厦门大学攻读法学博士。

　　在项目获得立项之后，我多次去西藏调研。课题组中有两位成员处于西藏基层工作一线。按照主题，他们在基层进行了长期的观察与研究。同时，在西藏各个地区基层一线工作的毕业学生积极参与调研。这些都使得项目获得了宝贵的第一手资料，真诚地感谢他们默默的付出；尽管我博士、硕士研究的方向不是法治文化方面，但是揣着为边疆的稳定与发展献言献策的赤子之心，我还是毅然决然前行。

　　本书的出版，离不开多方机构和有识之士的付出。在这里，首先要感谢我的博导刘志云教授，谢谢他对我悉心指导、用心培养。感谢国家社科办给与的此次研究机会，衷心地感谢匿名评审专家和有关机构提出的宝贵意见；特别感谢重庆工商大学法学与社会学学院对于本书出版的资助，感谢学院领导的大力支持；最后，郑重感谢中国社会科学出版及编辑任明先生。该书前前后后，耗费了好几年时间，敬佩编辑任明先生的专业、耐心、敬业与胸怀，让我受教良多。当然，本书的顺利出版，同样离不开家人、朋友和同事的鼎力相助。

　　本书是对法治文化与边疆稳定的初步探讨，且因本人水平有限，敬请各位读者批评指正。正值本书出版之际，中央第七次西藏工作座谈会于 2020 年 8 月 28 日至 29 日在北京召开。在新时代党的治藏方略指导下，为建设团结富裕文明和谐美丽的社会主义现代化新西藏，我将继续潜心研究、奋力前行。

何剑锋
2020 年 9 月 2 日于重庆